智能汽车坡道和弯道的控制

金　辉　著

科学出版社

北　京

内 容 简 介

本书介绍提高智能汽车坡道、弯道行驶性能的方法。书中从汽车纵向动力学建模、汽车侧向动力学建模、汽车瞬态燃油消耗模型研究、汽车坡道换挡策略研究、汽车坡道行驶的燃油经济性研究、汽车弯道行驶的安全性研究、汽车弯道行驶的燃油经济性研究、弯道行驶的个性化车速研究以及新的研究进展共9个方面进行了系统的介绍。

本书可供从事智能车辆控制、车辆动力学与控制、发动机瞬态燃油消耗模型研究以及车辆燃油经济性研究的科研人员参考阅读。

图书在版编目（CIP）数据

智能汽车坡道和弯道的控制 / 金辉著. —北京：科学出版社，2019.9

ISBN 978-7-03-062304-1

Ⅰ. ①智… Ⅱ. ①金… Ⅲ. ①智能控制－汽车－安全控制技术 Ⅳ. ①U46

中国版本图书馆 CIP 数据核字（2019）第 204551 号

责任编辑：闫 悦 / 责任校对：郑金红

责任印制：吴兆东 / 封面设计：迷底书装

科学出版社出版

北京东黄城根北街 16 号

邮政编码：100717

http://www.sciencep.com

北京中石油彩色印刷有限责任公司 印刷

科学出版社发行 各地新华书店经销

*

2019 年 9 月第 一 版 开本：720×1 000 1/16

2020 年 1 月第二次印刷 印张：11 1/2

字数：220 000

定价：99.00 元

（如有印装质量问题，我社负责调换）

前　言

2012年底我从美国加州大学伯克利分校访学回国后，看到很多国外的大公司正在进行高精度电子地图的研发，意识到高精度的电子地图信息必将给汽车控制技术带来不同以往的新发展。从2014年开始，我在国家自然科学基金的资助下，开始了“基于电子地图精确信息的自动变速汽车坡道、弯道控制方法研究”。因为在2002年1月至2003年12月做博士后期间时，我曾在清华大学计算机系智能技术与系统国家重点实验室专门从事智能汽车THMR-V的研究和开发，熟悉智能汽车，于是我的研究实际上是在高精度电子地图信息的帮助下，提高智能汽车坡道、弯道行驶时的性能。

当前智能汽车的开发热浪已席卷全球，但目前的研究大多集中在智能汽车的感知、决策以及提高系统的稳定性和可靠性方面，对于如何提高智能汽车行驶性能的研究还比较少，可智能汽车要想进入市场，没有性能优势是很难有市场竞争力的。

2018年1月5日，国家发展和改革委员会就《智能汽车创新发展战略》（征求意见稿）公开征求意见，把智能汽车的研发提高到了国家层面。《中国制造2025》明确指出，到2020年，掌握智能辅助驾驶总体技术及各项关键技术；到2025年，掌握自动驾驶总体技术及各项关键技术，综合能耗较常规汽车降低10%以上，减少排放20%以上。因此，进行智能汽车的创新性基础研究，提高智能汽车的行驶性能，降低能耗和减少排放，是紧密结合国家和社会发展迫切需求的研究，有非常重要的实际意义。

本书就是在这样的背景下完成的。本书从汽车纵向动力学建模、汽车侧向动力学建模、汽车瞬态燃油消耗模型研究、汽车坡道换挡策略研究、汽车坡道行驶的燃油经济性研究、汽车弯道行驶的安全性研究、汽车弯道行驶的燃油经济性研究、弯道行驶的个性化车速研究以及新的研究进展等方面进行了系统的介绍。智能汽车的纵向研究以坡道行驶为代表，横向研究以弯道行驶为代表，本书详细地介绍了怎样提高智能汽车的行驶性能。目前，国内外在这一领域的系统研究还不多。本书是我和我的学生周敏、李世杰、丁峰、孟凡婧的研究成果的结集，研究生光昊、张俊、冯先泽、吕明也为本书的出版做出了贡献，在此对他们表示衷心的感谢！非常高兴我们在发动机的瞬态油耗模型、智能汽车的弯道经济性研究方面的四篇论文已经发表在SCI收录的国外著名期刊《Transportation Research Part D:

Transport and Environment》、《IEEE Transactions on Intelligent Transportation Systems》和《Energy》上。这几本期刊最新的 2018 年 SCI 引用因子最低的也超过了 4.0，这在车辆工程领域已经非常高了，我们的研究得到了国外同行的认可。

本书是我近几年科研工作的总结，在此我还想对引领我走上科研之路的、我求学各个阶段的导师们表示衷心的感谢。他们是：吉林大学的葛安林教授、湖南大学的周云山教授、清华大学的何克忠教授，以及已故的美国工程院院士加州大学伯克利分校的 J. Karl Hedrick 教授。

本书完稿的时候，我作为项目负责人第三次获得了国家自然科学基金面上项目的资助，我将会在智能汽车的个性化控制领域继续努力，衷心感谢国家自然科学基金对我学术研究的大力支持。

由于我们的研究正在进行中，书中难免存在不足，恳请读者斧正，并真诚欢迎相关的学术探讨与交流，作者邮箱为 jinhui_jut@263.net。

作　者

2019 年 1 月

目　录

第 1 章　汽车纵向动力学建模

汽车的纵向动力学模型，是进行汽车纵向动力学分析和研究的基础，可以帮助我们理解整个动力传动系统和相关子系统的瞬态和稳态行为。我们可以进行各种控制方案的设计并通过仿真模型观察不同方案之间的差别，使我们能够更精确地理解各种控制方案对系统性能的影响并且能够量化这些影响，因而通过仿真模型进行系统的研究是一种经济而高效的手段，尤其在产品设计和构思阶段，其意义更加明显。

汽车的动力传动系统主要由发动机、离合器、变速器、主减速器、轮胎等部件组成，汽车的纵向动力学模型就是由这些部件的模型组成的。

为了尽可能简化系统的数学模型，而又能反映出系统的动态特性，对汽车的动力传动系统做如下假设：

①各部件均以集中质量形式出现；

②系统的内部阻力均以机械传动效率的方式体现；

③不考虑传动系统部件的弹性阻尼；

④忽略扭振、摆振等振动的影响；

⑤传动轴和半轴只起传递转矩、转速的作用。

1.1　发动机模型

面向各种不同应用的发动机模型的复杂程度是不同的，比较常用的模型有平均值发动机模型(mean value engine model，MVEM)和基于各缸控制的发动机模型(cylinder-by-cylinder engine model，CCEM)。平均值发动机模型是一种基于时间的控制模型，它着眼于发动机整体对外的动态工作特性，将发动机同一时刻各气缸因曲轴转角位置不同而带来的各缸状态的差别进行适当的忽略和平均处理。基于各缸控制的发动机模型，采用的是分缸建模、分缸控制的思想，它考虑了各缸在不同工作状态时的差异，对发动机的混合气形成过程、进气过程、压缩过程及做功过程分别进行建模。这种建模方式虽然更符合发动机本身的工作原理，但其结构复杂、运算量大、精度不好保证。一般在建模过程中，在保证满足工作要求的前提下，通常优先选用低阶次、少参数、方便简洁的建模方法。上述两种模型均能有效反映发动机的动态特性，满足本书研究对发动机模型的需要，但是平均值发动机模型较基于各缸控制的发动机模型更为简洁方便，不需要较大的计算量，易于保证控制精度，因此本书主要介绍平均值发动机模型的建模。之后，还会简单介绍一种发动机图表模型，这也是进行汽车纵向动力学分析与研究时常用的发动机建模方法。

1.1.1　平均值发动机模型

四缸汽油发动机基于平均值建模思想的数学表达最早由 Crossley 和 Cook 于 1991 年提出[1]。

本书所建立的平均值发动机模型主要由以下五个子模型组成：进气歧管动力学子模型、油膜动力学子模型、进气及压缩冲程子模型、检测定时子模型及曲轴动力学子模型。接下来将对这五个子模型进行详细的介绍。

1. 进气歧管动力学子模型

在发动机模型中，由于进气歧管动力学子模型直接关系到模型能否正确估算出发动机的进气量以及在此基础上的喷油量，该模型的建立就显得尤为重要。在平均值发动机模型中进入气缸的空气质量流量以及进气歧管的压力均可通过速度-密度法求得。首先对理想气体状态方程两边取微分得到

$$\dot{P}_{\mathrm{m}} = \frac{RT_{\mathrm{m}}}{V_{\mathrm{m}}}\dot{m}_{\mathrm{m}} + P_{\mathrm{m}}\frac{\dot{T}_{\mathrm{m}}}{T_{\mathrm{m}}} \tag{1.1}$$

式中，P_{m} 为进气歧管绝对压力，单位为 Pa；V_{m} 为进气歧管容积，0.000796m^3；R 为气体常数，287J/(kg · K)；T_{m} 为进气歧管内气体的温度，323K；$\dot{m}_{\mathrm{m}}$ 为进气歧管内的空气流量，单位为 kg/s。

值得注意的是，在气缸内气体的回流以及管壁的传热是引起缸内气体温度升高的主要原因，因此相比于进气压力的变化，进气温度的变化是非常小的，所以忽略式(1.1)中最右边的项。在模型建立时通常认为进气歧管内气体流动的热力学过程为等温过程，即 $\dot{T}_{\mathrm{m}}$=0，称为单态模型。

由于空气依次流经节气门、进气歧管、进气门最终进入气缸内，根据整个过程中的流量关系可得

$$\dot{m}_{\mathrm{m}} = -\dot{m}_{\mathrm{c}} + \dot{m}_{\mathrm{t}} \tag{1.2}$$

式中，$\dot{m}_{\mathrm{c}}$ 为进入气缸内的空气质量流量，单位为 kg/s；$\dot{m}_{\mathrm{t}}$ 为流经节气门的空气质量流量，单位为 kg/s。

由式(1.1)和式(1.2)可以得到进气歧管内空气的压力变化率为

$$\dot{P}_{m}=\frac{RT_{m}}{V_{m}}(-\dot{m}_{c}+\dot{m}_{t}) \tag{1.3}$$

进气歧管内空气的压力子模型如图 1.1 所示。

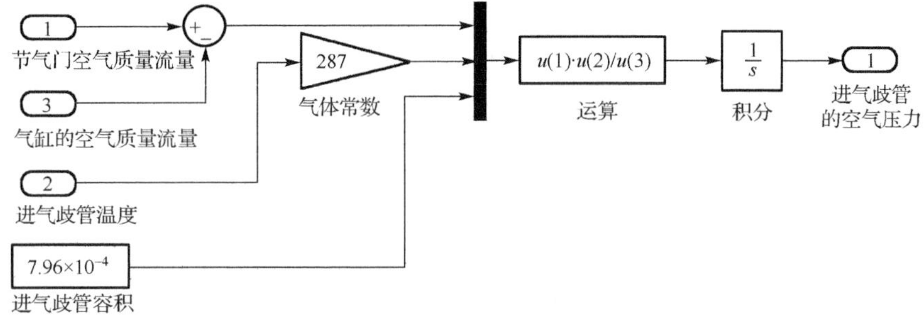

图 1.1　进气歧管内空气的压力子模型

许多研究表明，进入气缸的空气质量流量主要与发动机转速以及进气歧管的压力有关（$\dot{m}_{c}=f(n,P_{m})$），而流经节气门的空气质量流量主要与节气门开度（α）以及进气歧管压力有关（$\dot{m}_{t}=g(\alpha,P_{m})$）。

1) 节气门处空气流量建模

流经节气门的空气流量 $\dot{m}_{t}$ 可以用理想喷嘴处的可压缩气体方程进行描述：

$$\dot{m}_{t}=A_{t}\frac{P_{a}}{\sqrt{RT_{a}}}\Psi(P_{m},P_{a},k) \tag{1.4}$$

$$\Psi(P_{m},P_{a},k)=\begin{cases}\dfrac{2k}{k-1}\left(\dfrac{P_{m}}{P_{a}}\right)^{\frac{2}{k}}-\left(\dfrac{P_{m}}{P_{a}}\right)^{\frac{k+1}{k}}, & \dfrac{P_{m}}{P_{a}}\geqslant\left(\dfrac{2}{k+1}\right)^{\frac{k}{k-1}}\\ \sqrt{k\left(\dfrac{2}{k+1}\right)^{(k+1)(k-1)}}, & \dfrac{P_{m}}{P_{a}}<\left(\dfrac{2}{k+1}\right)^{\frac{k}{k-1}}\end{cases} \tag{1.5}$$

式中，P_{a} 为节气门前压力，9.89×10^{4}Pa；T_{a} 为环境温度，300K；k 为比热容比，空气的比热容比 $k=1.4$；A_{t} 为节气门处的有效流通面积，单位为 m^{2}。

节气门处的有效流通面积主要取决于节气门的开度，由于其非线性特性，一般用多项式来描述二者间的关系。为了对其更准确地进行表达，我们选择用分段函数进行拟合，形式如下：

$$A_{t}=\begin{cases}\dfrac{(-0.0016\alpha^{3}+0.2517\alpha^{2}-2.7603\alpha+31.2314)}{10^{6}}, & \alpha\leqslant85\%\\ \dfrac{\left(2.388\dfrac{\alpha}{100}+4.2954\right)}{10^{4}}, & \alpha>85\%\end{cases} \tag{1.6}$$

式中，α 为节气门开度，单位为%。拟合结果如图 1.2 所示。

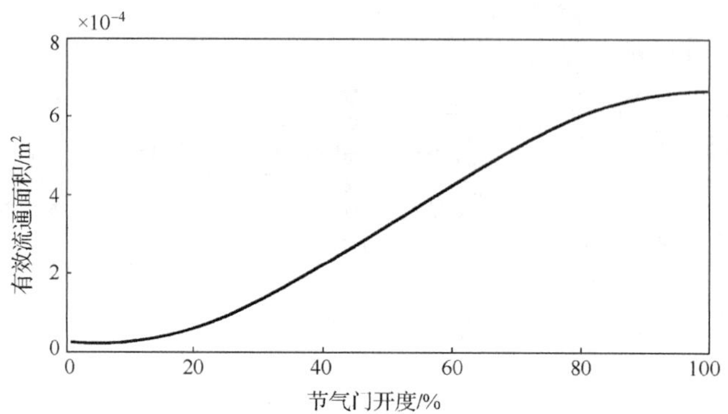

图 1.2　节气门有效流通面积拟合曲线

节气门处空气流量的 Simulink 模型如图 1.3 所示。

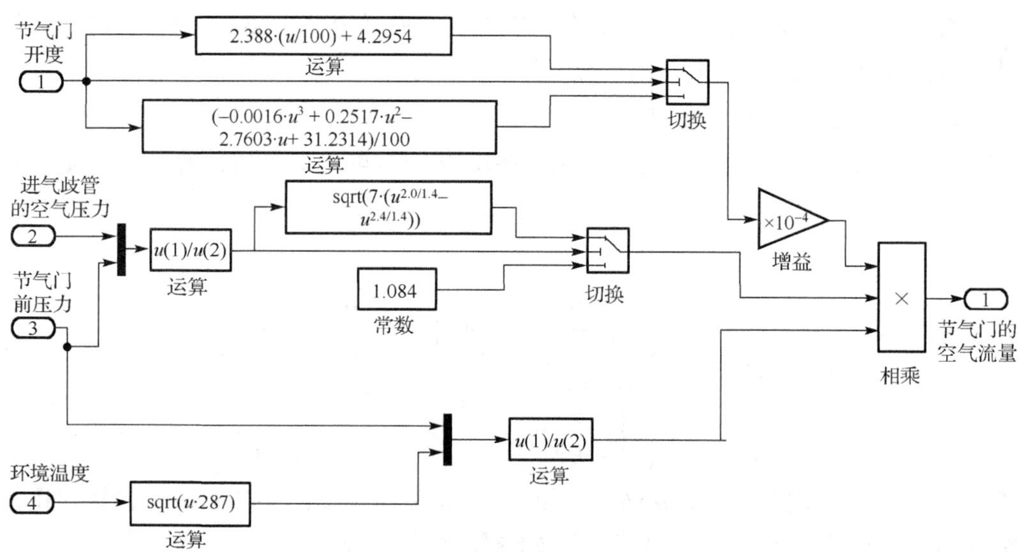

图 1.3　节气门处空气流量模型

2) 气缸入口处空气流量建模

由于发动机输出的转矩和转速主要由可燃混合气决定，而可燃混合气中的燃油喷射量主要根据进入气缸的空气质量流量来决定，所以进入气缸的空气质量流量是发动机模型中的一个十分重要的状态量，其表达式为

$$\dot{m}_{\mathrm{c}}=\frac{n_{\mathrm{e}}P_{\mathrm{m}}}{120RT_{\mathrm{m}}}V_{\mathrm{d}}\varPhi_{\mathrm{c}}(n_{\mathrm{e}},P_{\mathrm{m}}) \tag{1.7}$$

式中，n_e 为发动机转速，单位为 r/min；V_d 为发动机排量，$1.787\times10^{-3}\mathrm{m}^3$；$\Phi_c(n_e,P_m)$ 为发动机的充量系数，根据转速以及进气歧管内的压强查二维表得到，它能够反映每一冲程进入气缸的实际空气质量。

气缸入口处空气流量 Simulink 模型如图 1.4 所示。

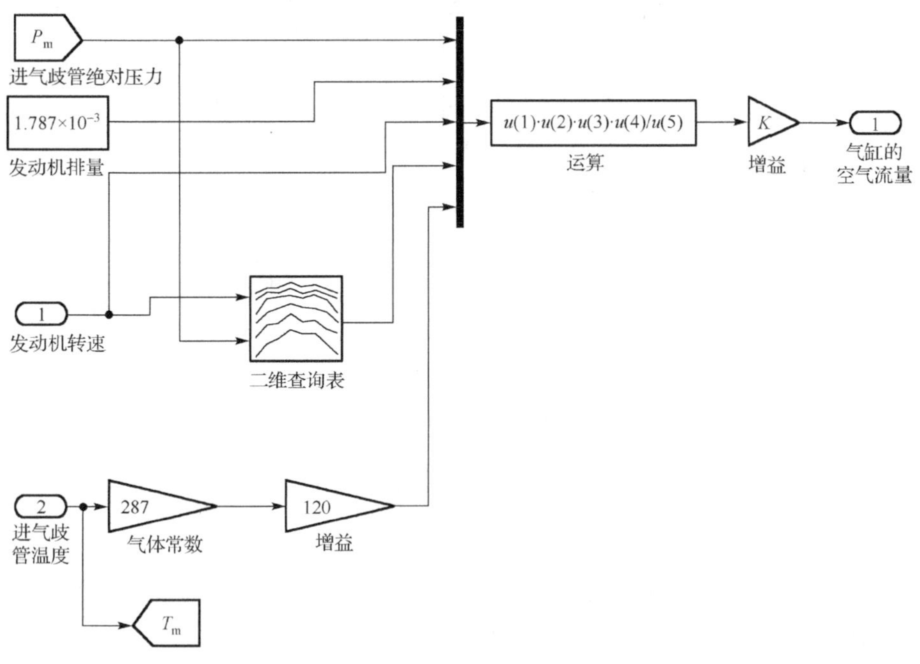

图 1.4　气缸入口处空气流量模型

根据以上分析搭建的进气歧管动力学子模型如图 1.5 所示，在这个子模型当中，模型的输入信号为节气门开度（α）、发动机转速（n_e）和进气复位触发信号，输出信号为进入气缸内的空气质量流量、理论燃油需求量和进气歧管绝对压力。

2. 油膜动力学子模型

油膜沉积比例系数 X 以及油膜蒸发时间常数 τ 是用来描述油膜特性的两个重要参数，其中，X 表示沉积在进气歧管壁面上油膜的质量占燃油喷射总质量的百分比，τ 表示进气歧管壁面上形成的液态油膜全部蒸发为燃油蒸气所需要的时间。实际上进入气缸燃烧的燃油由两部分组成，大部分来自于喷油器喷出的燃油蒸发所形成的燃油蒸气，其余的来自于沉积在进气歧管壁面上油膜的蒸发。基于不同的假设，人们曾提出过很多油膜蒸发模型。假设沉积在进气歧管壁面上的油膜能够完全蒸发参与燃烧，则平均值燃油流量模型如下：

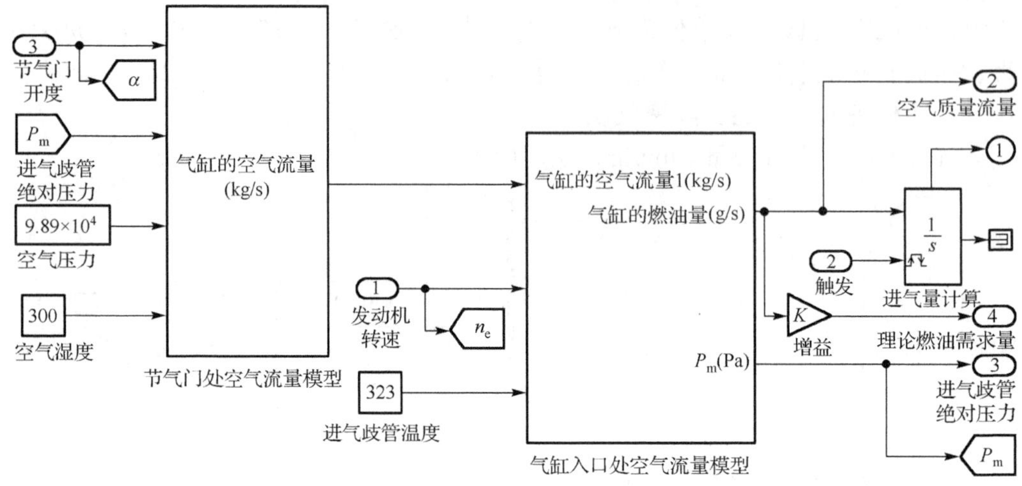

图 1.5　进气歧管动力学子模型

$$\dot{m}_{\mathrm{ff}}=\frac{1}{\tau}(X\dot{m}_{\mathrm{fi}}-\dot{m}_{\mathrm{ff}}) \tag{1.8}$$

$$\dot{m}_{\mathrm{fv}}=(1-X)\dot{m}_{\mathrm{fi}} \tag{1.9}$$

$$\dot{m}_{\mathrm{fu}}=\dot{m}_{\mathrm{fv}}+\dot{m}_{\mathrm{ff}} \tag{1.10}$$

式中，$\dot{m}_{\mathrm{ff}}$ 为壁面油膜挥发质量的变化率，单位为 g/s；$\dot{m}_{\mathrm{fi}}$ 为喷油器喷出的燃油流量，单位为 g/s；$\dot{m}_{\mathrm{fv}}$ 为直接挥发的燃油蒸气流量，单位为 g/s；$\dot{m}_{\mathrm{fu}}$ 为进入气缸的燃油流量，单位为 g/s；X 为油膜沉积比例系数；τ 为油膜蒸发时间，单位为 s。

油膜蒸发的另一个模型是由 Aquino 于 1981 年最先提出的[2]，该模型侧重于进气管的油膜质量而不是燃油总质量，其简化连续时间模型如下：

$$\dot{m}_{\mathrm{ff}}=-\frac{1}{\tau}m_{\mathrm{ff}}+X\dot{m}_{\mathrm{fi}} \tag{1.11}$$

$$\dot{m}_{\mathrm{fv}}=(1-X)\dot{m}_{\mathrm{fi}} \tag{1.12}$$

$$\dot{m}_{\mathrm{fu}}=\dot{m}_{\mathrm{fv}}+\frac{1}{\tau}m_{\mathrm{ff}} \tag{1.13}$$

式中，参数 τ 和 X 与发动机的运行工况有关，这两个参数均根据实验数据，通过节气门开度和发动机转速查表得到。

根据喷油器喷出的燃油量、油膜沉积比例系数、油膜蒸发为燃油蒸气的时间求进入气缸的燃油量模型如图 1.6 所示。

综上，油膜动力学子模型如图 1.7 所示。

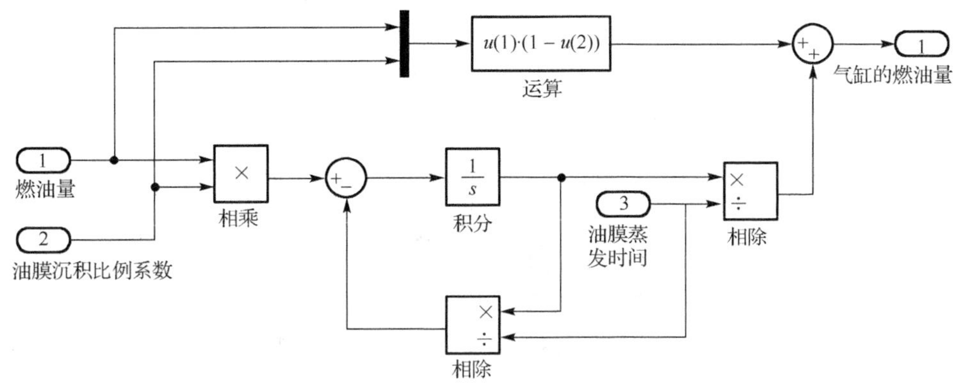

图 1.6　进入气缸的燃油量模型

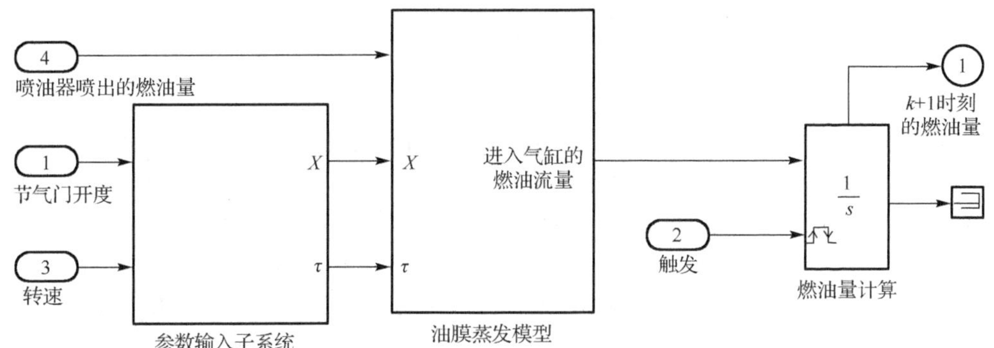

图 1.7　油膜动力学子模型

3. 进气及压缩冲程子模型

对于进气模块，这个模块主要是在每一个进气冲程的开始，对来自于进气歧管动力学子模型中进入气缸的空气质量流量以及来自油膜动力学模型中进入气缸的燃油质量流量进行积分，并在进气冲程结束时对上述积分结果进行采样，将采样得到的值作为每一循环的进气量和进油量。进气模块的模型分别集成在进气歧管动力学子模型和油膜动力学子模型中，如图 1.5 和图 1.7 中的进气量计算模块和燃油量计算模块所示。

进气模块的核心是两个带有外部触发的积分器，触发积分器开始工作的外部信号由定时和检测模块产生，定时检测模块每隔 180° 曲轴转角就会产生一次触发信号，该信号触发进气模块的两个积分器开始积分，并在下一次触发信号产生时结束此次积分并对积分结果进行采样，同时开始下一个进气冲程的积分运算。很显然此模型在一个发动机工作循环内对进气量和燃油量进行四次积分与采样，以此来准确描述四缸四冲程发动机的进气冲程。

对于进气及压缩冲程子模型，其模型展开结构如图 1.8 所示。

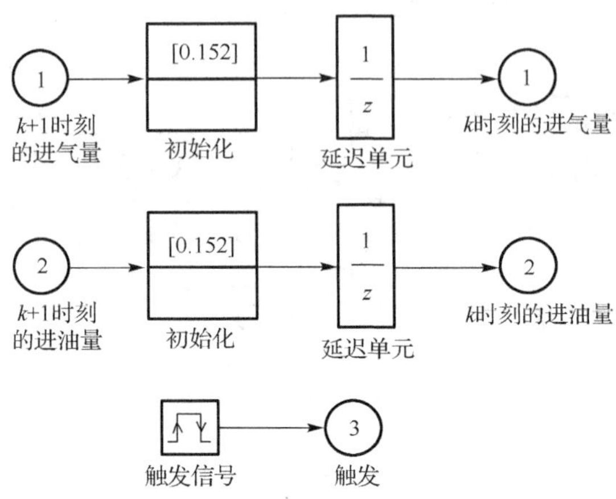

图 1.8　进气及压缩冲程子模型

图 1.8 所示的子模型是作为一个触发系统的内部模型而存在的，同时由图 1.8 可知它本身还包含了一个触发模块，这个模块存在的意义是使气缸内的气体在进入气缸后不立即对外做功而是在一个压缩冲程的时间延迟后再开始对外做功，在时间上模拟发动机的压缩冲程。图 1.8 中触发模块的触发信号是与此系统外部触发信号同时产生的，此系统产生的触发信号用来触发进气系统的积分模块。

如果对发动机的燃烧过程进行建模，则根据发动机的实际工作原理，压缩冲程主要会带来气体状态参数的变化。但是本书建立发动机模型的主要目的不是研究发动机的燃烧过程，所以可以不考虑压缩冲程带来的气体状态参数的变化。在此发动机模型中压缩冲程模块只起系统延迟的作用，在进气冲程和做功冲程之间插入一个相当于 180° 曲轴转角(一个冲程)的时间延迟环节。

4. 检测定时子模型

对于四缸四冲程发动机，在每一时刻，发动机的各气缸均处于不同的工作冲程，有且仅有一个气缸处于进气冲程，而其他三个气缸处于发动机一个工作循环的其他冲程，因此从整体效果的角度看，曲轴每旋转过 180° 就会有一个吸气冲程开始。本书建立的平均值发动机模型就是基于发动机对外的整体效果，因此只采用一套气缸装置进行模拟，与发动机实际工作不同的是每隔 180° 曲轴转角就会触发一次进气冲程，以此来保证就整体而言相当于一个四缸的发动机在工作。

检测定时子模型的目的是确定进气冲程和压缩冲程开始以及结束的时间，相当于实际发动机上的曲轴位置传感器。它的建模原理是根据曲轴转过的角度，确定曲轴工作的上止点和下止点，并在这两点发出触发信号，触发相应的进气积分模块和压缩模块进行工作。

其模型结构如图 1.9 所示。

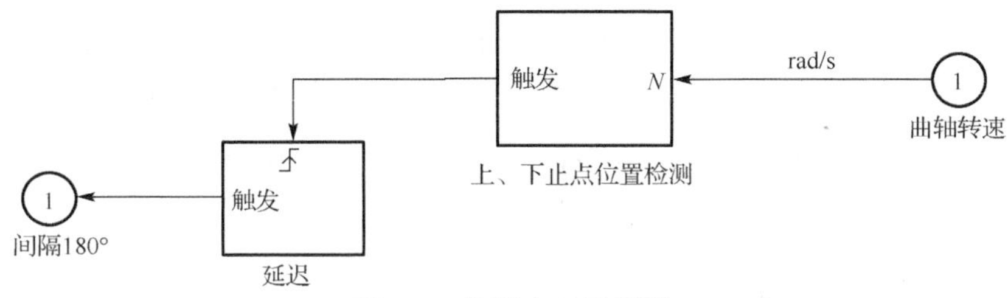

图 1.9　检测定时子模型

在图 1.9 所示的模型中包含了两个子模型，分别是曲轴上止点及下止点位置检测子模型和延迟子模型。

曲轴上止点及下止点位置检测子模型通过对发动机的曲轴转速进行积分确定曲轴转过的角度，从而确定曲轴上止点和下止点的位置，使得系统每隔 180° 曲轴转角发出一次触发信号。其模型如图 1.10 所示。

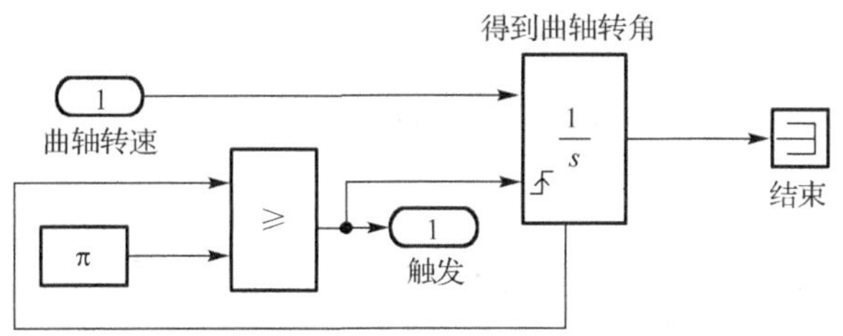

图 1.10　曲轴上止点及下止点位置检测子模型

延迟子模型相当于插入了一个 180° 曲轴转角的时间间隔，目的是确定压缩冲程终了的时刻。模型如图 1.11 所示。

5. 曲轴动力学子模型

1) 曲轴输出转矩建模

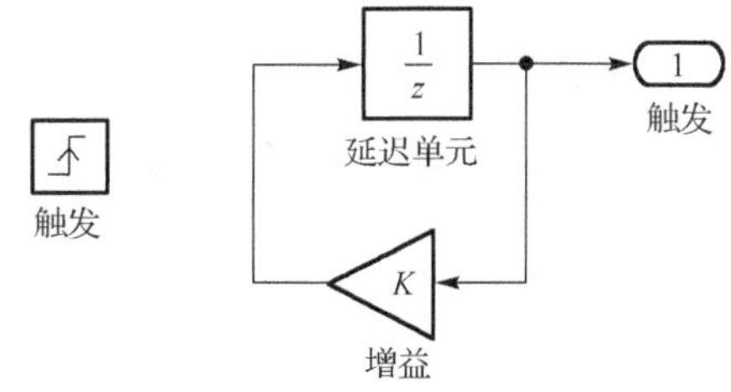

图 1.11　延迟子模型

由发动机产生的转矩主要取决于气缸内空气与燃油混合气的燃烧，通过混合气燃烧产生的气体膨胀推动活塞做功对外输出转矩。而这都与发动机特定的物理参数有关。就本书建模的目的而言，定义一个依赖于物理意义及可测量量的稳态转矩关系是十分重要的。在文献[1]中作者根据测功机测得的实验数据，对发动机产生的转矩进行了拟合。拟合公式如下：

$$T_e = -181.3 + 379.36M_a + 21.91\frac{A}{F} - 0.85\left(\frac{A}{F}\right)^2 + 0.26\sigma - 0.0028\sigma^2$$
$$+ 0.027n_e - 0.000107n_e^2 + 0.00048n_e\sigma + 2.55\sigma M_a - 0.05\sigma^2 M_a \quad (1.14)$$

式中，T_e 为发动机产生的转矩，单位为 N · m；M_a 为进入气缸的空气和燃油的混合质量，$M_a = m_{fu} + m_c$，m_{fu} 为进入气缸的燃油质量，单位为 g，m_c 为进入气缸的空气质量，单位为 g；$\frac{A}{F}$ 为空燃比；σ 为点火提前角，单位为（°）；n_e 为发动机转速，单位为 r/min。

Simulink 实现的发动机仿真转矩输出子模型如图 1.12 所示。

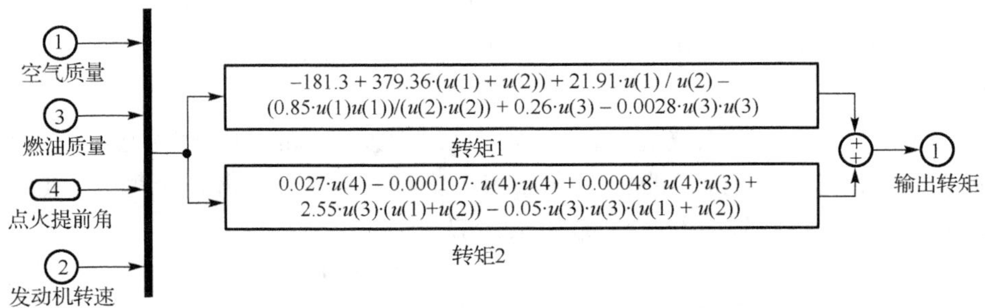

图 1.12　Simulink 实现的发动机仿真转矩输出子模型

2）曲轴转速建模

曲轴的旋转运动与发动机的等效转动惯量、角加速度及发动机产生转矩与输出轴负载转矩之差有关。由于存在离合器模型，在离合器接合前后及不同挡位时发动机的等效惯量会发生较大的变化。在离合器接合前将发动机这个个体作为研究对象，当离合器完全接合后，可以将整个传动系统看作一个刚性的整体，以整个传动系统为研究对象。

因此首先需要根据离合器分离轴承的位移及离合器主、从动盘的相对转速判断离合器所处的状态。

在离合器还未完全接合时，以发动机曲轴为研究对象，根据牛顿第二定律有

$$J_e \frac{d\omega_e}{dt} = T_e - T_c \quad (1.15)$$

式中，J_e 为发动机的等效转动惯量，0.13kg · m^2；ω_e 为发动机曲轴旋转角速度，单位为 rad/s；T_e 为发动机输出转矩，单位为 N · m；T_c 为发动机输出轴负载转矩即离合器传递转矩，单位为 N · m。

在离合器的主、从动盘完全接合时，有

$$\omega_e = \omega_c \quad (1.16)$$

$$\omega_c = \omega i_g i_0 \tag{1.17}$$

式中，ω_c 为离合器从动盘转速，单位为 rad/s；ω 为轮速，单位为 rad/s；i_g 为变速器输出传动比；i_0 为主减速器输出传动比。

Simulink 实现的发动机仿真转速输出子模型如图 1.13 所示，输入为发动机输出转矩、离合器传递转矩、离合器从动盘转速及离合器分离轴承的位移；输出为发动机转速，其中，离合器所处状态的判断由 Embedded MATLAB 函数模块完成。

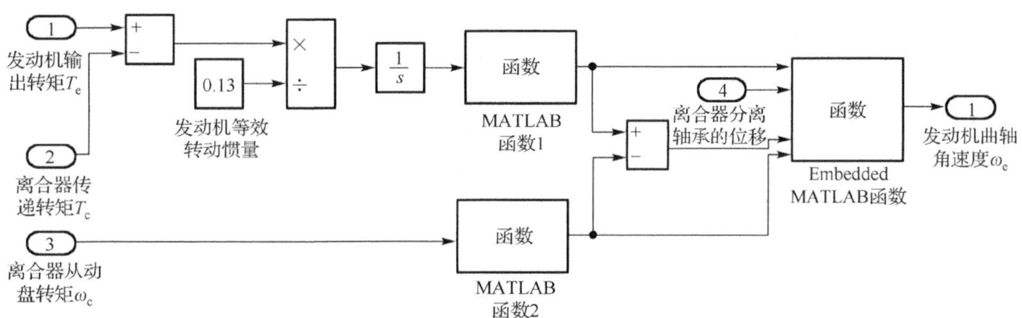

图 1.13　发动机转速输出子模型

出于对模型整体结构的考虑，为了使模型的整体布局更加简洁，我们将发动机曲轴转速模块的模型置于发动机模型之外。

综上，曲轴动力学子模型如图 1.14 所示。

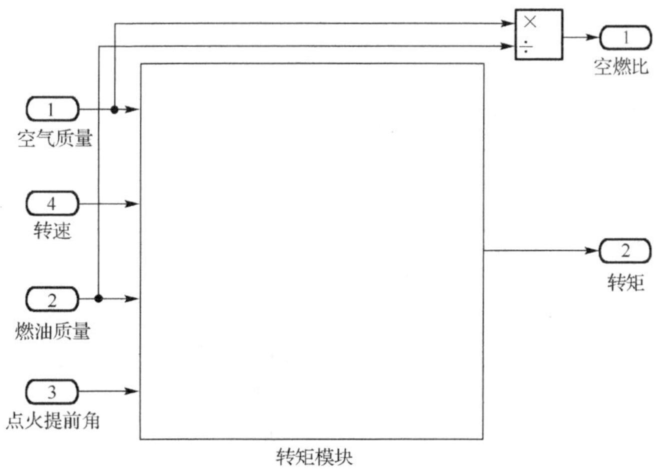

图 1.14　曲轴动力学子模型

综合以上各个模型，发动机系统的整体 MATLAB/Simulink 仿真模型如图 1.15 所示。

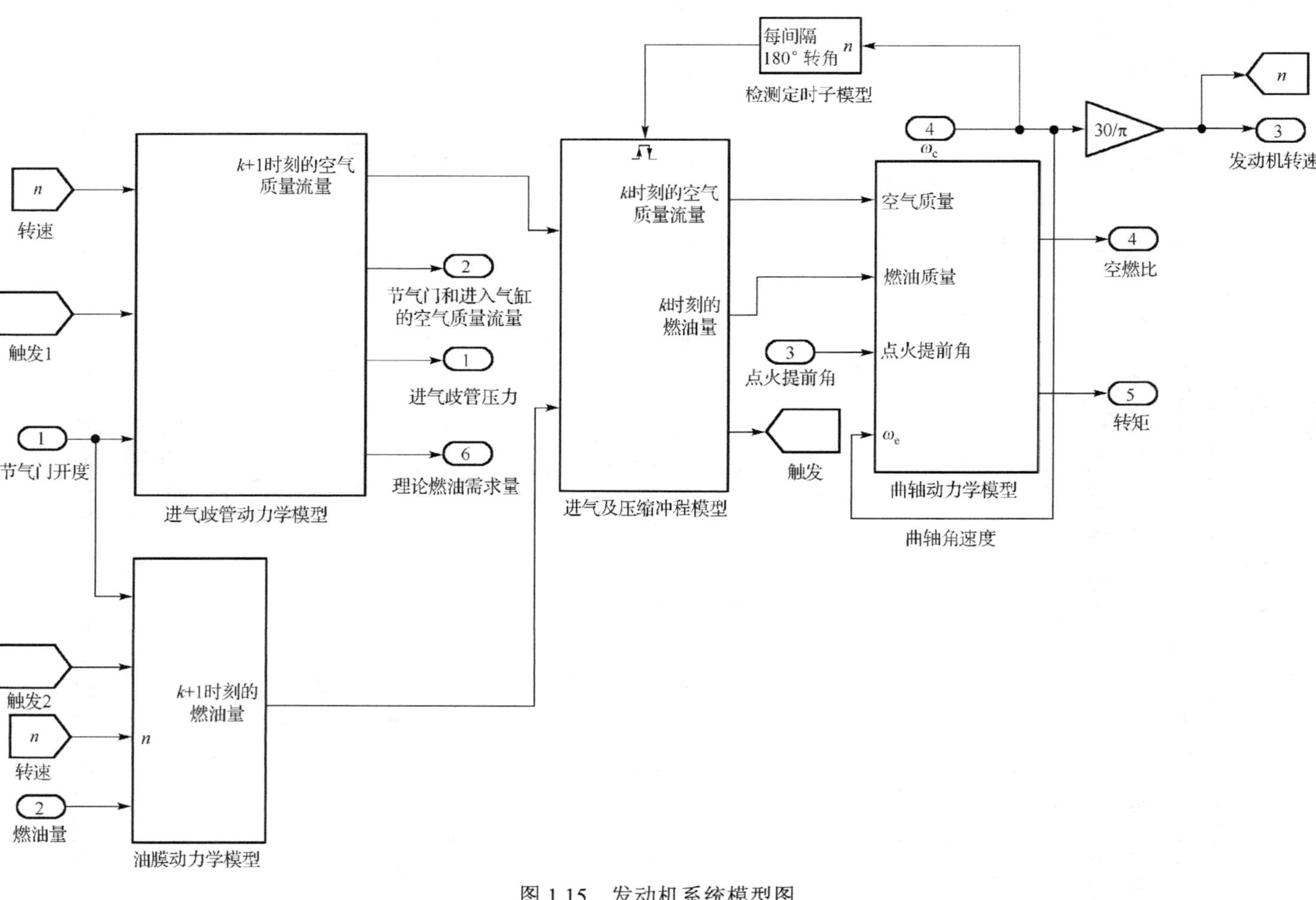

图 1.15　发动机系统模型图

6. 平均值发动机模型的验证

由于发动机模块是整车纵向动力学仿真系统的动力源，它直接影响到整车后续的研究，因此我们有必要对所建立的模型进行测试。在测试检验的过程中暂不考虑离合器和换挡对发动机的影响。

首先，当发动机负载一定时，将节气门开度的输入信号设为一阶跃信号，以此来测试系统对节气门开度的动态响应能力，仿真结果如下。

输入节气门开度信号如图 1.16 所示，工况一的发动机输出转速如图 1.17 所示。

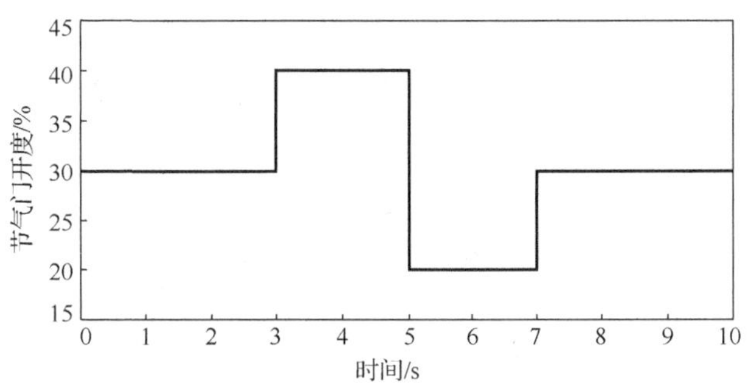

图 1.16　节气门开度信号

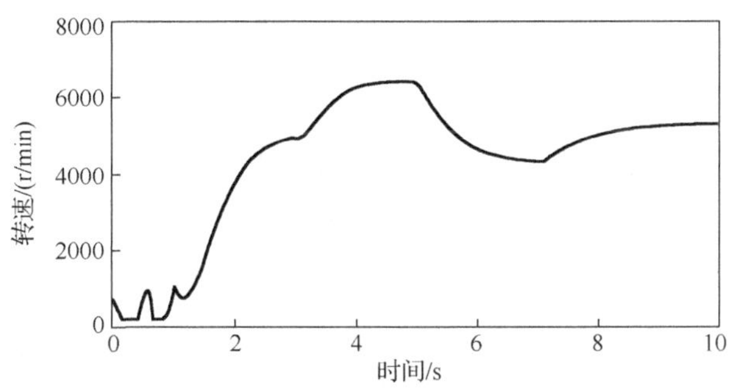

图 1.17　工况一的发动机输出转速

在 3s 的时候加大了节气门开度，发动机转速提高，并逐渐趋于稳定；5s 时减小节气门开度，发动机转速迅速下降并逐渐趋于稳定；7s 时又一次加大节气门开度使得转速再次升高。

工况一的发动机输出转矩如图 1.18 所示。

由于发动机刚开始工作时工况比较复杂，此模型无法真实模拟出发动机的启动状态，因此在前 2s 内出现的剧烈转矩波动不在讨论范围内。在 3s 的时候加大了节气门开度，气缸中混合气增多，燃烧所做的功增大，因此产生的转矩迅速增大。5s 时减小节气门开度，发动机产生的转矩迅速下降，转矩出现负值

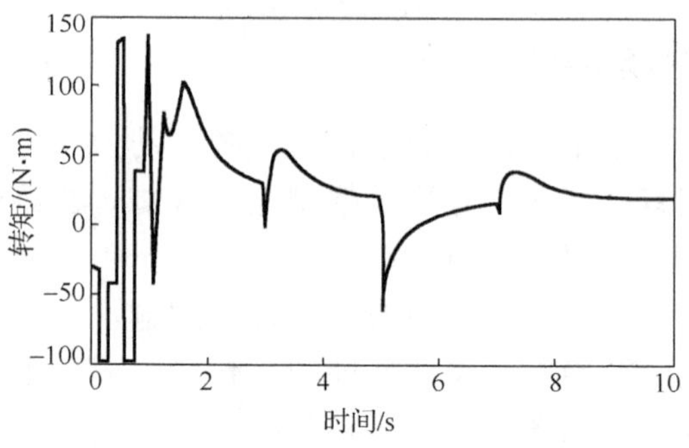

图 1.18　工况一的发动机输出转矩

表明发动机被反拖。7s 时又一次加大节气门开度，使得发动机输出转矩再次增大。由于发动机输出轴负载为定值，所以稳定状态时发动机输出转矩都趋于负载转矩。

工况一的空燃比如图 1.19 所示，在 3s 的时候发动机节气门开度突然增大，进入气缸内的空气变多，理论需要的喷油量增大，而实际的喷油量偏小，所以空燃比增大；5s 时发动机节气门突然减小，进入气缸的空气变少，理论需要喷油量减小，而实际的喷油量偏大，所以空燃比将减小，混合气将会变浓；7s 时又一次增大节气门开度，使得空燃比再次增大。

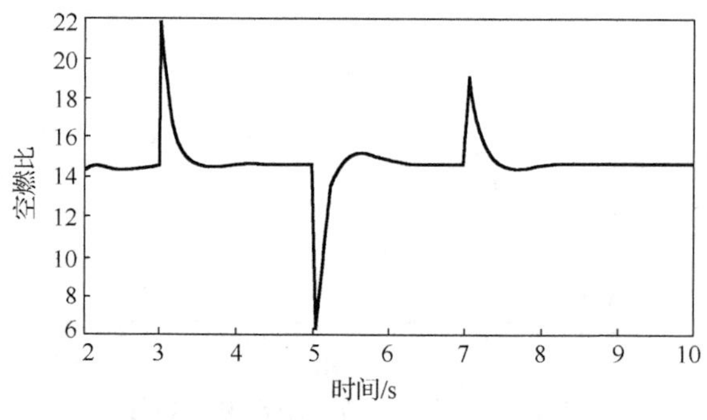

图 1.19　工况一的空燃比

将节气门开度设为一常数(35%)，同时将发动机负载设为阶跃信号，以此来测试系统对负载变化的动态响应能力，测试结果如下。

负载输入信号如图 1.20 所示，工况二的发动机输出转速如图 1.21 所示。根据理论分析可以知道发动机的负载转矩越大发动机的转速就越低，两者大致呈反比关系。在 3s 时负载转矩变大，转速增长变慢；5s 时负载转矩变小，转速增长变快；7s 时负载转矩突然增大，根据式(1.15)可知发动机曲轴转速的增长率会变小，甚至使转速出现了减小的趋势。

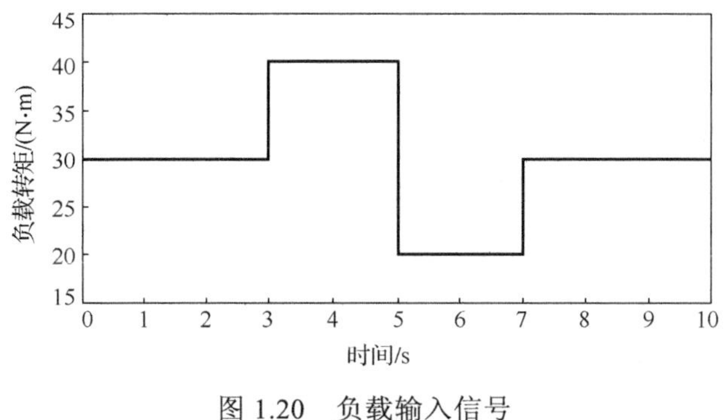

图 1.20　负载输入信号

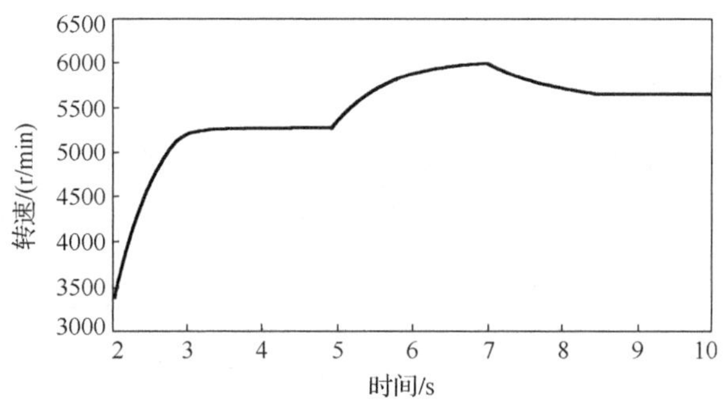

图 1.21　工况二的发动机输出转速

工况二的发动机输出转矩如图 1.22 所示；工况二的空燃比如图 1.23 所示。

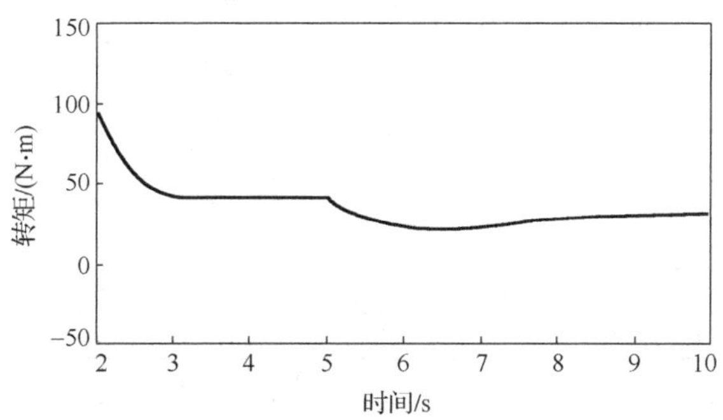

图 1.22　工况二的发动机输出转矩

从图 1.23 可以看出，当发动机的节气门开度为定值时，由于进气量基本为一定值，因此空燃比几乎为一定值，波动较小。当节气门开度与空燃比为定值时，发动机的转矩变化也较小。

通过以上的分析验证，我们所建立的发动机模型能够正确反映出发动机的瞬态与稳态时的工作情况。

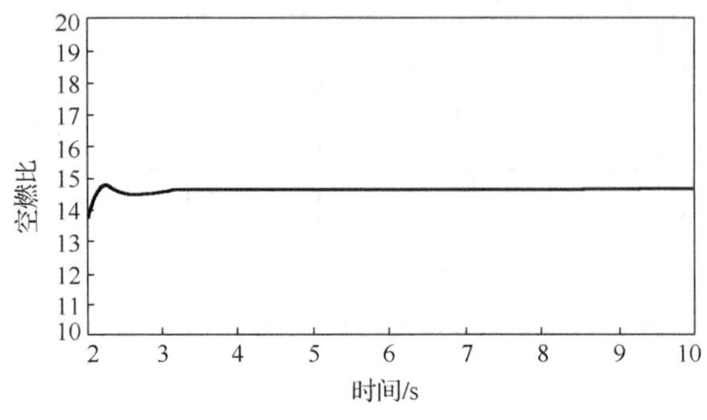

图 1.23　工况二的空燃比

1.1.2　发动机图表模型

一般对于已知实验数据的发动机而言，通常采用插值、拟合等数值计算方式搭建图表模型。某轿车发动机的稳态特性实验数据如表 1.1 所示，发动机稳态 Map 图如图 1.24 所示。

由上述实验数据可知，发动机输出转矩可看作发动机转速和节气门开度的函数。文献[3]中指出，根据台架测试所得的发动机转矩特性曲线的形态，可采用多项式的形式对其进行拟合，拟合的阶次一般在 2、3、4、5 中选取。为提高计算的效率，选用阶数 2 进行拟合，拟合形式如下：

表 1.1　某轿车发动机稳态实验数据

发动机输出转矩/(N·m)		节气门开度									
		10%	15%	20%	30%	35%	50%	70%	85%	95%	100%
发动机转速/(r/min)	750	53.08	78.27	104	129.7	134.6	139.8	141.3	140.4	140.4	140.5
	1107	34.63	59.97	87.25	124.2	132.6	142.1	145.1	145.6	145.6	145.7
	1463	18.86	44.59	74.82	118.3	129.8	143.9	148.3	149.2	149.3	149.4
	1820	19.91	30.51	62.33	113	126.9	145.2	151.1	152.3	152.6	152.7
	2177	21.99	25.08	49.01	105.3	121.1	143.8	151.8	153.5	153.8	154
	2533	12.95	25.59	37.32	94.33	112.7	139	150.1	152.6	153	153.1
	2890	5.633	28.46	31.13	83.9	104.9	136.5	151.1	154.4	154.9	155.2
	3247		19.75	29.07	72.97	94.81	128.6	145.6	149.6	150.2	150.5
	3603		12.22	24.91	62.25	84.78	120.4	138.6	143.1	143.8	144.2
	3960		5.446	22.37	52.74	75.56	116.2	134.8	139.6	140.4	140.8
	4317			15.76	43.23	65.57	108.7	128.2	133.1	133.9	134.2
	4673			8.322	34.3	55.49	98.89	120.4	125.6	126.4	126.8
	5030			0.5124	25.88	45.46	87.28	111.4	117.2	118.2	118.6
	5200				22.02	40.84	81.78	107	113.1	114.1	114.6
	5743				10.14	33.1	76.64	110.71	118.26	121.8	123.21

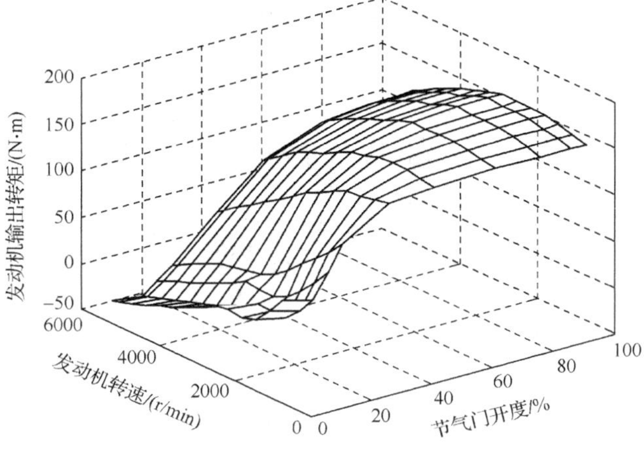

图 1.24　发动机稳态 Map 图

$$T_e = a_0 + a_1\alpha + a_2 n_e + a_3\alpha^2 + a_4\alpha n_e + a_5 n_e^2 \tag{1.18}$$

式中，a_i（$i=1,2,3,4,5$）为拟合系数。为了进一步提高拟合的精度，也可运用分段函数对式(1.18)进行拟合，拟合结果如下：

$$T_e = \begin{cases} 62.01 - 2.10\alpha - 0.0233n_e + 0.239\alpha^2 - 1.70\times10^{-4}\alpha n_e + 1.40\times10^{-6}n_e^2, & 0\leqslant\alpha<15\% \\ -51.87 + 11.83\alpha - 0.0185n_e - 0.146\alpha^2 - 9.78\times10^{-4}\alpha n_e + 2.57\times10^{-6}n_e^2, & 15\%\leqslant\alpha<26\% \\ 42.71 + 4.82\alpha - 0.0335n_e - 0.0484\alpha^2 + 5.80\times10^{-4}\alpha n_e + 1.48\times10^{-6}n_e^2, & 26\%\leqslant\alpha<43\% \\ 86.51 + 1.54\alpha + 0.00148n_e - 0.0110\alpha^2 + 1.53\times10^{-4}\alpha n_e - 3.49\times10^{-6}n_e^2, & 43\%\leqslant\alpha<70\% \\ 95.32 + 0.81\alpha + 0.0177n_e - 0.00507\alpha^2 + 6.03\times10^{-5}\alpha n_e - 3.49\times10^{-6}n_e^2, & 70\%\leqslant\alpha<100\% \end{cases} \tag{1.19}$$

图 1.25 是发动机输出转矩的拟合曲线。

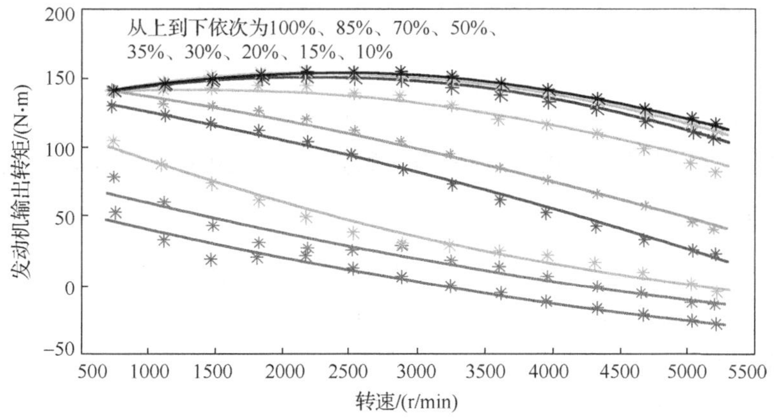

图 1.25　发动机输出转矩的拟合曲线

然而汽车在行驶的过程中大部分时间处于非稳态工况，此时发动机的输出转矩与稳态工况会有一定的变化：当汽车突然加速时，节气门开度的增大会使缸内混合气浓度瞬间降低，导致发动机的瞬时输出转矩小于相同节气门开度下的稳态输出转矩；反之，在汽车突然减速时，发动机实际输出的转矩会较稳态转矩偏高。发动机动态转矩的修正表达式为

$$T_{\mathrm{ed}} = T_{\mathrm{e}}\left(1-\gamma\times\frac{\mathrm{d}\omega_{\mathrm{e}}}{\mathrm{d}t}\right) \tag{1.20}$$

式中，γ 为转矩下降系数，可取 0.08。

1.2　离合器模型

以膜片弹簧离合器为研究对象，根据主、从动盘的相对位置分三种情况进行讨论：完全分离状态、滑磨状态和完全接合状态。

刘保林[4]通过实验的方式证明了离合器主、从动盘间压紧力与分离轴承位移之间的非线性关系，并提出了拟合表达式：

$$F_{\mathrm{N}} = \begin{cases} 0, & 0 \leqslant x < k\lambda_0 \\ f\left(\dfrac{x}{k}-\lambda_0\right), & k\lambda_0 \leqslant x < k(\lambda_0+\zeta_{\max}) \\ F_{\mathrm{Nmax}}, & k(\lambda_0+\zeta_{\max}) \leqslant x \leqslant k(\lambda_0+\zeta_{\max})+x_0 \end{cases} \tag{1.21}$$

式中，

$$f\left(\frac{x}{k}-\lambda_0\right) = 9862.8\left(\frac{x}{k}-\lambda_0\right)^3 - 3106.4\left(\frac{x}{k}-\lambda_0\right)^2 + 3411.1\left(\frac{x}{k}-\lambda_0\right) \tag{1.22}$$

$$k = \frac{l-r_{\mathrm{F}}}{L-l} \tag{1.23}$$

根据式(1.21)拟合得到的离合器压盘特性曲线如图 1.26 所示。

1. 完全分离状态

在此状态下离合器还未发生接合，因此传递的转矩为 0，即

$$T_{\mathrm{c}} = 0 \tag{1.24}$$

2. 滑磨状态

在此状态下，离合器传递的转矩主要取决于主、从动盘之间的动摩擦力，并且受离合器最大设计转矩的约束。在离合器接合过程中，当主、从动盘之间的转

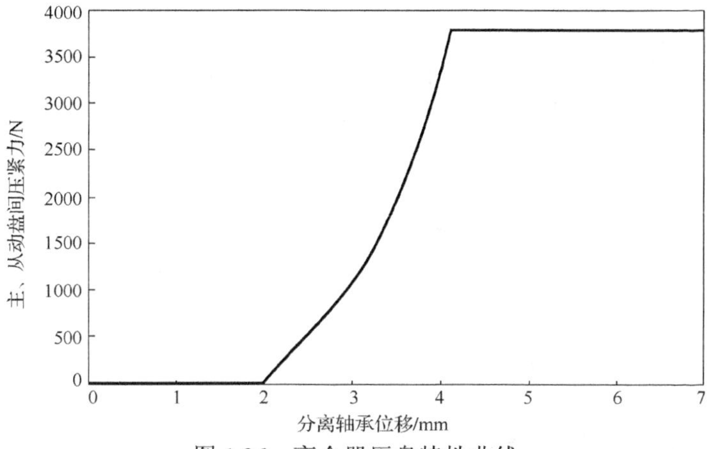

图 1.26　离合器压盘特性曲线

速相差较大时，传递转矩主要受压紧力的影响，而当离合器接近同步状态时发动机输出转矩成为主要的影响因素，为此采用输入转矩影响因数 λ_e 来反映发动机输出转矩对离合器传递转矩的影响，其拟合结果如图 1.27 所示。

$$\lambda_e = e^{-1.02\Delta u} \tag{1.25}$$

$$\Delta u = \left|\omega_e - \omega_c\right| R_c \tag{1.26}$$

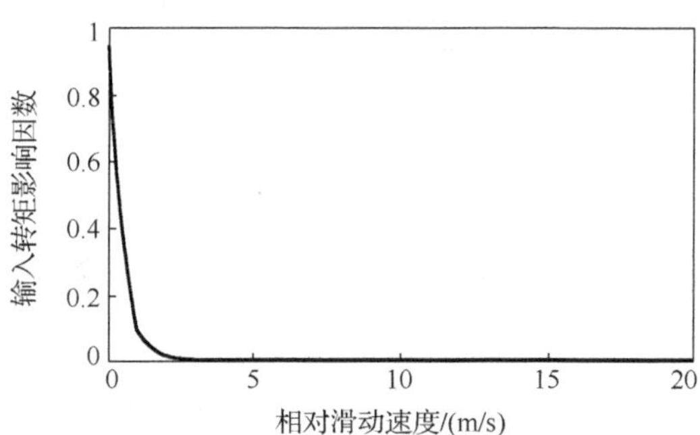

图 1.27　输入转矩影响因数

因此，该状态下离合器转矩传递的数学模型如下：

$$T_s = \mathrm{sign}(\omega_e - \omega_c) Z \mu_d F_N R_c + \lambda_e T_e \tag{1.27}$$

$$T_{cmax} = \beta T_{emax} \tag{1.28}$$

$$T_c = \begin{cases} \mathrm{sign}(\omega_e - \omega_c) Z \mu_d F_N R_c + \lambda_e T_e, & T_s < T_{cmax} \\ \beta T_{emax}, & T_s \geqslant T_{cmax} \end{cases} \tag{1.29}$$

式中，T_s 为无约束条件下离合器可传递的转矩。

动摩擦因数 μ_{d} 是一个复杂的物理量，通常受到材料摩擦系数、负载、温度和相对滑动速度等因素的影响。通过已有实验数据根据温诗铸[5]提出的运动状态下摩擦副之间的动摩擦系数经验公式(1.30)进行拟合，拟合结果如图 1.28 所示。

$$\mu_{\mathrm{d}}=a-b\Delta u-a\mathrm{e}^{-c\Delta u} \tag{1.30}$$

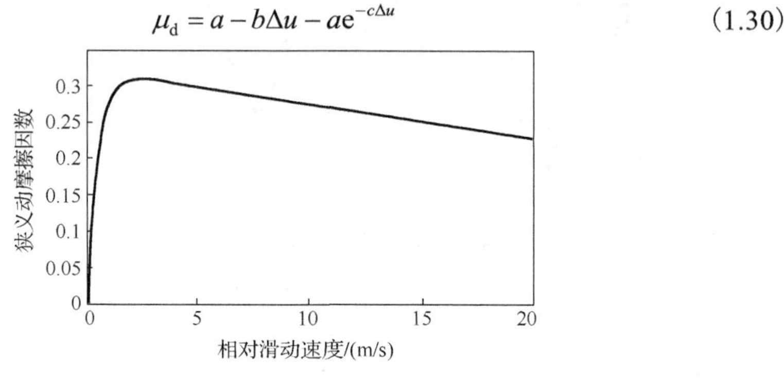

图 1.28　狭义动摩擦因数

3. 完全接合状态

当离合器主、从动盘的转速差 $|\Delta\omega|=0$ 时，离合器停止滑磨达到同步状态，至此接合过程全部结束，离合器传递的转矩将由发动机输出转矩来决定，同时受到离合器传递转矩容量的限制。因此在同步状态下离合器传递转矩的计算公式为

$$T_{\mathrm{cmax}}=\beta T_{\mathrm{emax}} \tag{1.31}$$

$$T_{\mathrm{c}}=\begin{cases}T_{\mathrm{e}}, & T_{\mathrm{e}}<T_{\mathrm{cmax}}\\ T_{\mathrm{cmax}}, & T_{\mathrm{e}}\geqslant T_{\mathrm{cmax}}\end{cases} \tag{1.32}$$

综上，在离合器工作过程中，其转矩传递模型可描述为

$$T_{\mathrm{c}}=\begin{cases}0, & x<2\\ \operatorname{sign}(\omega_{\mathrm{e}}-\omega_{\mathrm{c}})Z\mu_{\mathrm{d}}F_{\mathrm{N}}R_{\mathrm{c}}+\lambda_{\mathrm{e}}T_{\mathrm{e}}, & \Delta\omega\neq 0 \text{ 且 } k\lambda_0\leqslant x\leqslant k(\lambda_0+\zeta_{\max})+x_0 \\ & \text{且 } T_{\mathrm{s}}\leqslant T_{\mathrm{cmax}}\\ T_{\mathrm{e}}, & \Delta\omega=0\\ T_{\mathrm{cmax}}, & T_{\mathrm{s}}>T_{\mathrm{cmax}}\end{cases} \tag{1.33}$$

4. 离合器模型的验证

假设汽车以 1 挡起步，滚动阻力系数为 0.018。在此情况下离合器采用“快-慢-快”的接合方式，输入控制信号如图 1.29 所示。

仿真获得的汽车起步过程离合器的动态特性如图 1.30 所示，在 0.4s 左右离合器达到半接合点，汽车逐渐开始加速，在 2.2s 左右主、从动盘转速趋于一致，离合器完成接合。上述仿真结果能够较好地反映离合器的实际工作过程，可用于整车模型的搭建。

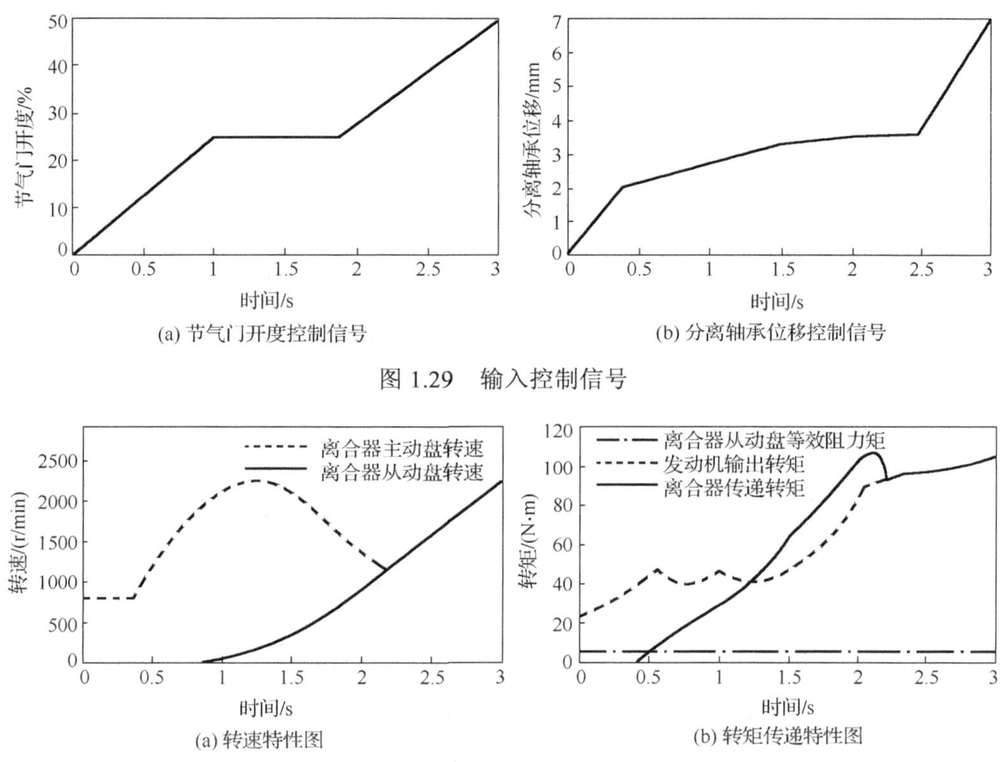

(a) 节气门开度控制信号　(b) 分离轴承位移控制信号

图 1.29　输入控制信号

(a) 转速特性图　(b) 转矩传递特性图

图 1.30　汽车起步过程离合器的动态特性

1.3　变速器模型

变速器作为重要的动力传动部件，可以通过改变传动比，从而改变发动机的转速以及输出转矩，使发动机在最有利的工况下进行工作。将主减速器的影响考虑在内，变速器的动力传动模型可以表述为

$$T_{\mathrm{t}} = T_{\mathrm{c}} i_{gi} i_0 \eta \tag{1.34}$$

$$n = \frac{n_{\mathrm{c}}}{i_{gi} i_0} \tag{1.35}$$

变速器的传动比即挡位的选择主要依赖于换挡策略，目前自动变速汽车上大多使用的是基于节气门开度和车速的双参数换挡规律。通过绘制图 1.31 所

示的各挡位下的驱动力曲线，在挡位重叠部分选取驱动力较高的挡位，即可获得对应节气门开度下的换挡点，从而得到双参数最佳动力性换挡规律如图 1.32 所示。

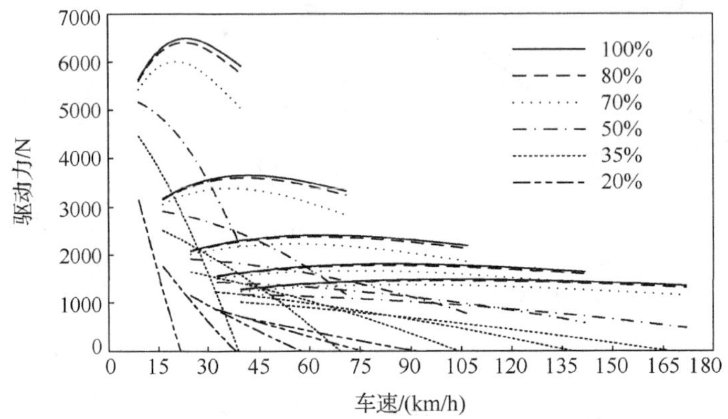

图 1.31　各挡位下的驱动力曲线

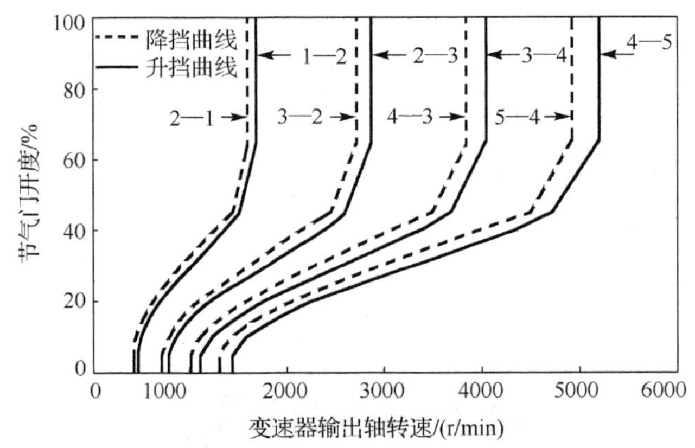

图 1.32　双参数最佳动力性换挡规律

MATLAB/Simulink 中的 Stateflow 是一个基于流程图和状态转移图来解决复杂监控逻辑的工具。如图 1.33 所示，在基于 Stateflow 的控制逻辑中，将图 1.32 所示的换挡规律置于 Simulink Function 模块，由车速和节气门开度同时控制挡位的切换，当实际车速大于 up_th 时进行升挡，车速小于 down_th 时进行降挡，其余情况进行挡位保持。此模块对换挡参数没有任何限制，既适用于双参数换挡规律，也适用于单参数甚至三参数换挡规律。当换挡模块采用不同的换挡规律时，仅需将 Simulink Function 模块中的换挡规律表进行替换即可实现对新换挡策略的仿真。

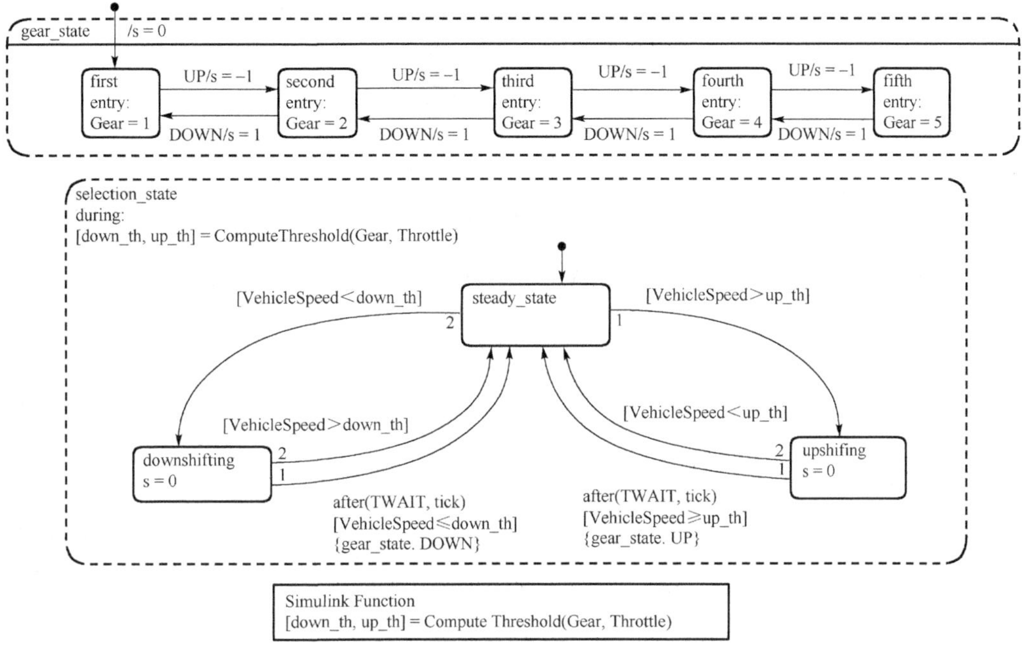

图 1.33　基于 Stateflow 的自动变速器换挡控制逻辑

1.4　纵向动力学轮胎模型

轮胎是汽车与地面之间相互作用的载体，传递汽车受到的纵向力、法向力和侧向力，是影响汽车性能非常重要的部件。关于轮胎模型更全面的讨论，将在第 2 章中介绍，本节只讨论轮胎的纵向动力学模型。

半经验轮胎模型的典型代表就是 Pacejka 所提出的魔术公式。采用这种轮胎模型的优势在于其拟合因数均具有固定的物理意义，便于确定合理的初值，并且基于实验数据的建模，使其在实验范围内均具有较高的模拟精度，但其计算量较大。在搭建汽车仿真模型时，不仅要考虑模型的精度，也要考虑其计算效率。这里只考虑轮胎的纵向滑转、滑移对汽车特性的影响，因此对魔术公式进行一定的简化。在汽车直线行驶的情况下，纵向力可表述为

$$F_x = \mu D \sin\left\{\left(\frac{5-\mu}{4}\right) C \arctan[(2-\mu)B(1-E)s + E\arctan((2-\mu)Bs)]\right\} \tag{1.36}$$

式中，

$$B = \frac{BCD}{CD} \tag{1.37}$$

$$D = a_1 F_z^2 + a_2 F_z \tag{1.38}$$

$$BCD = (a_3 F_z^2 + a_4 F_z)\mathrm{e}^{-a_5 F_z} \tag{1.39}$$

$$E = a_6 F_z^2 + a_7 F_z + a_8 \tag{1.40}$$

式中，B 为刚度因子；C 为曲线形状因子，这里取 $C = 1.65$；D 为峰值因子；E 为曲线的曲率因子。

驱动状态下滑转率为

$$s = \frac{R_{\mathrm{w}}\omega - v}{R_{\mathrm{w}}\omega} \tag{1.41}$$

制动状态下滑移率为

$$s = \frac{v - R_{\mathrm{w}}\omega}{v} \tag{1.42}$$

因而对轮胎而言

$$J_{\mathrm{w}}\dot{\omega} = T_{\mathrm{d}} - F_x R_{\mathrm{w}} \tag{1.43}$$

魔术公式中各拟合参数的拟合结果如表 1.2 所示。

表 1.2　魔术公式拟合参数取值

a_1	a_2	a_3	a_4	a_5	a_6	a_7	a_8
−21.3	1144	49.6	226	0.16	−0.006	0.056	0.486

图 1.34 是利用魔术公式轮胎模型仿真得到的轮胎纵向力特性曲线。图 1.34(a)是当垂向载荷为 4100N 时，在不同路面附着系数下的仿真结果；图 1.34(b)是当路面附着系数为 0.9 时，在不同垂向载荷作用下的仿真结果。

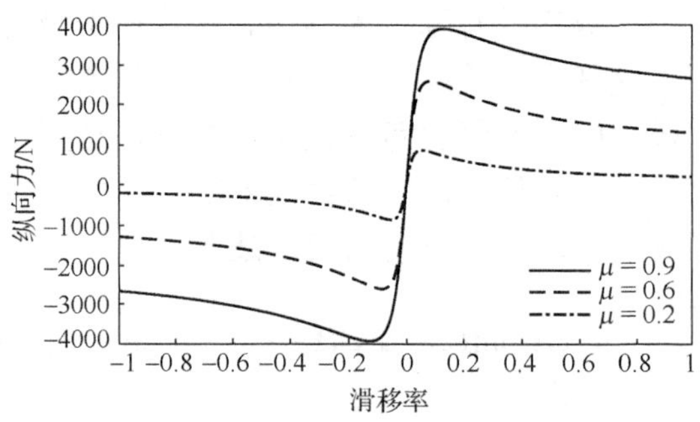

(a) 不同路面附着系数下的仿真结果

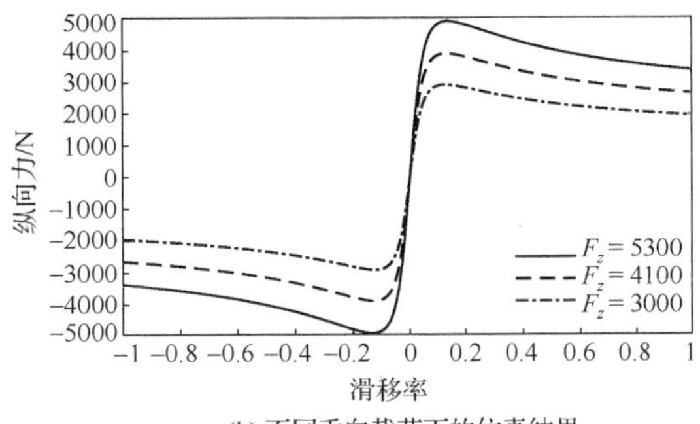

(b) 不同垂向载荷下的仿真结果

图 1.34　基于魔术公式轮胎模型的纵向力仿真

1.5　纵向行驶的车体模型

将汽车看成一个整体，汽车的受力可以表示为

$$\delta_i m\dot{v} = F_{x1} + F_{x2} - F_{\mathrm{f}} - F_{\mathrm{w}} - F_i \tag{1.44}$$

式中，

$$F_{\mathrm{f}} = mgf\cos\theta \tag{1.45}$$

$$F_{\mathrm{w}} = \frac{1}{2}C_{\mathrm{D}}A\rho v^2 \tag{1.46}$$

$$F_i = mg\sin\theta \tag{1.47}$$

m 为整车质量，单位为 kg；g 为重力加速度，单位为 m/s^2；θ 为道路坡道角，单位为 rad；C_{D} 为空气阻力系数；A 为迎风面积，单位为 m^2；v 为车速，单位为 km/h；f 为滚动阻力系数；δ_i 为旋转质量换算系数；$\dot{v}$ 为汽车加速度，单位为 m/s^2。

1.6　整车纵向动力学模型验证

仿真模型的验证是模型搭建中必不可少的一个环节，为验证模型的正确性，我们以 CarSim 中成熟的轿车仿真模型作为对照组，模拟在相同节气门输入情况下，汽车的动力学特性。

仿真模型在 MATLAB/Simulink 环境下进行搭建，并采用仿真步长为 1ms 的定步长四阶 Runge-Kutta 法对状态方程进行求解，该算法具有计算精度高和数值稳定性较好等优点，同时 1ms 的仿真步长也完全满足实际汽车 10ms 的数据采样频率。

图 1.35 为整车的纵向动力学仿真模型结构图。表 1.3 为模型所需的汽车主要仿真参数。

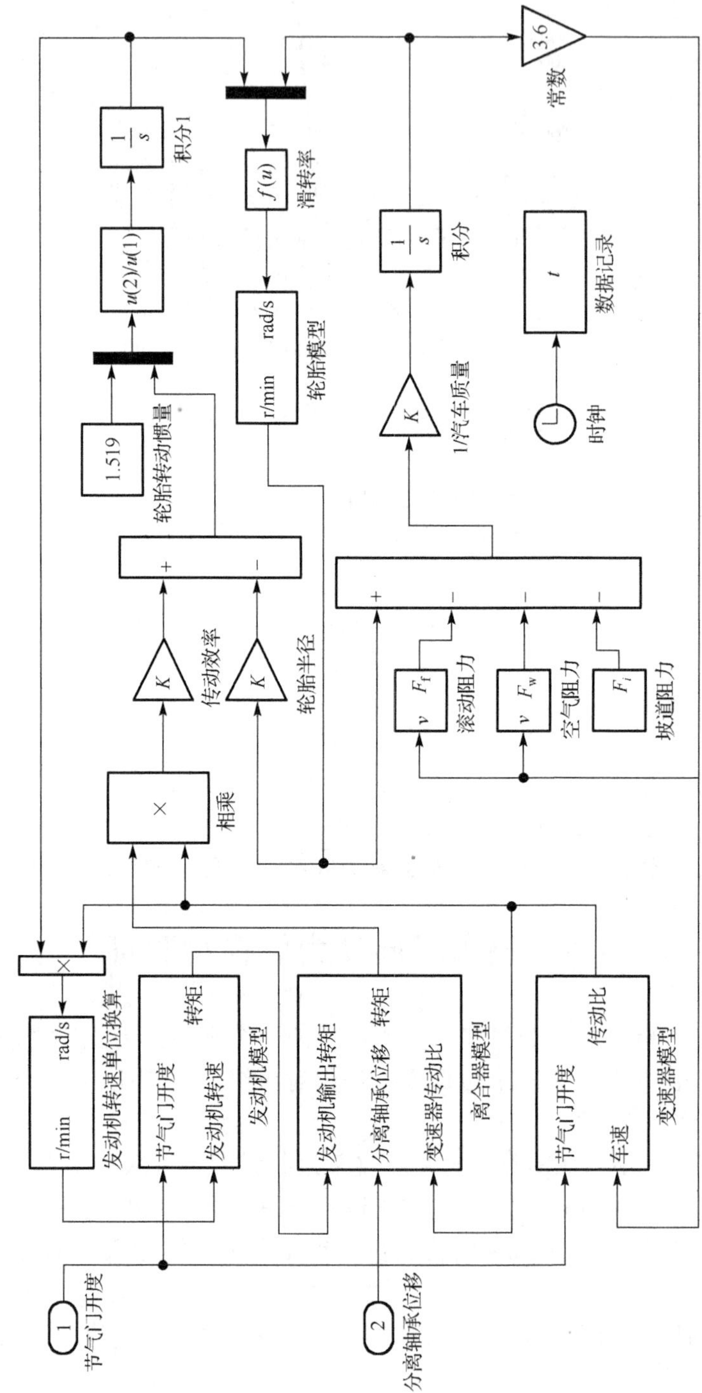

图 1.35　整车纵向动力学仿真结构图

表 1.3　汽车的主要仿真参数

参数	数值	参数	数值	参数	数值	参数	数值
i_0	4.111	L /mm	94.25	ζ_{max} /mm	7	δ_1	1.28
i_{g1}	3.455	l /mm	77	R_w /m	0.284	δ_2	1.11
i_{g2}	1.944	r_F /mm	22	m /kg	1650	δ_3	1.06
i_{g3}	1.286	R_c /mm	87	A / m^2	2.018	δ_4	1.05
i_{g4}	0.969	Z	2	f	0.018	δ_5	1.04
i_{g5}	0.800	β	1.2	C_D	0.37	C /m	1.52
η	0.92	T_{emax} / (N · m)	138	a /m	1.26	μ	0.9
J_e / (kg · m^2)	0.13	λ_0 /mm	2	b /m	1.38		

本节主要验证汽车模型对节气门输入的响应效果，汽车节气门开度的控制输入信号如图 1.36 所示。

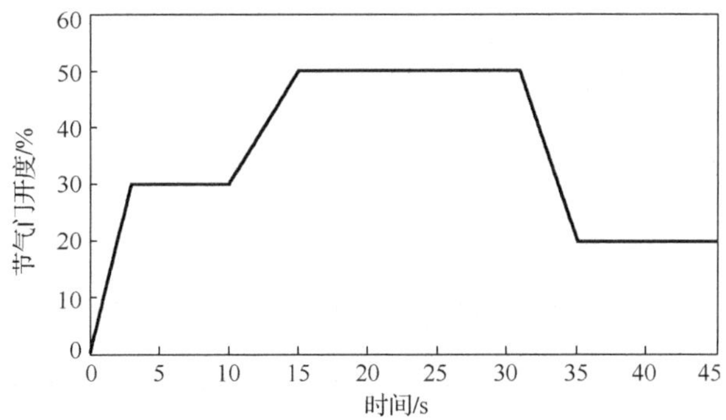

图 1.36　节气门开度控制信号

仿真结果如图 1.37 所示。

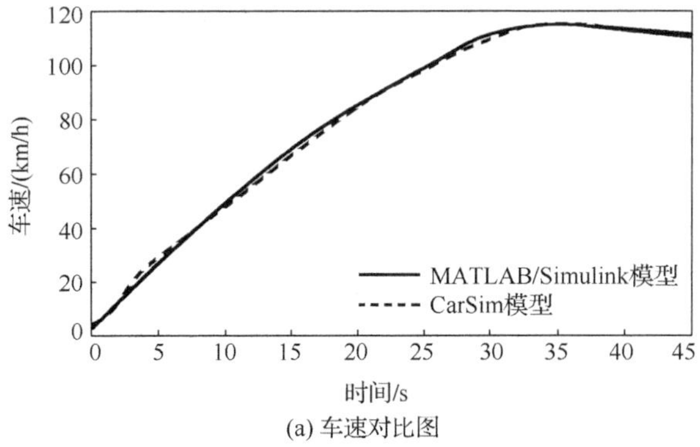

(a) 车速对比图

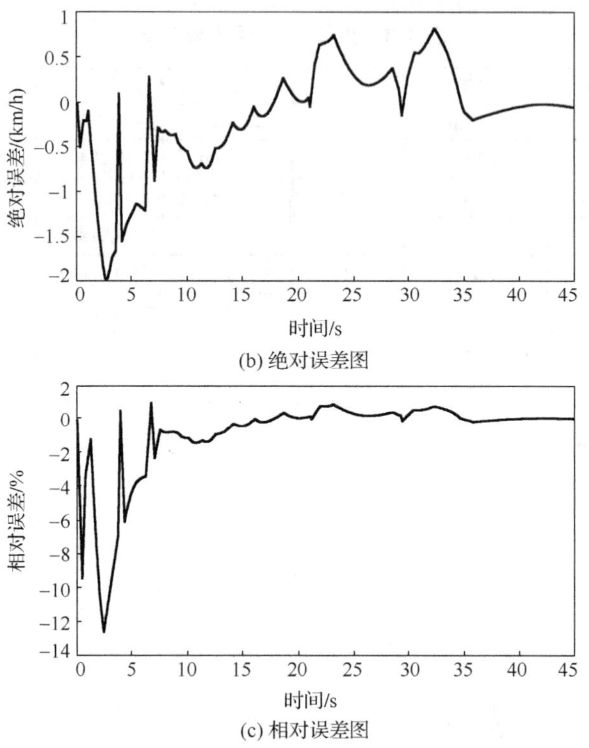

(b) 绝对误差图

(c) 相对误差图

图 1.37　整车纵向动力学模型仿真结果

从上述仿真结果可以看出，该模型能对汽车的控制输入做出快速的响应，并且能够体现换挡过程给汽车动力性带来的影响。除此之外，在相同控制输入条件下，本书所开发的仿真模型与 CarSim 中成熟的汽车仿真模型实验结果吻合度较高，除起步过程外，在汽车正常行驶的过程中仿真误差均能保持在2%以内，因此能够满足后续控制策略及算法验证对仿真平台的精度要求。

第 2 章　汽车侧向动力学建模

汽车的侧向动力学模型是进行汽车侧向动力学仿真、控制和进行汽车稳定性研究的基础，常用的汽车侧向动力学模型有二自由度动力学模型和八自由度动力学模型。二自由度动力学模型是一个仅具有侧向及横摆运动的简化汽车模型，虽然二自由度动力学模型对汽车系统进行了很大的简化，但其仍可以清晰地反映出汽车质心侧偏角、横摆角速度这两个重要评价指标与车速、前轮转角的关系。八自由度动力学模型是在二自由度动力学模型的基础上，考虑悬架系统及垂直载荷转移后得到有关汽车纵向、侧向、横摆、侧倾及四个车轮运动的动力学模型。下面分别介绍这两种模型，它们是进行智能车侧向动力学控制的基础。

2.1　二自由度动力学模型

为了简化分析，对汽车系统做如下假设：用前轮转角直接作为系统输入；忽略悬架的影响，视汽车只做平行于地面的平面运动；假设轮胎侧偏特性处于线性范围内，忽略左右轮胎因载荷转移而引起轮胎力的变化和轮胎的回正力矩，同时忽略空气阻力及滚动阻力。此时可将实际的汽车简化为两轮线性模型，该模型是一个仅具有侧向及横摆运动的二自由度汽车模型，该模型受力分析如图 2.1 所示。

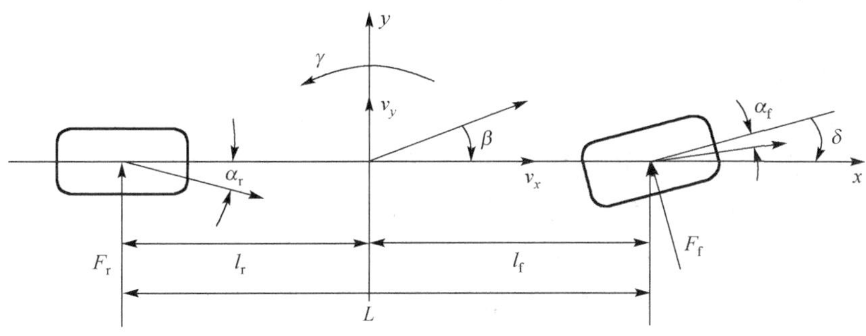

图 2.1　二自由度汽车模型受力分析

由图 2.1 可得二自由度汽车模型的运动方程为

$$\begin{cases} F_f \cos\delta + F_r = m(\dot{v}_y + v_x\gamma) \\ l_f F_f \cos\delta - l_r F_r = I_z\dot{\gamma} \end{cases} \tag{2.1}$$

当前轮转角较小时，轮胎力 F_{f} 、 F_{r} 与轮胎侧偏角呈线性关系，因此前后轮侧向力表达式为

$$\begin{cases} F_{\mathrm{f}} = k_{\mathrm{f}}\alpha_{\mathrm{f}} \\ F_{\mathrm{r}} = k_{\mathrm{r}}\alpha_{\mathrm{r}} \end{cases} \tag{2.2}$$

汽车质心侧偏角为 β，前后轮侧偏角为

$$\begin{cases} \alpha_{\mathrm{f}} = \delta - \beta - \dfrac{l_{\mathrm{f}}\gamma}{v_x} \\ \alpha_{\mathrm{r}} = -\dfrac{v_y - l_{\mathrm{r}}\gamma}{v_x} = -\beta + \dfrac{l_{\mathrm{r}}\gamma}{v_x} \end{cases} \tag{2.3}$$

将式(2.2)和式(2.3)代入式(2.1)整理可得

$$\begin{cases} (k_{\mathrm{f}} + k_{\mathrm{r}})\beta + \dfrac{(l_{\mathrm{f}}k_{\mathrm{f}} - l_{\mathrm{r}}k_{\mathrm{r}})\gamma}{v_x} - k_{\mathrm{f}}\delta = m(\dot{v}_y + v_x\gamma) \\ (l_{\mathrm{f}}k_{\mathrm{f}} - l_{\mathrm{r}}k_{\mathrm{r}})\beta + \dfrac{(l_{\mathrm{f}}^2k_{\mathrm{f}} - l_{\mathrm{r}}^2k_{\mathrm{r}})\gamma}{v_x} - l_{\mathrm{f}}k_{\mathrm{f}}\delta_{\mathrm{f}} = I_z\dot{\gamma} \end{cases} \tag{2.4}$$

式中，m 为整车质量；δ 为前轮转角；v_x 为汽车沿 x 轴纵向车速；v_y 为汽车沿 y 轴侧向车速；I_z 为汽车绕质心垂直轴的转动惯量；γ 为汽车横摆角速度；α_{f} 、α_{r} 为前后车轮侧偏角；k_{f} 、k_{r} 为前后车轮侧偏刚度；l_{f} 、l_{r} 为前后车轴到质心的距离；β 为质心侧偏角。

2.2 八自由度动力学模型

为了更好地模拟汽车的实际运动，在二自由度动力学模型的基础上，考虑悬架系统及垂直载荷转移，可得到有关汽车纵向、侧向、横摆、侧倾及四个车轮运动的八自由度汽车模型，该模型受力分析如图 2.2、图 2.3 所示。

由图 2.2、图 2.3 建立汽车动力学方程如下。

汽车沿 x 轴的纵向运动方程：

$$m(\dot{V}_x - V_y\gamma) = (F_{x\mathrm{fl}} + F_{x\mathrm{fr}})\cos\delta_{\mathrm{f}} - (F_{y\mathrm{fl}} + F_{y\mathrm{fr}})\sin\delta_{\mathrm{f}} + F_{x\mathrm{rl}} + F_{x\mathrm{rr}} - CV_x^2 \tag{2.5}$$

汽车沿 y 轴的侧向运动方程：

$$m(\dot{V}_y + V_x\gamma) + m_{\mathrm{s}}h\ddot{\phi} = (F_{x\mathrm{fl}} + F_{x\mathrm{fr}})\sin\delta_{\mathrm{f}} + (F_{y\mathrm{fl}} + F_{y\mathrm{fr}})\cos\delta_{\mathrm{f}} + F_{y\mathrm{rl}} + F_{y\mathrm{rr}} \tag{2.6}$$

汽车绕 z 轴的横摆运动方程：

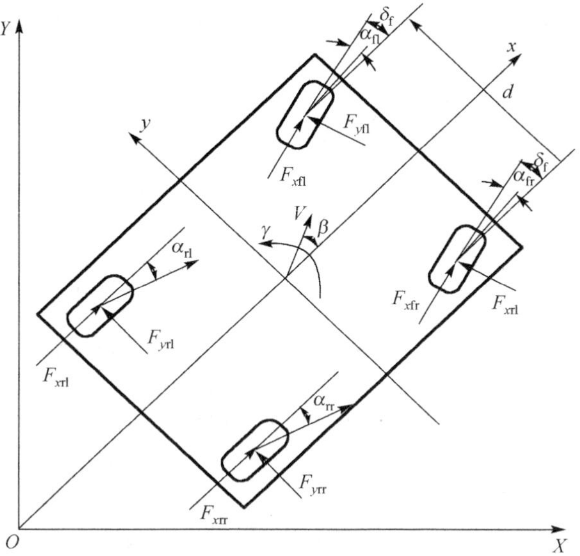

图 2.2　八自由度汽车模型受力分析(俯视图)

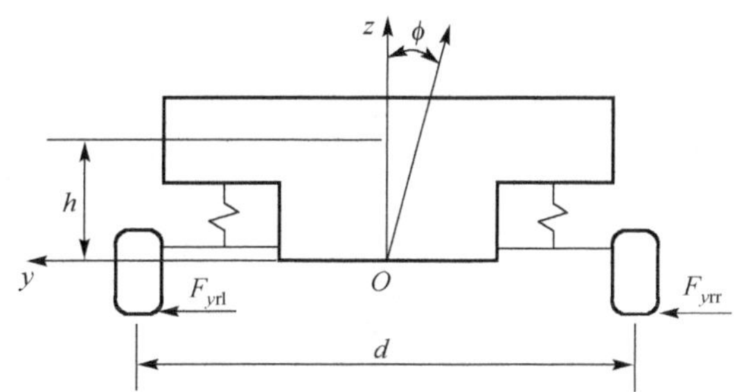

图 2.3　八自由度汽车模型受力分析(后视图)

$$\begin{aligned} I_z\dot{\gamma} + I_{xz}\ddot{\phi} = {} & l_f(F_{xfl}+F_{xfr})\sin\delta_f - 0.5d(F_{xfl}-F_{xfr})\cos\delta_f - 0.5d(F_{xrl}-F_{xrr}) \\ & + l_f(F_{yfl}+F_{yfr})\cos\delta_f + 0.5d(F_{yfl}-F_{yfr})\sin\delta_f - l_r(F_{yrl}+F_{yrr}) \end{aligned} \tag{2.7}$$

汽车绕 x 轴的侧倾运动方程：

$$\begin{aligned} & I_x\ddot{\phi} - m_s h(\dot{V}_y + V_x\gamma) + I_{xz}\dot{\gamma} \\ & = -(C_{sfl}+C_{sfr}+C_{srl}+C_{srr})\dot{\phi} - (K_{sfl}+K_{sfr}+K_{srl}+K_{srr})\phi + m_s gh\phi \end{aligned} \tag{2.8}$$

前轮运动方程：

$$J_w\dot{\omega}_{fj} = T_{dfj} - T_{bfj} - F_{xfj}R_w \tag{2.9}$$

后轮运动方程：

$$J_w\dot{\omega}_{rj} = -T_{brj} - F_{xrj}R_w \tag{2.10}$$

在上述方程中，ϕ 为汽车侧倾角；F_{xij} 为车轮纵向力；F_{yij} 为车轮侧向力，ω_{ij} 为车轮转速；$T_{\mathrm{d}ij}$ 为车轮驱动力矩；$T_{\mathrm{b}ij}$ 为车轮制动力矩；其中，$i=\mathrm{f,r}$，f 为前轮，r 为后轮，$j=\mathrm{l,r}$，l 为左侧车轮，r 为右侧车轮，其余各参数意义与二自由度汽车模型一致。

轮心速度、侧偏角以及垂直载荷重新分配的计算如下。

轮胎中心速度计算：

$$V_{\mathrm{wxfl}}=(V_x-0.5d\gamma)\cos\delta_{\mathrm{f}}+(V_y+l_{\mathrm{f}}\gamma)\sin\delta_{\mathrm{f}} \tag{2.11}$$

$$V_{\mathrm{wyfl}}=(V_y+l_{\mathrm{f}}\gamma)\cos\delta_{\mathrm{f}}-(V_x-0.5d\gamma)\sin\delta_{\mathrm{f}} \tag{2.12}$$

$$V_{\mathrm{wxfr}}=(V_x+0.5d\gamma)\cos\delta_{\mathrm{f}}+(V_y+l_{\mathrm{f}}\gamma)\sin\delta_{\mathrm{f}} \tag{2.13}$$

$$V_{\mathrm{wyfr}}=(V_y+l_{\mathrm{f}}\gamma)\cos\delta_{\mathrm{f}}-(V_x+0.5d\gamma)\sin\delta_{\mathrm{f}} \tag{2.14}$$

$$V_{\mathrm{wxrl}}=V_x-0.5d\gamma \tag{2.15}$$

$$V_{\mathrm{wyrl}}=V_y-l_{\mathrm{f}}\gamma \tag{2.16}$$

$$V_{\mathrm{wxrr}}=V_x+0.5d\gamma \tag{2.17}$$

$$V_{\mathrm{wyrr}}=V_y+l_{\mathrm{r}}\gamma \tag{2.18}$$

轮胎侧偏角的计算：

$$\alpha_{\mathrm{fl}}=\delta_{\mathrm{f}}-\arctan\left(\frac{V_{\mathrm{wyfl}}}{V_{\mathrm{wxfl}}}\right) \tag{2.19}$$

$$\alpha_{\mathrm{fr}}=\delta_{\mathrm{f}}-\arctan\left(\frac{V_{\mathrm{wyfr}}}{V_{\mathrm{wxfr}}}\right) \tag{2.20}$$

$$\alpha_{\mathrm{rl}}=-\arctan\left(\frac{V_{\mathrm{wyrl}}}{V_{\mathrm{wxrl}}}\right) \tag{2.21}$$

$$\alpha_{\mathrm{rr}}=-\arctan\left(\frac{V_{\mathrm{wyrr}}}{V_{\mathrm{wxrr}}}\right) \tag{2.22}$$

垂直载荷重新分配的计算：

$$F_{\mathrm{zfl}}=\frac{l_{\mathrm{r}}mg}{2L}-\frac{mha_x}{2L}-\frac{1}{d}\left[m_{\mathrm{s}}(a_y-h_{\mathrm{s}}\ddot{\phi})h_{\mathrm{f}}\frac{l_{\mathrm{r}}}{L}+K_{\mathrm{sfl}}\phi+C_{\mathrm{sfl}}\dot{\phi}\right] \tag{2.23}$$

$$F_{\mathrm{zfr}}=\frac{l_{\mathrm{r}}mg}{2L}-\frac{mha_x}{2L}+\frac{1}{d}\left[m_{\mathrm{s}}(a_y-h_{\mathrm{s}}\ddot{\phi})h_{\mathrm{f}}\frac{l_{\mathrm{r}}}{L}+K_{\mathrm{sfr}}\phi+C_{\mathrm{sfr}}\dot{\phi}\right] \tag{2.24}$$

$$F_{\text{zrl}}=\frac{l_{\text{f}}mg}{2L}+\frac{mha_x}{2L}-\frac{1}{d}\left[m_{\text{s}}(a_y-h_{\text{s}}\ddot{\phi})h_{\text{r}}\frac{l_{\text{f}}}{L}+K_{\text{srl}}\phi+C_{\text{srl}}\dot{\phi}\right] \tag{2.25}$$

$$F_{\text{zrr}}=\frac{l_{\text{f}}mg}{2L}+\frac{mha_x}{2L}+\frac{1}{d}\left[m_{\text{s}}(a_y-h_{\text{s}}\ddot{\phi})h_{\text{r}}\frac{l_{\text{f}}}{L}+K_{\text{srr}}\phi+C_{\text{srr}}\dot{\phi}\right] \tag{2.26}$$

式中，$a_x=\dot{V}_x-V_y\gamma$；$a_y=\dot{V}_y+V_x\gamma$。

质心侧偏角计算式为 $\beta=\dfrac{V_y}{V_x}$。

基于上述方程，选取某轿车作为实车标准，建立 Simulink 仿真模型，模型参数取值如表 2.1 所示。

表 2.1　八自由度汽车模型参数取值

参数	含义	取值	单位
m	整车质量	1370	kg
m_{s}	悬挂质量	1280	kg
I_{xz}	悬挂质量对 x、z 轴惯量积	−12	$\text{kg}\cdot\text{m}^2$
I_x	悬挂质量绕 x 轴转动惯量	720	$\text{kg}\cdot\text{m}^2$
I_z	悬挂质量绕 z 轴转动惯量	1600	$\text{kg}\cdot\text{m}^2$
l_{f}	质心到前轴距离	1.26	m
l_{r}	质心到后轴距离	1.38	m
L	前后轴距	2.64	m
d	轮距	1.52	m
h	质心高度	0.48	m
h_{s}	侧倾力臂	0.36	m
J_{w}	车轮滚动转动惯量	2.1	$\text{kg}\cdot\text{m}^2$
R_{w}	车轮半径	0.3	m
$K_{\text{s}ij}$	单侧悬架等效刚度系数	54000	N/rad
$C_{\text{s}ij}$	单侧悬架等效阻尼系数	1765	$\text{N}\cdot\text{m}\cdot\text{s/rad}$

根据上述动力学模型，在 Simulink 中可以搭建八自由度仿真模型。

该模型主要包括轮胎力、轮胎滑移率、轮胎侧偏角、垂直载荷的计算以及车体动力学模块，车体动力学模块包含汽车纵向、侧向、横摆、侧倾以及四个车轮的运动。

2.3　轮 胎 模 型

轮胎作为汽车与地面的连接载体，为车辆的行驶提供了各种各样的力，是影响汽车稳定性的重要因素。如何计算出轮胎所受力与车辆运动情况的关系，是近年来国内外研究的重点。轮胎模型主要分为理论模型、半经验模型和经验模型三种，理论模型是利用数学的手段描述轮胎的结构和形变，主要代表有 Fiala 于 1954 年推导出来的轮胎力特性公式和 Gim 轮胎模型[6]；经验模型是基于大量轮胎实验数据进行回归分析后建立的模型；半经验模型则是利用一定的实验数据与理论模型相结合，对轮胎的受力进行计算，其中，魔术公式作为代表具有很高的拟合精度[7]。本节选用 Dugoff 和魔术公式两种轮胎模型进行建模，并与 CarSim 中的轮胎模型进行比较，最终选择更为准确的模型作为仿真时的轮胎模型。

2.3.1　Dugoff 轮胎模型

轮胎纵向滑转、滑移率的计算：

$$\begin{cases} \lambda=\dfrac{R_{\mathrm{w}}\omega-V_{\mathrm{w}}}{V_{\mathrm{w}}}, & \text{制动时} \\ \lambda=\dfrac{R_{\mathrm{w}}\omega-V_{\mathrm{w}}}{R_{\mathrm{w}}\omega}, & \text{驱动时} \end{cases} \tag{2.27}$$

式中，λ 为轮胎纵向滑移率；R_{w} 为车轮的滚动半径；V_{w} 为轮胎中心速度；ω 为车轮旋转角速度。

根据 Dugoff 模型计算轮胎纵向力及侧向力的公式如下：

$$\begin{cases} F_x=K_x\dfrac{\lambda}{1+\lambda}f(S), & \text{纵向力} \\ F_y=K_y\dfrac{\tan\alpha}{1+\lambda}f(S), & \text{侧向力} \end{cases} \tag{2.28}$$

式中，

$$S=\frac{\mu F_z(1+\lambda)}{2\sqrt{(K_x\lambda)^2+(K_y\tan\alpha)^2}} \tag{2.29}$$

$$\begin{cases} f(S)=(2-S)S, & S<1 \\ f(S)=1, & S\geqslant 1 \end{cases} \tag{2.30}$$

其中，μ 为路面附着系数；α 为轮胎侧偏角；K_x、K_y 为轮胎纵向刚度和侧向刚度；F_z 为轮胎垂直载荷。

在 Simulink 中，建立 Dugoff 轮胎仿真模型，取垂直载荷 F_z 为 3500N，K_x 为 $54000\ \text{N}\cdot\text{m}$，$K_y$ 为 $30000\ \text{N}\cdot\text{m}$，在不同路面附着条件下，仿真得到轮胎纵向力与纵向滑移率的关系、轮胎侧向力与轮胎侧偏角的关系如图 2.4 所示。

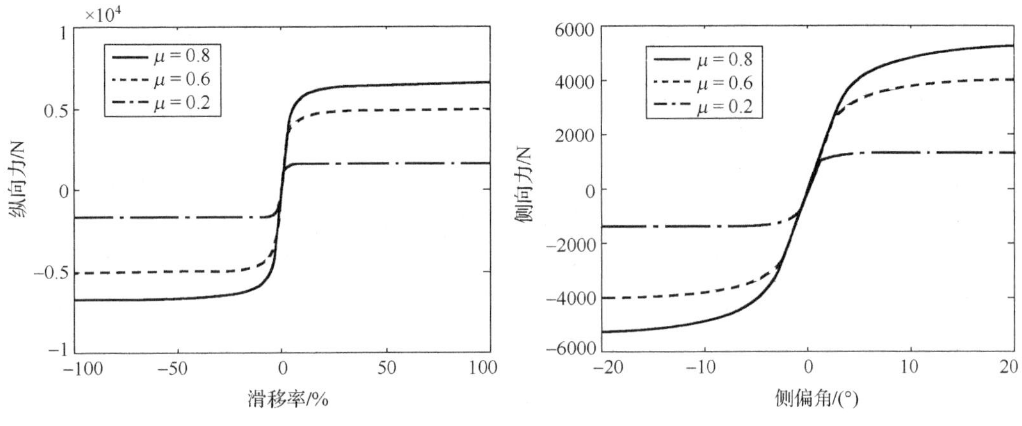

图 2.4　Dugoff 轮胎模型

从图 2.4 中可以看出，Dugoff 模型可以对轮胎纵向力、侧向力进行很好的拟合，但在轮胎进入非线性区域后，轮胎纵向力、侧向力会随纵向滑移率、侧偏角的增加而增加，尤其轮胎侧向力在高附着路面下增加速度依旧较快，而真实轮胎模型在进入非线性区后轮胎侧向力随着侧偏角增加应当为下降的趋势。在研究汽车转向失稳状态时，轮胎经常处于非线性区域，因此轮胎模型在非线性区的拟合情况对整个模型的仿真精度具有至关重要的影响，Dugoff 模型在这一点上不适合用作汽车稳定性分析的建模。

2.3.2　魔术公式轮胎模型

魔术公式轮胎模型是通过大量实验数据的拟合，从而得到的一套可用相同公式计算车轮纵向力、侧向力的半经验模型。在考虑路面附着系数的情况时，纯制动工况下轮胎纵向力的表达式为

$$F_x = \mu D_1 \sin\left\{\left(\frac{5-\mu}{4}\right)C_1 \arctan[(2-\mu)B_1(1-E_1)x_1 + E_1(\arctan((2-\mu)B_1x_1))]\right\} \tag{2.31}$$

式中，x_1 为纵向滑移率；B_1 为刚度因子，$B_1 = B_1C_1D_1/(C_1D_1)$；C_1 为形状因子，取 $C_1 = 1.65$；D_1 为峰值因子，表示曲线最大值，$D_1 = a_1F_z^2 + a_2F_z$；$B_1C_1D_1$ 为纵向力零点处的纵向刚度，$B_1C_1D_1 = (a_3F_z^2 + a_4F_z)\mathrm{e}^{-a_5F_z}$；$E_1$ 为曲率因子，表示曲线最大值附近的曲线形状，$E_1 = a_6F_z^2 + a_7F_z + a_8$。

纵向力各拟合系数取值见表 2.2。

表 2.2　魔术公式纵向力拟合系数取值

a_1	a_2	a_3	a_4	a_5	a_6	a_7	a_8
−21.3	1144	49.6	226	0.16	−0.006	0.056	0.486

在忽略车轮侧倾角时，纯转向工况下轮胎侧向力的表达式为

$$F_x = \mu D_2 \sin\left\{\left(\frac{5-\mu}{4}\right) C_2 \arctan[(2-\mu)B_2(1-E_2)x_2 + E_2(\arctan((2-\mu)B_2 x_2))]\right\} \tag{2.32}$$

式中，x_2 为轮胎侧偏角；B_2 为刚度因子，$B_2=B_2C_2D_2/(C_2D_2)$；C_2 为形状因子，取 $C_2=1.3$；D_2 为峰值因子，表示曲线最大值，$D_2=b_1F_z^2+b_2F_z$；$B_2C_2D_2$ 为纵向力零点处的纵向刚度，$B_2C_2D_2=b_3[\sin b_4 \arctan(b_5F_z)]$；$E_2$ 为曲率因子，表示曲线最大值附近的曲线形状，$E_2=b_6F_z^2+b_7F_z+b_8$。

侧向力各拟合参数取值见表 2.3。

表 2.3　魔术公式侧向力拟合系数取值

b_1	b_2	b_3	b_4	b_5	b_6	b_7	b_8
−22.1	980	840	1.82	0.208	0	−0.354	0.707

在 Simulink 中，建立魔术公式轮胎仿真模型，取垂直载荷 F_z 为 3500N，在不同路面附着条件下，仿真得到轮胎纵向力与纵向滑移率的关系、轮胎侧向力与轮胎侧偏角的关系如图 2.5 所示。

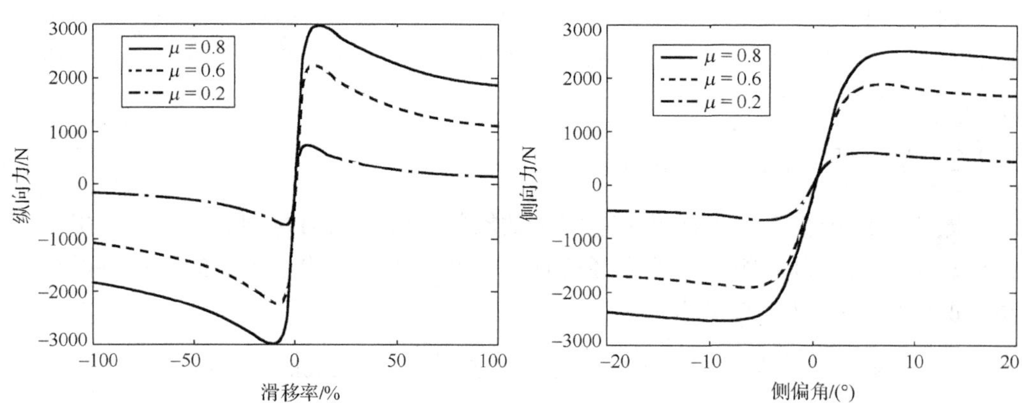

图 2.5　魔术公式轮胎模型

从图 2.5 中可以看出，魔术公式轮胎模型得出的轮胎纵向力与纵向滑移率、轮胎侧向力与轮胎侧偏角的关系更接近实际的轮胎特性，尤其在非线性区域，可以很好地体现出轮胎特性，适合用于汽车转向稳定性的研究。为了进一步验证本

书所建立的魔术公式轮胎模型的准确性，将该仿真模型与 CarSim 中的轮胎模型作对比，对比图如图 2.6 所示。

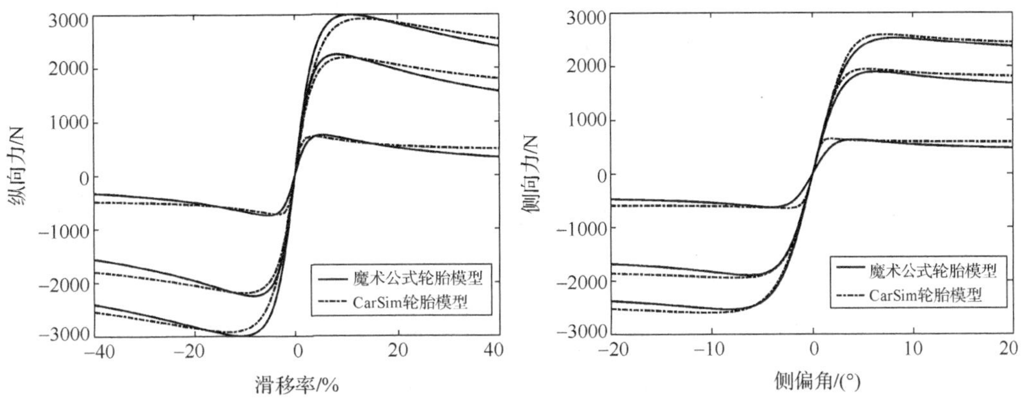

图 2.6　魔术公式轮胎模型与 CarSim 轮胎模型对比

从图 2.6 中可以看出，在 Simulink 中搭建的魔术公式轮胎模型和 CarSim 中的轮胎模型的轮胎特性基本一致，因而可以用该模型计算轮胎的纵向力、侧向力。在联合工况下，纵向力、侧向力的表达式为

$$F_x' = \frac{\sigma_x}{\sigma} F_x \tag{2.33}$$

$$F_y' = \frac{\sigma_y}{\sigma} F_y \tag{2.34}$$

式中，$\sigma = \sqrt{\sigma_x^2 + \sigma_y^2}$；$\sigma_x = -\dfrac{\lambda}{1+\lambda}$；$\sigma_y = -\dfrac{\tan\alpha}{1+\lambda}$，$\alpha$ 为侧偏角，λ 为滑移率。

2.4　侧向动力学模型验证

为验证上述侧向动力学模型的准确性，选取一定工况进行仿真实验。CarSim 作为一款行业标准软件，公认其软件仿真结果与实车实验结果基本一致，因此本书将仿真结果与 CarSim 进行对比验证。由于侧向动力学模型主要用于汽车稳定性分析，所以选取双移线工况和正弦延迟工况作为检验标准，对模型准确性进行检验。

1. 双移线工况

双移线实验可用来模拟汽车在高速行驶时躲避前方障碍物的情况，能够对汽车在瞬态转向条件下的可操纵性进行评判。在车速为 80km/h，路面附着系数为 0.8 的情况下，对比所建立的 Simulink 仿真模型与 CarSim 模型结果如图 2.7 所示。

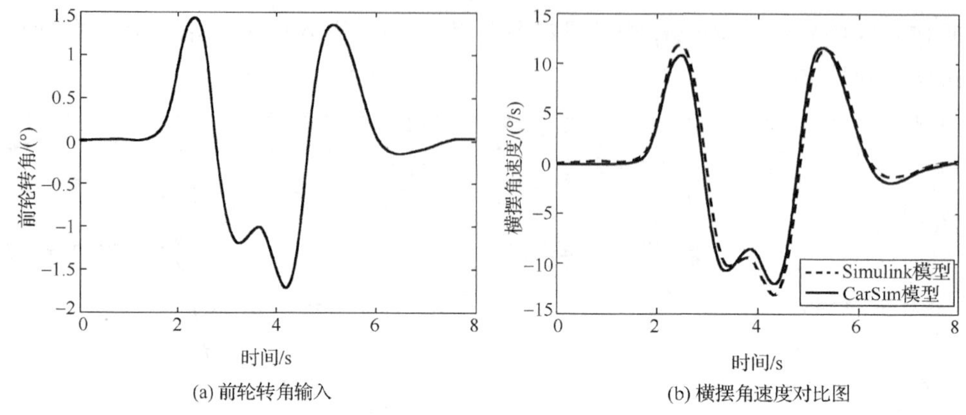

图 2.7　Simulink 模型与 CarSim 模型双移线工况对比

从图 2.7 中可以看出，在 Simulink 中搭建的八自由度仿真模型与 CarSim 模型在双移线工况下的横摆角速度基本一致，从而也可证明该模型的准确性。

2. 正弦延迟工况

正弦延迟工况是美国国家公路交通安全管理局制定的电子稳定程序(electronic stability program，ESP)系统评价实验，也是公认的汽车稳定性评价实验，能够客观地评价汽车的转向操纵性。在车速为 60km/h，路面附着系数为 0.8 的情况下，对比 Simulink 仿真模型与 CarSim 模型结果如图 2.8 所示。

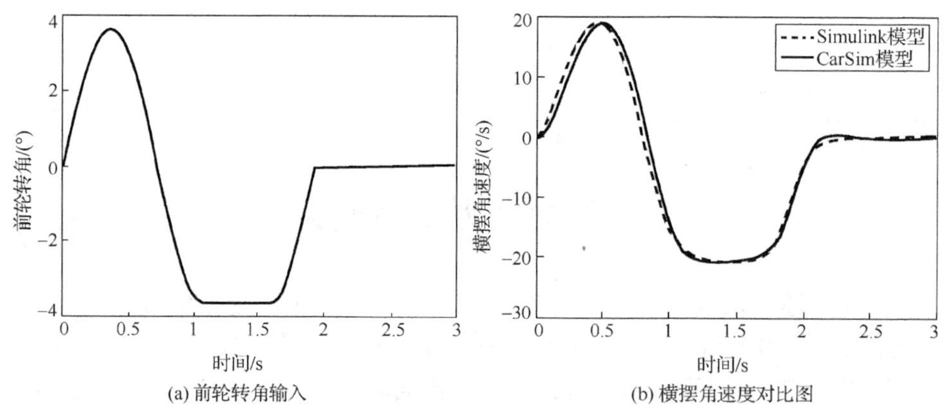

图 2.8　Simulink 模型与 CarSim 模型正弦延迟工况对比

从图 2.8 中可以看出，在 Simulink 中搭建的八自由度仿真模型与 CarSim 模型在正弦延迟工况下的横摆角速度基本一致，从而可进一步证明该模型的准确性。通过以上两种工况下的对比，可认为本书建立的整车侧向动力学模型比较准确，可以用来进行汽车的侧向稳定性分析。

第 3 章　汽车瞬态燃油消耗模型研究

虽然国内外的学者开发出了很多经典的燃油消耗模型，但其中大多数为稳态燃油消耗模型，只有少数是瞬态燃油消耗模型，瞬态燃油消耗模型具有较高的精度。本章提出了两种瞬态燃油消耗模型的建模方法。利用实测油耗数据，完成了瞬态燃油消耗模型的建模，并利用 Akaike 信息量准则(Akaike's information criterion，AIC)对所建瞬态燃油消耗模型进行了评估和筛选，分别选出了两种方法中最优的模型。最后，利用实验数据对选取的最优瞬态燃油消耗模型的性能进行了验证。

3.1　建模数据及数据预处理

3.1.1　建模数据

用于搭建瞬态燃油消耗模型的数据来自美国阿贡国家实验室先进动力总成研究中心(The Advanced Powertrain Research Facility of Argonne National Laboratory, ANL)的 D3 数据库[8]。该研究中心针对当下一些较先进的车型进行了燃油消耗和尾气排放测试。D3 数据库中现有 10 余种传统内燃机车型的燃油消耗数据可用于建模。这些燃油消耗数据均是在多种循环工况下每隔 0.1s 采集的，采集数据所用工况包括 Steady-state 循环、Highway 循环、UDDS 循环以及 US06 循环，如图 3.1 所示。四种工况的循环时间分别为 990s、1545s、1374s 和 1290s，因此数据采集完毕后每辆被测车都会有 51990 个燃油消耗数据点。在所有被测车型中，现代索纳塔车型在中国更为常见，因此选取了一辆 2013 款现代索纳塔的测试数据作为本章燃油消耗模型的建模数据。该 2013 款索纳塔的配置如表 3.1 所示。

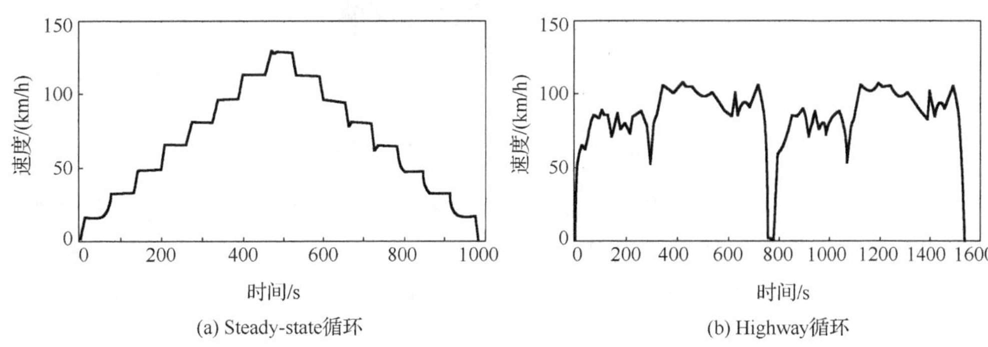

(a) Steady-state循环　　(b) Highway循环

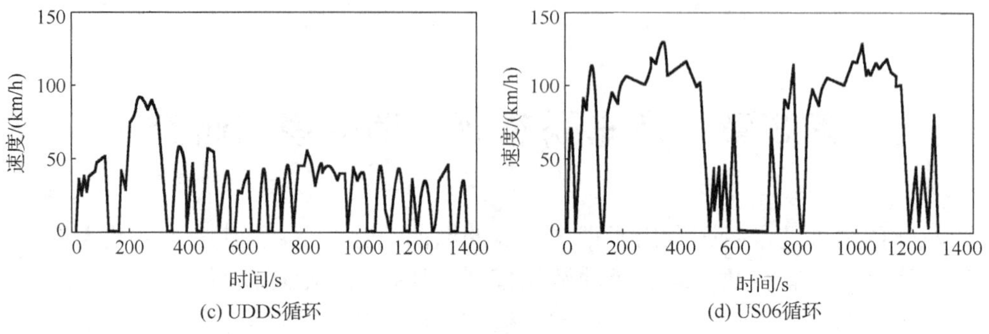

(c) UDDS循环　(d) US06循环

图 3.1　四种循环工况图

表 3.1　2013 款现代索纳塔配置信息

参数名	参数值
整车质量	1451kg
长×宽×高	4820mm×1835mm×1475mm
发动机	直列四缸，2.4L
变速器	6 速液力自动变速
最大转矩	194N · m
最大功率	119kW

图 3.2 为所选用现代索纳塔在 UDDS 循环下的原始燃油消耗数据。从图 3.2 中可以看出，燃油消耗随着发动机转矩和转速的增加而增加。

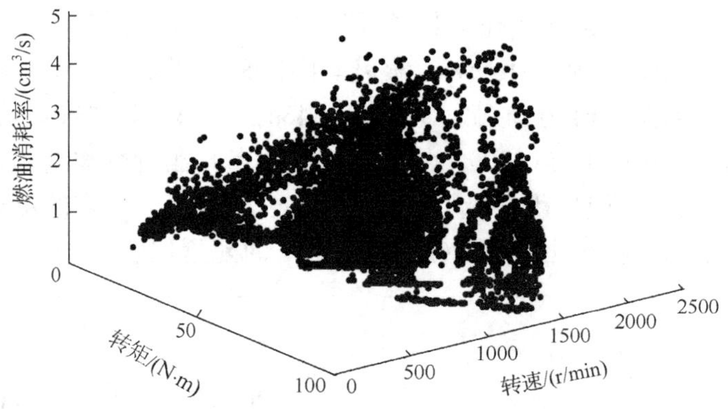

图 3.2　索纳塔在 UDDS 循环下的原始燃油消耗数据

数据测量过程中由于实验操作和设备故障的原因，可能会使实验数据出现异常值。为避免异常值对瞬态燃油消耗建模的影响，在建模前需要对原始实验数据进行数据处理，改善数据质量。本书所用到的数据处理技术主要有两种，分别是平均值滤波数据预处理方法和 VSP-3σ 数据预处理方法。

3.1.2　平均值滤波数据预处理方法

平均值滤波就是连续取 N_{m} 个采样值进行算术平均，然后将算术平均后的值作为新的采样值，其表达式为

$$\bar{m}_{\mathrm{m}} = \frac{1}{N_{\mathrm{m}}} \sum_{i=1}^{N_{\mathrm{m}}} m_{\mathrm{m}}(i) \tag{3.1}$$

式中，$\bar{m}_{\mathrm{m}}$ 是 N_{m} 个采样点的算术平均值，单位为 $\mathrm{cm^3/s}$；$m_{\mathrm{m}}(i)$ 为第 i 个原始采样点的燃油消耗，单位为 $\mathrm{cm^3/s}$。

由于原始燃油消耗数据的采样频率为 10Hz，本书将 N_{m} 的值定为 10 以获得每秒的燃油消耗数据。经过平均值滤波后，建模数据样本量由原始数据的 51990 降为了 5199，变为了原来的 1/10。使用平均值滤波技术能够使原始数据变得平滑，但也会因此而损失一些细节。

3.1.3　VSP-3σ 数据预处理方法

汽车比功率（vehicle specific power，VSP）为单位质量车重所占的汽车瞬时功率，最初由 Jiménez-Palacios 于 1998 年提出[9]，用以综合反映汽车的功率输出，其表达式如下：

$$\begin{aligned} \mathrm{VSP} &= \frac{\frac{\mathrm{d}}{\mathrm{d}t}(\mathrm{KE}+\mathrm{PE}) + F_{\mathrm{f}} v_{\mathrm{a}} + F_{\mathrm{w}} v_{\mathrm{a}}}{m} \\ &= v_{\mathrm{a}}[a(1+\delta) + g(\mathrm{grade} + f)] + \frac{1}{2}\rho_{\mathrm{a}} \frac{C_{\mathrm{D}} A}{m} v_{\mathrm{a}}^3 \end{aligned} \tag{3.2}$$

式中，KE 和 PE 分别为汽车的动能和势能，单位为 J；F_{f} 和 F_{w} 分别为汽车所受滚动阻力和空气阻力，单位为 N；v_{a} 为汽车的速度，单位为 m/s；m 为车重，单位为 kg；a 为汽车的加速度，单位为 $\mathrm{m/s^2}$；δ 为旋转质量换算系数；g 为重力加速度，$9.81\mathrm{m/s^2}$；grade 为道路坡度，单位为%；f 为滚动阻力系数；ρ_{a} 为空气密度，$1.207\mathrm{kg/m^3}$；C_{D} 为空气阻力系数；A 为汽车的迎风面积，单位为 $\mathrm{m^2}$。

然而在实际交通环境中获得式（3.2）中的所有参数非常困难，因此为了能够用汽车传统的参数计算 VSP，Jiménez-Palacios 又使用典型的汽车参数值对式（3.2）进行了简化，得到简化的 VSP 表达式如式（3.3）所示。利用式（3.3），只需要用汽车的速度和加速度便可计算得出汽车的 VSP。同时，燃油消耗数据是在底盘测功机上采集的，道路坡度为 0，因此，利用式（3.3）计算 VSP 时将参数 grade 的值置为 0。

$$\text{VSP} = v_\text{a}(1.1a+9.81\text{grade}+0.132)+3.02\times10^{-4}v_\text{a}^3 \tag{3.3}$$

式中，v_a为汽车速度，单位为 m/s；a为汽车加速度，单位为 m/s^2；grade 为道路坡度，单位为%；VSP 单位为 kW/t。

VSP 与汽车的燃油消耗率有着很强的关系，如图 3.3 所示。

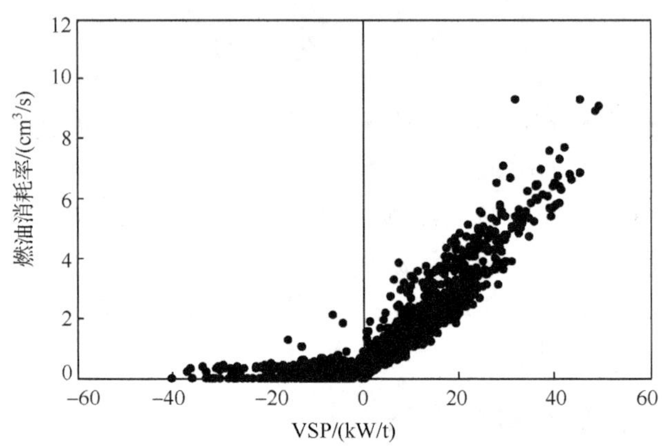

图 3.3　VSP 与燃油消耗率之间的关系

在 VSP 的基础上，Zhou 等提出了 VSP-3σ 法数据预处理技术[10]。他们指出，将 VSP 分成等距的若干小区间后，每个小区间内的燃油消耗分布大致呈正态分布，则根据正态分布的特点，采样点落于$\pm3\sigma$区间之外的概率为 0.0026，属于小概率事件，因此，将落于$\pm3\sigma$区间之外的燃油消耗数据视为异常值予以剔除。本书将 VSP 平均分成区间长为 2kW/t 的小区间，查看各区间内的燃油消耗分布。图 3.4 是几个典型的小区间内的燃油消耗分布。从图中可以发现，小区间内燃油消耗分布确实大致呈现正态分布。为进一步验证这一结论，对每个小区间内的分布做了显著性水平为 5%的正态检验。检验时零假设为：每个小区间内的燃油消耗分布遵循正态分布。经正态检验所得的p值在 0.2208～0.5 之间变化，因此零假设成立。则根据 VSP-3σ法数据预处理技术原理，本书将剔除每个 VSP 小区间中落于$\pm3\sigma$区间之外的所有燃油消耗数据点。

由于燃油消耗率恒为正值，所以进一步将区间边界定义如下：

$$\begin{gathered}\text{reference interval} = [\text{left border}, \text{right border}] \\ \text{left border} = \max\{0, \mu-3\sigma\}, \quad \text{right border} = \mu+3\sigma\end{gathered} \tag{3.4}$$

实际处理时，用式(3.4)所定义的左右边界替换相应的$\pm3\sigma$边界，并将超出式(3.4)定义的区间边界的燃油消耗数据视为异常数据予以剔除。利用 VSP-3σ法数据预处理后，建模数据样本量在 5199 的基础上减少了 41 个，占 5199 的 0.79%。

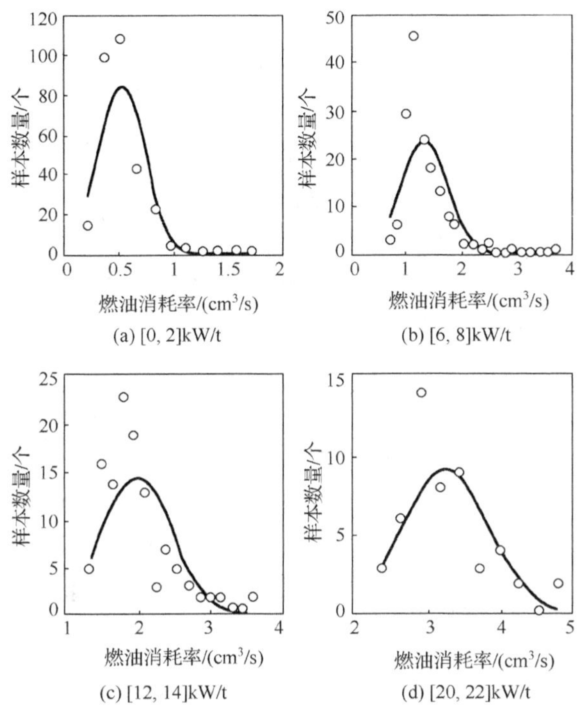

图 3.4　VSP 小区间内的燃油消耗分布图

图 3.5 给出了 US06 循环中 250～350s 时间段内原始燃油消耗数据与经过数据处理后的燃油消耗数据的对比图。从图 3.5 中可以看出，处理后的燃油消耗数据依然保留着原始数据的特征，同时剔除了原始数据中的抖动和毛刺，使数据变得更加平滑。经过处理后的数据将用于后续汽车瞬态燃油消耗模型的稳态模块和瞬态修正模块的建模。

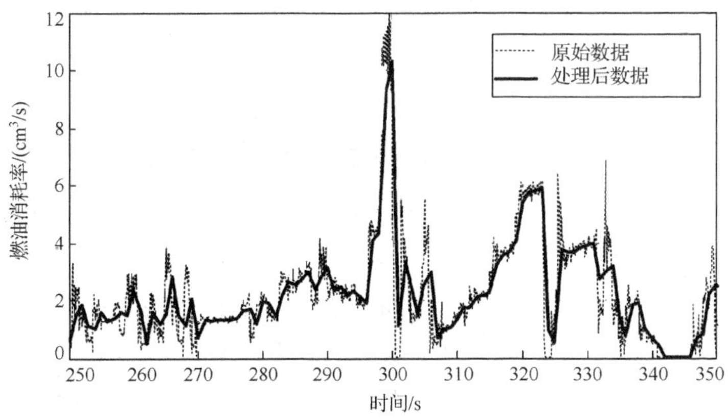

图 3.5　US06 循环数据处理前后对比(250～350s)

3.2　瞬态燃油消耗模型建模

我们需建立的瞬态燃油消耗模型的基本结构为稳态初估+瞬态修正，且稳态初估模块的输入为发动机转速和转矩，瞬态修正模块的输入为汽车速度和加速度。本节将在稳态初估+瞬态修正的基本结构下，进一步提出两种建模方法，并利用ANL 实验室采集的实车测试燃油消耗数据建立汽车瞬态燃油消耗模型。

3.2.1　速度和加速度极限

由于汽车的速度和加速度是本书建立的瞬态燃油消耗模型中瞬态修正模块的输入，二者的极限值决定了所建模型的适用范围。因此，在建立模型前需首先确定速度和加速度的边界值。一般而言，汽车的最大加速度随着速度的升高而降低。本书所选用 2013 款索纳塔的速度-加速度散点图如图 3.6 所示。从图 3.6 中可以看出，该车所能达到的最高车速和最大加速度分别为 130km/h 和 4m/s^2 左右，且最大加速度随着车速的增加而逐渐降低。

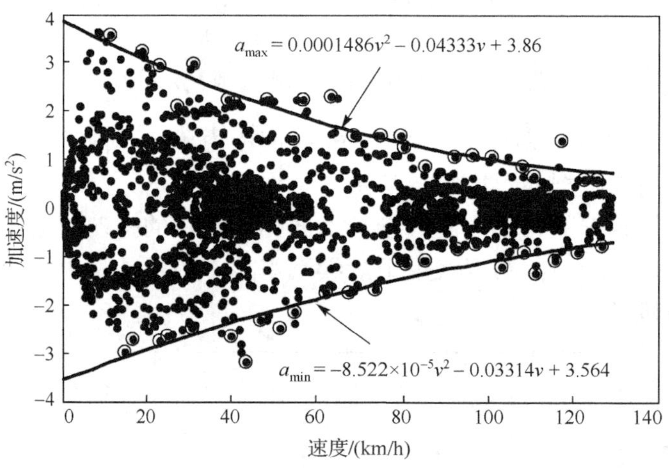

图 3.6　2013 款索纳塔加速度与速度关系

为了确定 2013 款索纳塔在任意车速下的加速度边界值，将所有样本点按[0,10], [10,20], [20,30], ⋯, [120,130] km/h 平均划分为区间长为 10km/h 的若干速度小区间。然后，分别确定每个小区间内加速度的最大值 $a_{\max}$ 和最小值 $a_{\min}$ ，并记录相应的速度值 v_{amax} 与 v_{amin} ，构成 $[v_{\text{amax}}, a_{\max}]$ 和 $[v_{\text{amin}}, a_{\min}]$ 数对。最后，将速度视为自变量，最大和最小加速度视为因变量，通过数据拟合将最大和最小加速度分别确定为速度的函数，如图 3.6 中上、下两条包络线所示。两条包络线的表达

式分别为

$$a_{\max} = 0.0001486v^2 - 0.04333v + 3.86 \tag{3.5}$$

$$a_{\min} = -8.522\times10^{-5}v^2 - 0.03314v + 3.564 \tag{3.6}$$

两条包络线定义了本书所开发模型的适用范围，当输入的速度或加速度值超过两条包络线定义的边界值时，用边界值替换相应输入提供给模型。

按照稳态初估+瞬态修正的基本结构，本书提出两种建模方法，具体如下。

(1) BIT-TFCM-1：二维插值+差值修正。稳态模块采用二维插值的方法，瞬态修正模块中利用速度和加速度的多项式修正瞬态燃油消耗与稳态燃油消耗之间的差值。

(2) BIT-TFCM-2：多项式拟合+倍数比修正。稳态模块采用多项式拟合的方法，瞬态修正模块中利用速度和加速度的多项式修正瞬态燃油消耗与稳态燃油消耗之间的倍数。

下面将详细介绍两种建模方法。

3.2.2　二维插值+差值修正的瞬态燃油消耗模型 BIT-TFCM-1

1. 稳态模块

稳态模块的建模数据为 Steady-state 循环数据，从图 3.1 中可以看出 Steady-state 循环工况包含了 15～130km/h 的汽车匀速速度及燃油消耗数据。稳态模块是以 Steady-state 匀速数据为基础建立的一个发动机稳态燃油消耗 Map 图。模块的输入为发动机的转速和转矩，利用二维插值的方法获得汽车在任意行驶条件下的稳态燃油消耗率。

2. 瞬态修正模块

将 UDDS 循环和 US06 循环的数据组合在一起，能够兼顾汽车工作在高速和低速时的燃油消耗特性，从而使所建模型适用性更广。将组合后的数据分为两组，一组数据用于瞬态模块的建模，命名为 UDDS&US06 循环 D 组(D 代表 Development)，另一组用于模型的验证，命名为 UDDS&US06 循环 V 组(V 代表 Validation)。

在 BIT-TFCM-1 模型中，瞬态修正模块是对瞬态燃油消耗与稳态燃油消耗之间的差值进行修正。Jiménez-Palacios 指出，相比于车速和加速度，VSP 与发动机负荷的联系更加直接[9]。图 3.7 给出了 VSP 正负区间内所需补偿的燃油消耗差值的分布特征，其中燃油消耗差值是通过计算实测燃油消耗与相同输入下稳态模块的稳态估计燃油消耗之间的差值而获得的。从图 3.7 中可以看出，在正负 VSP 两个区间内燃油消耗差值的特性是完全不同的。当 VSP ≥ 0 时，燃油消耗差值随加速度增加而增加，但随速度增加而先升后降；当 VSP < 0 时，则随着速度先降后升，且几乎与加速度没有关系。因此，本书基于 VSP 分区对燃油消耗差值进行修正。

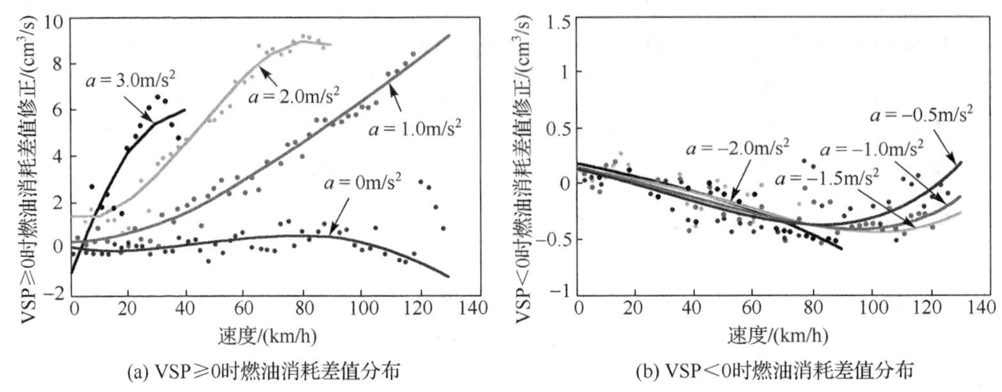

(a) VSP≥0时燃油消耗差值分布　　(b) VSP＜0时燃油消耗差值分布

图 3.7　VSP 正负区间内燃油消耗差值分布特性

1) VSP ≥ 0 的瞬态修正

表 3.2 为 VSP ≥ 0 时瞬态修正的基本修正结构，根据结构系数的最高阶次分别有线性和非线性两种基本结构。该瞬态修正模块的输入为汽车速度和加速度，由于速度和加速度的幂次超过 3 次时模型精度提升不明显，不考虑 3 次以上的结构。

表 3.2　BIT-TFCM-1 模型 VSP ≥ 0 区间瞬态修正基本结构

类型	瞬态修正基本结构	组合 $[N_c, M_c]$
线性	$F_{corr}=\sum_{i=0}^{N_c}\sum_{j=0}^{M_c}L_{i,j}a^i v^j,\quad N_c\leqslant 3; M_c\leqslant 3$	1: [2, 3]；2: [3, 2]
		3: [3, 3]；4: [2, 2]
非线性	$F_{corr}=\sum_{i=0}^{N_c}L_i a^i\sum_{j=0}^{M_c}Q_j v^j,\quad N_c\leqslant 3; M_c\leqslant 3$	5: [3, 3]；6: [2, 3]
		7: [2, 2]；8: [3, 2]

表中，F_{corr} (cm^3/s) 为燃油消耗差值修正；v (km/h) 和 a (m/s^2) 分别为汽车速度和加速度；$L_{i,j}$ 为线性修正结构中，速度幂次为 j，加速度幂次为 i 时的模型回归系数；N_c 和 M_c 分别为加速度和速度的最高幂次，二者的不同组合 $[N_c, M_c]$ 为不同形式的 VSP ≥ 0 区间瞬态修正基本结构；L_i 为非线性修正结构中加速度幂次为 i 时的模型系数；Q_j 为非线性修正结构中速度幂次为 j 时的模型回归系数。

根据加速度和速度最高阶次的不同组合 $[N_c, M_c]$，共有八种不同的子修正结构，如表 3.2 所示。考虑到八种子修正结构中某些项对模型精度提升作用不大，反而会增加模型的复杂度，因此在八种子修正结构的基础上进行缺项实验。实验时，保留子修正结构中的幂次最高的项，去掉低次项中的一项或多项。这样，共计获得 88 种修正结构。为了对 88 种修正结构进行评估和筛选，引入 AIC[11]。AIC 由 Akaike 于 1974 年提出，现在主要用于多项式模型的拟合与评估。AIC 主要由两部分组成，第一部分代表了模型的精度，第二部分代表了模型的复杂程度，且 AIC 的值越小就说明相对应的模型越优秀，AIC 的表达式如式(3.7)所示：

$$\mathrm{AIC} = n_{\mathrm{d}} \ln\left(\frac{\mathrm{SSE}}{n_{\mathrm{d}}}\right) + 2(N_{\mathrm{input}} + 1) \tag{3.7}$$

式中，n_{d} 为建模所用样本点数；SSE 为残差平方和；N_{input} 为模型独立变量个数，也可称为模型的输入变量个数。

分别计算 88 种瞬态修正结构的 AIC 值，并按从小到大的顺序排序，选出 AIC 最小的前 10 个修正结构做进一步评估。这 10 种修正结构的性能参数如表 3.3 所示，其中，R^2 为决定系数。

表 3.3　前 10 名修正结构的性能参数

修正结构序号	SSE	R^2	N_{input}	AIC
1	129.2	0.9287	2	−2080.081
2	131.2	0.9276	2	−2064.520
3	132.4	0.9269	2	−2055.297
4	137.2	0.9243	2	−2019.222
5	137.3	0.9242	2	−2018.484
6	137.4	0.9242	2	−2017.746
7	137.8	0.9239	2	−2014.801
8	140.9	0.9222	2	−1984.265
9	142.4	0.9214	2	−1981.538
10	146.8	0.9190	2	−1950.711

表 3.3 中的 10 种 $\mathrm{VSP} \geqslant 0$ 时的修正结构将与稳态修正模块一起进行评估，进一步评估修正性能优劣。图 3.8 为与稳态模块一起评估时的 AIC 结果。从图 3.8 中可以看出序号为 7 的瞬态修正结构的 AIC 值在 10 种瞬态修正结构中最小。因此，将第 7 个瞬态修正结构选为 $\mathrm{VSP} \geqslant 0$ 时的 BIT-TFCM-1 模型的瞬态修正结构，其表达式如式(3.8)所示。

$$F_{\mathrm{corr}} = (\gamma_1 + \gamma_2 v + \gamma_3 v^3) + (\gamma_4 + \gamma_5 v + \gamma_6 v^3)a + (\gamma_7 + \gamma_8 v + \gamma_9 v^3)a^2, \quad \mathrm{VSP} \geqslant 0 \tag{3.8}$$

2) $\mathrm{VSP} < 0$ 的瞬态修正

图 3.9 为 $\mathrm{VSP} < 0$ 时燃油消耗差值与速度和加速度的关系。从图 3.9 中可以看

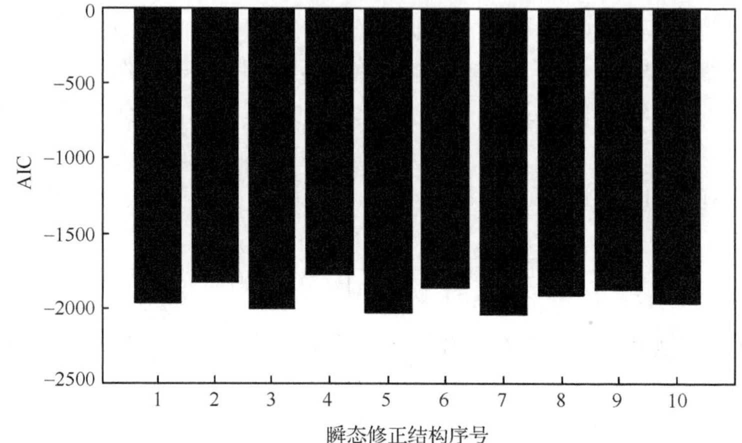

图 3.8　10 种 VSP ≥ 0 时瞬态修正结构与稳态模块合并后的评估结果(AIC)

出，VSP < 0 时的燃油消耗差值与速度的关系可以简单地用两个常数来表示，而几乎与加速度不相关。因此，BIT-TFCM-1 模型在 VSP < 0 区间的瞬态修正用与速度有关的两个常数来完成。在统计学中，一个分布的中值(Median)受最大值和最小值的影响较小，比较适合用于代表某个分布。因此，这里选用中值作为修正常数。分别计算 $v < 50$ km/h 和 $v \geq 50$ km/h 时的燃油消耗差值中值如下：

$$\text{VSP<0kW/t}, \quad v < 50\,\text{km/h}: \quad \text{Median=}-0.0038\text{cm}^3/\text{s}$$

$$\text{VSP<0kW/t}, \quad v \geq 50\,\text{km/h}: \quad \text{Median=}-0.3984\text{cm}^3/\text{s}$$

图 3.9(a)中实线为 $v < 50$ km/h 和 $v \geq 50$ km/h 的两个中值，虚线分别为 ± 0.4cm^3/s 的界限。可以看出，用中值进行修正能够取得良好的效果。

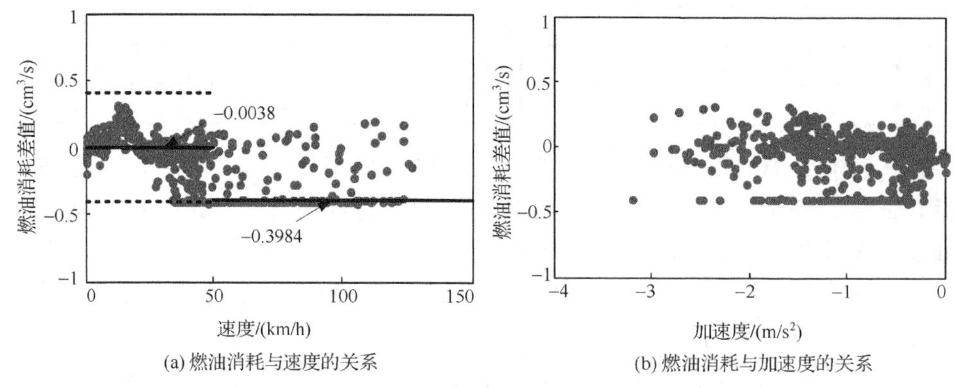

(a) 燃油消耗与速度的关系　(b) 燃油消耗与加速度的关系

图 3.9　VSP < 0 时燃油消耗差值与速度、加速度的关系

至此，BIT-TFCM-1 模型的完整模型结构便全部确定，其计算流程如图 3.10 所示。

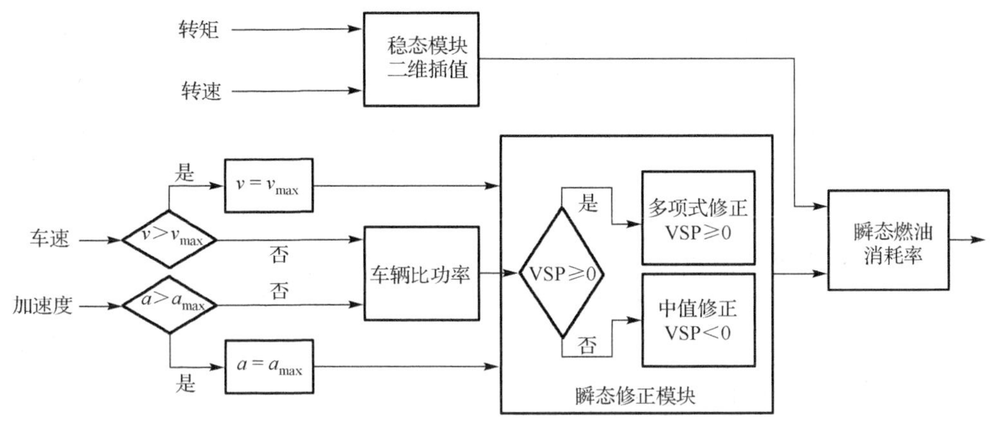

图 3.10　BIT-TFCM-1 模型计算流程图

3.2.3　多项式拟合+倍数比修正的瞬态燃油消耗模型 BIT-TFCM-2

1. 稳态模块

BIT-TFCM-2 模型中稳态模块建模数据仍然为 Steady-state 循环数据，输入为发动机转速和转矩。不同之处在于，BIT-TFCM-2 模型中利用多项式拟合的方式估计稳态燃油消耗。首先，将稳态燃油消耗率 $\dot{m}_{fs}$ 做对数变换得到对数稳态燃油消耗率 m_s，如式(3.9)所示。然后，将 m_s 拟合为发动机转矩 T_e 和转速 n_e 的多项式函数。最后，m_s 再经反对数变换得到稳态燃油消耗率 $\dot{m}_{fs}$。

$$m_s = \ln \dot{m}_{fs} \tag{3.9}$$

式中，m_s 为对数稳态燃油消耗率，单位为 cm^3/s；$\dot{m}_{fs}$ 为稳态燃油消耗率，单位为 cm^3/s。

参考以往的稳态燃油消耗模型，本书提出三种稳态模块，如表 3.4 所示。根据转速和转矩的最高幂次，分别将三种稳态模块命名为 S21、S22 以及 S31。

表 3.4　BIT-TFCM-2 模型稳态模块的基本形式

序号	结构形式
S21	$m_s = \gamma_0 + \gamma_1 T_e + \gamma_2 n_e + \gamma_3 T_e^2 + \gamma_4 n_e T_e$
S22	$m_s = \gamma_0 + \gamma_1 T_e + \gamma_2 n_e + \gamma_3 T_e^2 + \gamma_4 n_e T_e + \gamma_5 n_e^2$
S31	$m_s = \gamma_0 + \gamma_1 T_e + \gamma_2 n_e + \gamma_3 T_e^2 + \gamma_4 n_e T_e + \gamma_5 T_e^3 + \gamma_6 n_e T_e^2$

2. 瞬态修正模块

BIT-TFCM-2 模型瞬态修正模块建模数据为 UDDS&US06 循环的 D 组数据，采用多项式拟合的方式对稳态燃油消耗进行修正。模块的输入为汽车瞬时速度和加速度，其输出为瞬态燃油消耗与稳态燃油消耗相差的倍数比。在不同工况下瞬态燃油消耗与稳态燃油消耗相差的倍数比的差别较大，直接进行拟合会降低拟合精度。因此，为了提高拟合精度，在拟合前对瞬态和稳态燃油消耗相差倍数进行对数变换，拟合后再经反对数变换得到瞬态修正值，如式(3.10)所示：

$$m_{\mathrm{c}} = \ln m_{\mathrm{fc}} \tag{3.10}$$

式中，m_{c}为对数燃油消耗倍数比；m_{fc}为燃油消耗倍数比。

待修正的对数燃油消耗倍数比m_{c}与速度v、加速度a的关系如图 3.11 所示。从图 3.11 中可以看出，倍数比较大的区域主要集中在加速度为-1～$2\mathrm{m/s^2}$。此外，几乎所有速度下燃油消耗都需要瞬态修正。

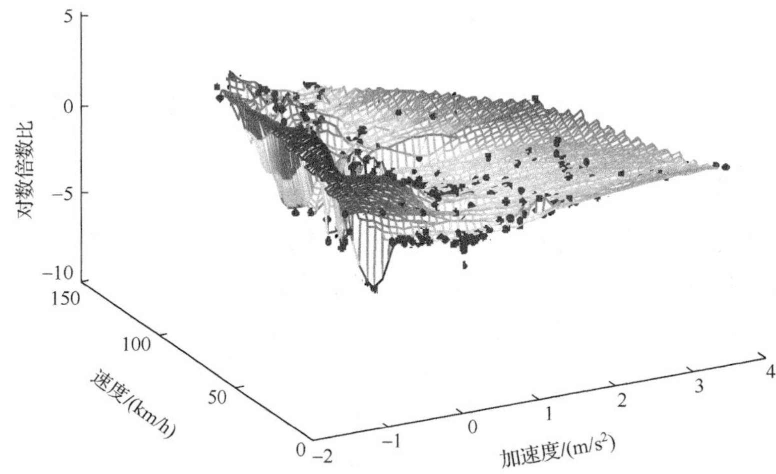

图 3.11　对数燃油消耗倍数比与速度、加速度的关系

当速度和加速度的幂次超过 3 次时，模型的精度随幂次的增加十分缓慢，因此，不考虑 3 次以上的多项式模型。同时，在建立 BIT-TFCM-1 模型的过程中发现，线性系数多项式模型比非线性系数多项式模型存在着更多的组合可能，其预测性能优于非线性系数多项式模型。因此，针对 BIT-TFCM-2 模型只提出线性系数多项式修正结构如式(3.11)所示：

$$m_{\mathrm{c}} = \sum_{i=0}^{N_{\mathrm{c}}} \sum_{j=0}^{M_{\mathrm{c}}} \beta_{i,j} a^i v^j \tag{3.11}$$

式中，m_{c}为对数燃油消耗倍数比；N_{c}和M_{c}分别为加速度和速度的最高阶次；$\beta_{i,j}$为加速度幂次为i，速度幂次为j时的瞬态修正结构回归系数；v和a分别为汽车的瞬时速度(km/h)和加速度$(\mathrm{m/s^2})$。

将瞬态修正结构命名为$\mathrm{C}N_{\mathrm{c}}M_{\mathrm{c}}$，则根据$N_{\mathrm{c}}$和$M_{\mathrm{c}}$的不同可以得到 C33、C32、

C31、C23、C22 和 C21 六种不同的瞬态修正结构。首先，利用 AIC 对以上六种瞬态修正结构进行初步筛选。然后，将 AIC 值最小的结构作为基本结构做进一步开发。上述六种瞬态修正结构的 AIC 值如图 3.12 所示。

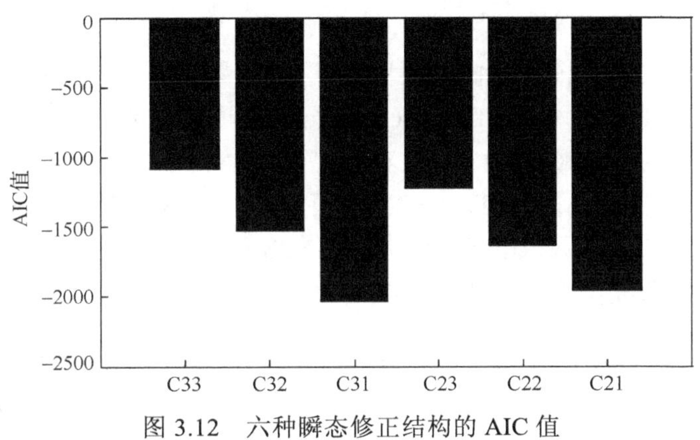

图 3.12　六种瞬态修正结构的 AIC 值

由图 3.12 可以看出，瞬态修正结构 C31 的 AIC 值最小。因此，将 C31 选为基本修正结构进行缺项实验。实验时，保留加速度的最高幂次不变，去掉低次项中的一项或多项，最终得到了 7 种 C31 的修正子结构 C310～C316，如表 3.5 所示。计算 C310～C316 以及 C31 的 AIC 值，并选出 AIC 值最小的前四个结构分别为 C31、C311、C312 和 C313。选出的四个瞬态修正结构将与稳态模块共同组成完整的瞬态燃油消耗模型，并将性能最优的模型选为 BIT-TFCM-2 模型。

表 3.5　缺项实验所得瞬态修正子结构

所缺项	编号	AIC 值
	C31	−2034.6
a^2	C310	−1924.0
a	C311	−1944.7
C	C312	−2233.7
a、C	C313	−1937.0
a^2、C	C314	−1809.6
a^2、a	C315	−1846.6
a^2、a、C	C316	−1330.9

3. 瞬态燃油消耗模型

BIT-TFCM-2 模型中瞬态修正模块修正的是瞬态燃油消耗与稳态燃油消耗之间的倍数比，因此 BIT-TFCM-2 模型的整体结构为稳态模块与瞬态修正模块相乘，即

$$\dot{m}_{\mathrm{f}} = \dot{m}_{\mathrm{fs}} m_{\mathrm{fc}} = \mathrm{e}^{m_{\mathrm{s}}} \mathrm{e}^{m_{\mathrm{c}}} = \mathrm{e}^{(m_{\mathrm{s}}+m_{\mathrm{c}})} \tag{3.12}$$

式中，$\dot{m}_{\mathrm{f}}$ 为汽车瞬态燃油消耗率，单位为 cm^3/s；$\dot{m}_{\mathrm{fs}}$ 为汽车稳态燃油消耗率，单位为 cm^3/s；m_{fc} 为燃油消耗率倍数比；m_{s} 为对数稳态燃油消耗率，单位为 cm^3/s；m_{c} 为对数燃油消耗率倍数比。

三种稳态模块与四种瞬态修正模块相互组合，共计得到 12 种完整的瞬态燃油消耗模型 Mf1～Mf12。采用 UDDS&US06 组合循环的 D 组数据对 12 种模型进行参数校正，然后利用 AIC 对 12 种完整瞬态燃油消耗模型进行评估和筛选，并从中选取性能最优的模型作为 BIT-TFCM-2 模型。计算所得 12 种瞬态燃油消耗模型的 AIC 值如图 3.13 所示。比较发现，模型 Mf8 的 AIC 值最小。因此，Mf8 兼顾了模型精度和复杂度，将其选为 BIT-TFCM-2 模型。

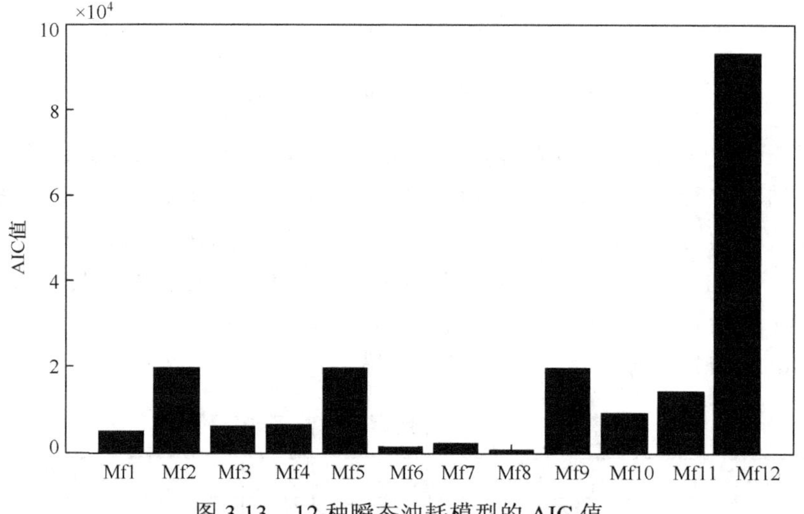

图 3.13　12 种瞬态油耗模型的 AIC 值

BIT-TFCM-2 模型的最终结构如下式所示：

$$\begin{cases} m_{\mathrm{s}} = \gamma_0 + \gamma_1 T_{\mathrm{e}} + \gamma_2 n_{\mathrm{e}} + \gamma_3 T_{\mathrm{e}}^2 + \gamma_4 n_{\mathrm{e}} T_{\mathrm{e}} + \gamma_5 T_{\mathrm{e}}^3 + \gamma_6 n_{\mathrm{e}} T_{\mathrm{e}}^2 \\ m_{\mathrm{c}} = \sum_{i=2}^{3} \sum_{j=0}^{1} \beta_{i,j} a^i v^j \\ \dot{m}_{\mathrm{f}} = \mathrm{e}^{(m_{\mathrm{s}}+m_{\mathrm{c}})} \end{cases} \tag{3.13}$$

3.3　瞬态燃油消耗模型的验证

3.2 节建立了两种不同的瞬态燃油消耗模型，本节将利用实验数据对所建模型的性能进行验证。验证所用数据为 UDDS&US06 组合循环的 V 组数据以及 Highway 循环数据。为了有效地评估所建模型的性能，引入如下模型评价指标。

平均绝对误差百分比(mean absolute percentage error，MAPE)：

$$\mathrm{MAPE}=\frac{\sum_{n_{\mathrm{v}}}\left|\dot{m}_{\mathrm{p}}(i)-\dot{m}_{\mathrm{m}}(i)\right|}{\sum_{n_{\mathrm{v}}}\dot{m}_{\mathrm{m}}(i)}\times 100\% \tag{3.14}$$

均方根误差(root mean square error，RMSE)：

$$\mathrm{RMSE}=\sqrt{\sum_{i=1}^{n_{\mathrm{v}}}\left[\dot{m}_{\mathrm{p}}(i)-\dot{m}_{\mathrm{m}}(i)\right]^{2}\Big/n_{\mathrm{v}}} \tag{3.15}$$

式(3.14)和式(3.15)中，$\dot{m}_{\mathrm{m}}(i)$为第i个实测燃油消耗率，单位为 cm^3/s；$\dot{m}_{\mathrm{p}}(i)$为第i个模型预测燃油消耗率，单位为 cm^3/s；n_{v}为用于模型验证的总样本数。

模型的验证过程主要分为两个部分：

①对比引入瞬态修正模块前后模型的预测性能，验证瞬态修正模块的作用；

②对比新建模型与经典 VT-Micro 模型的性能，验证新建瞬态燃油消耗模型的准确性。

VT-Micro 模型是 Ahn 等[12]利用速度和加速度直接建立的一种瞬态燃油消耗模型，其模型基本结构为

$$\ln(\mathrm{MOE_e})=\begin{cases}\sum_{i=0}^{3}\sum_{j=0}^{3}L_{i,j}v^{i}a^{j}, & a\geqslant 0\\ \sum_{i=0}^{3}\sum_{j=0}^{3}M_{i,j}v^{i}a^{j}, & a<0\end{cases} \tag{3.16}$$

式中，$\mathrm{MOE_e}$为瞬态燃油消耗率，单位为 cm^3/s；$L_{i,j}$和$M_{i,j}$分别为加、减速过程速度幂次为i，加速度幂次为j时的模型回归系数；v为汽车瞬时速度，单位为 km/h；a为汽车瞬时加速度，单位为 m/s^2。

利用建立模型 BIT-TFCM-1 和 BIT-TFCM-2 的 Steady-state 循环数据和 UDDS&US06 组合循环 D 组数据对 VT-Micro 模型进行模型系数校正。校正后的 VT-Micro 模型将用于模型 BIT-TFCM-1 和 BIT-TFCM-2 的验证。

3.3.1　二维插值+差值修正模型 BIT-TFCM-1 验证

1. 瞬态修正模块作用的验证

表 3.6 为 BIT-TFCM-1 模型瞬态修正模块在两组验证数据下的定量验证结果。由

表 3.6 可以看出，UDDS&US06 循环 V 组数据下，引入瞬态修正模块后 BIT-TFCM-1 模型的 MAPE 相比未引入瞬态修正模块时的稳态模块一降低了约 34.48 个百分点，在 Highway 循环下相比稳态模块一则降低了约 29.43 个百分点。此外，在引入瞬态修正模块后，BIT-TFCM-1 模型的 RMSE 值相比于未引入瞬态修正模块时的稳态模块一也有了明显的降低。因此，瞬态修正模块的引入有助于提高模型的性能。

表 3.6　BIT-TFCM-1 模型在两组验证数据下的定量验证结果

模型	UDDS&US06 循环 V 组		Highway 循环	
	MAPE/%	RMSE/ (cm^3/s)	MAPE/%	RMSE/ (cm^3/s)
稳态模块一	57.6586	19.5230	52.8821	19.1062
BIT-TFCM-1	23.1810	0.9247	23.4557	3.1901

图 3.14 为 BIT-TFCM-1 模型的瞬态修正模块在 UDDS&US06 组合循环 V 组数据和 Highway 循环数据下的验证结果。其中，黑色点和灰色点分别代表了稳态模块一、BIT-TFCM-1 模型的预测燃油消耗与实测燃油消耗的关系，图中的两条直线分别为黑色点和灰色点拟合的直线，代表了模型预测值与实测值之间的关系，直线的斜率越接近 1.0 说明模型的性能越好；斜率小于 1.0 则说明模型低估了实测燃油消耗，反之亦然。观察图 3.14 可知，在 UDDS&US06 循环 V 组数据下，引入瞬态修正后的 BIT-TFCM-1 模型的斜率为 0.9895，而没有瞬态修正的稳态模块一的斜率则为 0.6713。斜率均小于 1.0，说明两个模型均低估了实测值，但 BIT-TFCM-1 模型的估计更精确。在 Highway 循环下，BIT-TFCM-1 模型和稳态模块一的斜率分别为 0.9139 和 0.4696，说明 BIT-TFCM-1 模型与稳态模块一均低估

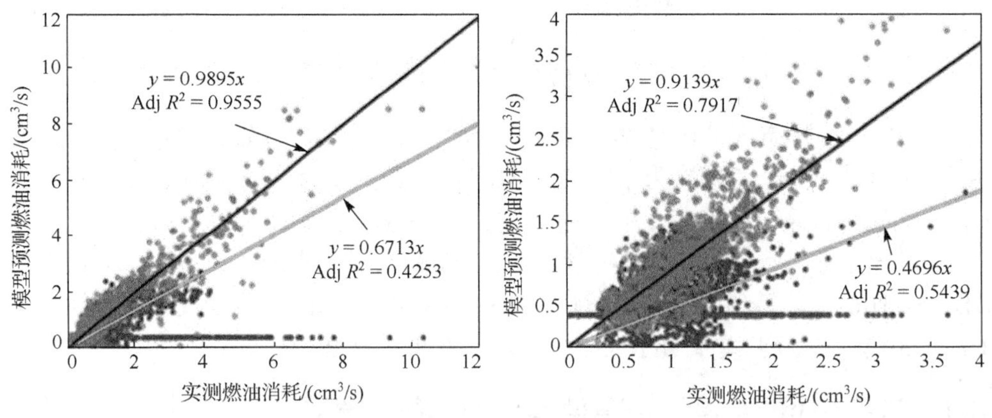

(a) UDDS&US06循环V组　　(b) Highway循环

图 3.14　BIT-TFCM-1 模型瞬态修正模块的验证结果

了实测值，但 BIT-TFCM-1 模型的估计更精确。因此，瞬态修正模块的引入，有助于提高模型的预测精度。

2. 模型整体性能的验证

表 3.7 为 BIT-TFCM-1 模型与 VT-Micro 模型在 UDDS&US06 组合循环 V 组与 Highway 循环下模型整体性能的对比结果。由表 3.7 可以看出，UDDS&US06 组合循环 V 组数据下，BIT-TFCM-1 模型的 MAPE 较 VT-Micro 模型低约 4.53 个百分点，在 Highway 循环数据下则低约 4.55 个百分点。此外，在两组数据下，BIT-TFCM-1 模型的 RMSE 值相比于 VT-Micro 模型也有了明显的降低。因此，BIT-TFCM-1 模型的性能优于 VT-Micro 模型。

表 3.7 BIT-TFCM-1 模型与 VT-Micro 模型整体性能对比结果

模型	UDDS&US06 循环 V 组		Highway 循环	
	MAPE/%	RMSE/ (cm^3/s)	MAPE/%	RMSE/ (cm^3/s)
BIT-TFCM-1	23.1810	0.9247	23.4557	3.1901
VT-Micro	27.7106	2.8636	28.0063	9.8683

图 3.15 为 BIT-TFCM-1 模型与 VT-Micro 模型在两组数据下的对比结果。从图 3.15 中可以看出，在 UDDS&US06 循环下，BIT-TFCM-1 模型与 VT-Micro 模型的斜率分别为 0.9895 与 0.994，说明二者性能相近且均低估了实测值。在 Highway 循环下，BIT-TFCM-1 模型与 VT-Micro 模型的斜率分别为 0.9139 和 1.2，说明 BIT-TFCM-1 模型低估了实测值，VT-Micro 模型高估了实测值，且 BIT-TFCM-1 模型的估计精度高于 VT-Micro 模型。

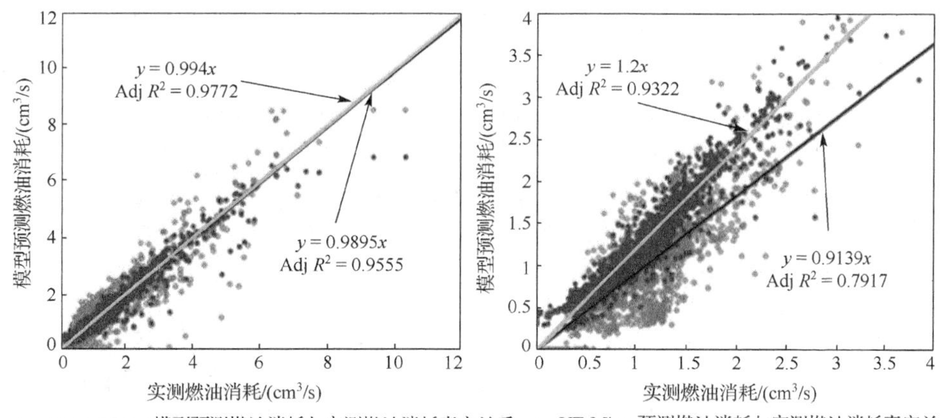

(a) UDDS&US06循环V组 (b) Highway循环

图 3.15 BIT-TFCM-1 模型与 VT-Micro 模型对比结果

图 3.16 为 BIT-TFCM-1 模型与 VT-Micro 模型在 US06 循环 V 组数据下的对比结果。从图 3.16(b) 中可以看出，BIT-TFCM-1 模型与 VT-Micro 模型都能较好地反映汽车瞬态燃油消耗的变化趋势。从图 3.16(c) 中可以看出，大部分时间内 BIT-TFCM-1 模型与 VT-Micro 模型的预测误差都较小(在 1.0cm^3/s 以内)，且二者非常接近。

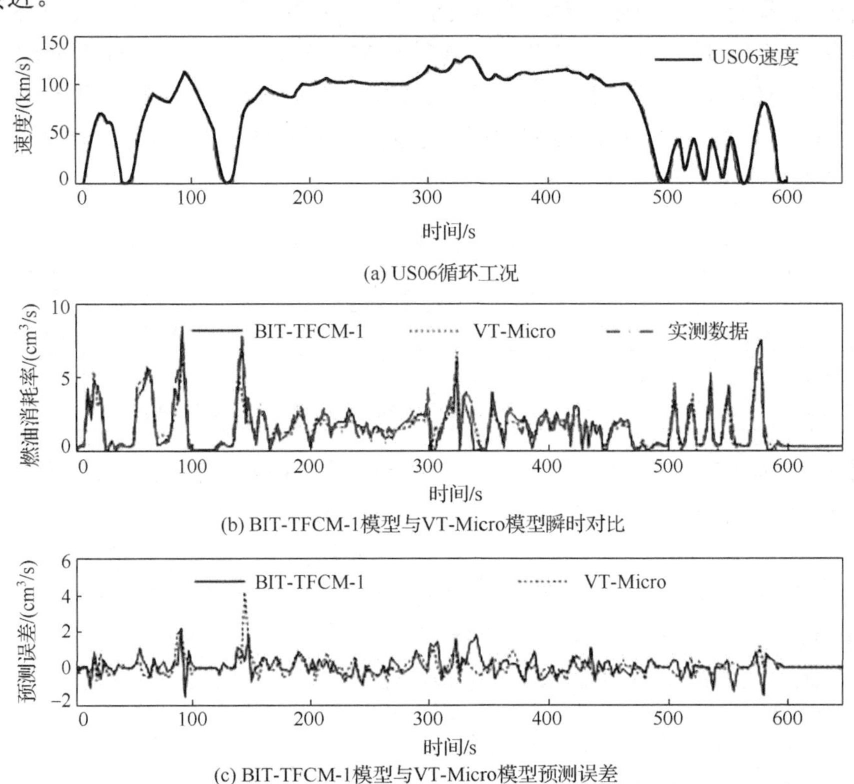

(a) US06循环工况

(b) BIT-TFCM-1模型与VT-Micro模型瞬时对比

(c) BIT-TFCM-1模型与VT-Micro模型预测误差

图 3.16　BIT-TFCM-1 模型与 VT-Micro 模型在 US06 循环下的对比

3.3.2　多项式拟合+倍数比模型 BIT-TFCM-2 验证

1. 瞬态修正模块作用的验证

表 3.8 为 BIT-TFCM-2 模型瞬态修正模块在 UDDS&US06 组合循环 V 组和 Highway 循环数据下的验证结果。由表 3.8 可知，引入瞬态修正模块后，模型的 MAPE 在 V 组数据下相比未引入瞬态修正模块时的稳态模块二降低了 19.28 个百分点，而在 Highway 循环数据下降低了 11.44 个百分点。同时，模型的 RMSE 在两组数据下分别降低了 13.36cm^3/s 和 2.59cm^3/s。

表 3.8　BIT-TFCM-2 模型瞬态修正模块验证结果

模型	UDDS&US06 循环 V 组		Highway 循环	
	MAPE/%	RMSE/ (cm^3/s)	MAPE/%	RMSE/ (cm^3/s)
稳态模块二	50.0956	13.4525	38.8681	8.4131
BIT-TFCM-2	30.8205	0.0918	27.4245	5.826

图 3.17 为 BIT-TFCM-2 模型瞬态修正模块在两组验证数据下的验证结果图。图中两条直线分别代表了有无瞬态修正模块的模型预测油耗与实测油耗之间的回归关系。直线斜率为 1.0 说明实测油耗与模型估计油耗完全一致；斜率小于 1.0 则说明模型低估了实测油耗，反之亦然。由图 3.17 可以看出，在 UDDS&US06 循环 V 组数据下，引入瞬态修正模块的 BIT-TFCM-2 模型与没有修正的稳态模块二的斜率分别为 0.9786 与 0.7725，二者均小于 1.0，说明两个模型均低估了实测值，但 BIT-TFCM-2 模型精度更高。在 Highway 循环数据下，二者的斜率分别为 1.015 与 0.877，说明 BIT-TFCM-2 模型高估了实测值，稳态模块二低估了实测值，但 BIT-TFCM-2 模型的精度更高。

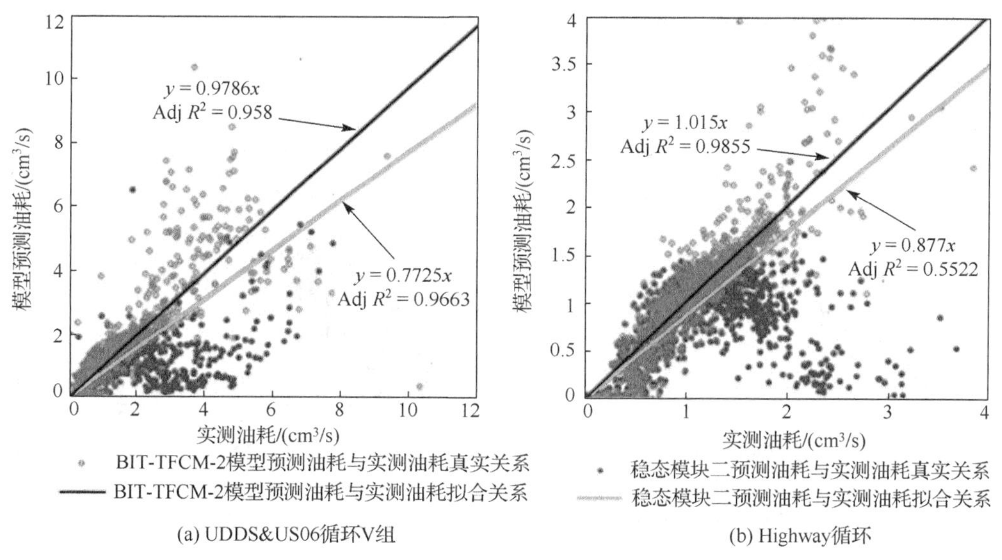

图 3.17　BIT-TFCM-2 模型瞬态修正模块作用验证结果

2. 模型整体性能的验证

表 3.9 为 BIT-TFCM-2 模型整体性能的验证结果。由表 3.9 可以看出，在 V 组数据下，VT-Micro 模型的 MAPE 比 BIT-TFCM-2 模型低约 3.11 个百分点，但其 RMSE 却明显高于 BIT-TFCM-2 模型。在 Highway 循环数据下，VT-Micro 模

型的 MAPE 比 BIT-TFCM-2 模型高出约 0.58 个百分点，而且其 RMSE 也明显高于 BIT-TFCM-2 模型。

表 3.9　BIT-TFCM-2 模型整体性能验证结果

模型	UDDS&US06 循环 V 组		Highway 循环	
	MAPE/%	RMSE/(cm^3/s)	MAPE/%	RMSE/(cm^3/s)
BIT-TFCM-2	30.8205	0.0918	27.4245	5.826
VT-Micro	27.7106	2.8636	28.0063	9.8683

图 3.18 是 BIT-TFCM-2 模型与 VT-Micro 模型在 V 组数据和 Highway 循环数据下的整体性能对比结果，两条直线分别代表 BIT-TFCM-2 模型及 VT-Micro 模型预测油耗与实测油耗的回归关系。在 UDDS&US06 循环 V 组数据下，BIT-TFCM-2 模型的斜率 0.9786 大于 VT-Micro 模型的 0.9077，且二者都小于 1.0，说明二者都低估了实测值，但 BIT-TFCM-2 模型比 VT-Micro 模型的预测更接近实测值。而在 Highway 循环下，BIT-TFCM-2 模型的斜率 1.015 比 VT-Micro 模型的 1.172 更接近 1.0，且二者都大于 1.0，说明二者均高估了实测油耗，但 BIT-TFCM-2 模型的性能更优。

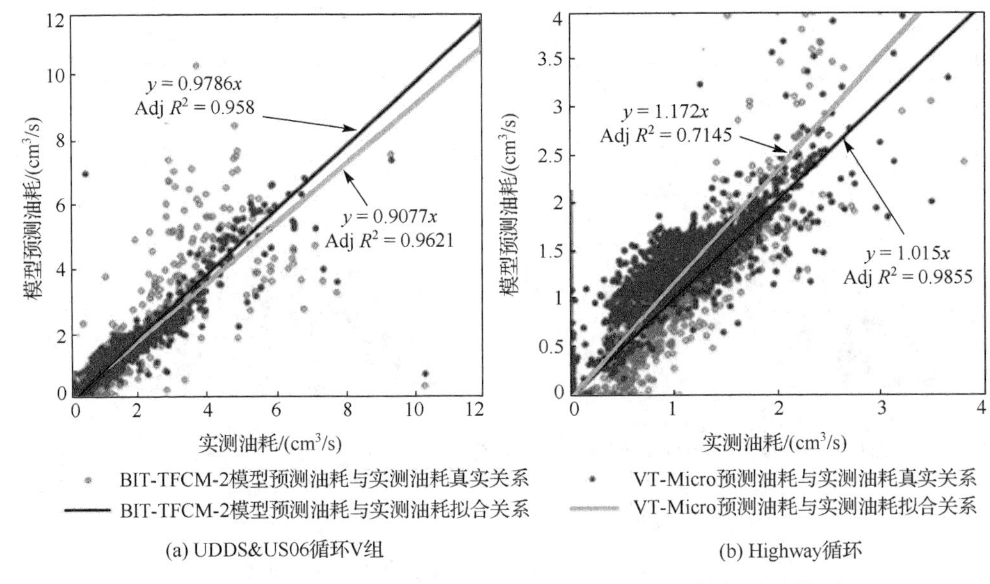

(a) UDDS&US06循环V组　　(b) Highway循环

图 3.18　BIT-TFCM-2 模型与 VT-Micro 模型整体性能对比结果

图 3.19 为 BIT-TFCM-2 模型与 VT-Micro 模型在 US06 循环下的性能对比结果。从图 3.19(b) 中可以看出，BIT-TFCM-2 模型与 VT-Micro 模型均能够较好地估计汽车的实际燃油消耗。从图 3.19(c) 中则可以看出，大部分时间内二者的预测误差都比较接近。

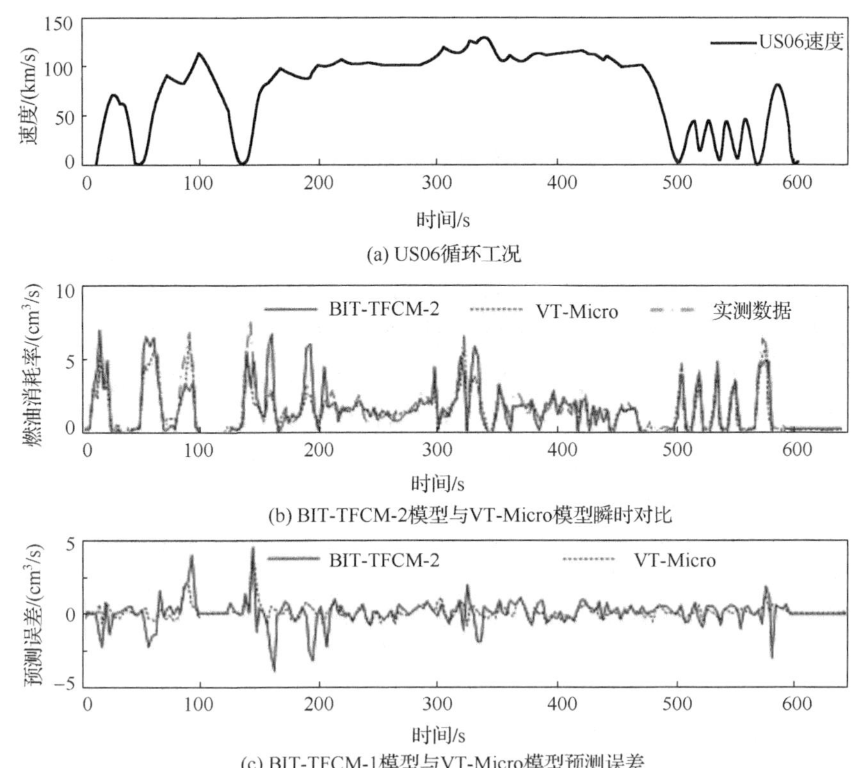

(a) US06循环工况

(b) BIT-TFCM-2模型与VT-Micro模型瞬时对比

(c) BIT-TFCM-1模型与VT-Micro模型预测误差

图 3.19　BIT-TFCM-2 模型与 VT-Micro 模型在 US06 循环下的性能对比结果

表 3.10 为 BIT-TFCM-1 模型和 BIT-TFCM-2 模型的对比结果。

表 3.10　BIT-TFCM-1 模型和 BIT-TFCM-2 模型的对比结果

模型	UDDS&US06 循环 V 组		Highway 循环	
	MAPE/%	RMSE/ (cm^3/s)	MAPE/%	RMSE/ (cm^3/s)
BIT-TFCM-1	23.1810	0.9247	23.4557	3.1901
BIT-TFCM-2	30.8205	0.0918	27.4245	5.826

由表 3.10 可以看出，UDDS&US06 循环 V 组数据下，BIT-TFCM-2 模型的 MAPE 比 BIT-TFCM-1 模型的 MAPE 高约 7.64 个百分点，但其 RMSE 明显小于 BIT-TFCM-1 模型；在 Highway 循环数据下，BIT-TFCM-2 模型的 MAPE 比 BIT-TFCM-1 模型高约 3.97 个百分点，其 RMSE 也高于 BIT-TFCM-1 模型。因此，BIT-TFCM-1 模型比 BIT-TFCM-2 模型的精度略优。然而，BIT-TFCM-1 模型的稳态模块为二维插值，在计算时相比于多项式拟合的公式速度较慢，因此 BIT-TFCM-1 模型的运算速度慢于 BIT-TFCM-2 模型。

第 4 章　汽车坡道换挡策略研究

汽车自动变速器已经是一个成熟的商业产品，其通常以车速和节气门开度作为换挡决策参数。虽然这种传统的换挡策略在大多数情况下都能取得令人满意的驾驶性能，但在坡道等特定环境中行驶时就可能会出现一些问题，例如，上坡行驶的循环换挡问题以及下坡行驶无法自主利用发动机的牵阻作用进行制动的问题等。这样不仅会加剧机械件的磨损，还会降低汽车行驶过程的舒适性及安全性。因此，本章从分析双参数换挡策略坡道行驶时出现的问题及其产生的原因出发，以汽车在坡道上行驶的动力学分析为基础，研究了道路坡度信息已知(来自于高精度电子地图信息)的坡道智能换挡策略，并在此基础上进行了仿真研究。

4.1　坡道换挡问题分析

4.1.1　上坡换挡问题分析

当装备传统自动变速器的汽车上坡行驶时，可能会因为挡位选择不恰当而出现问题，主要包括两个方面：①因意外升挡而导致的动力不足的问题；②因循环换挡而导致的舒适性变差的问题。

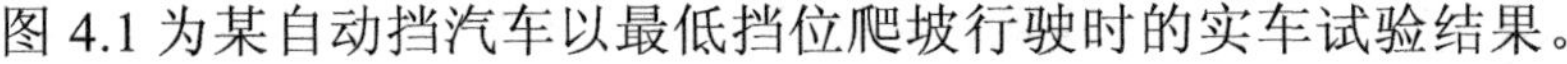
图 4.1 为某自动挡汽车以最低挡位爬坡行驶时的实车试验结果。

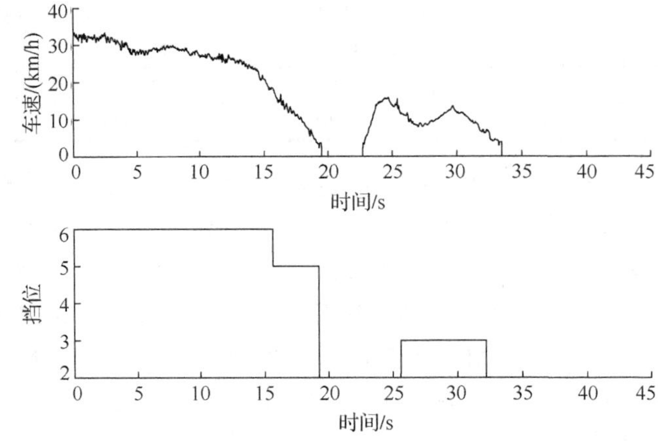

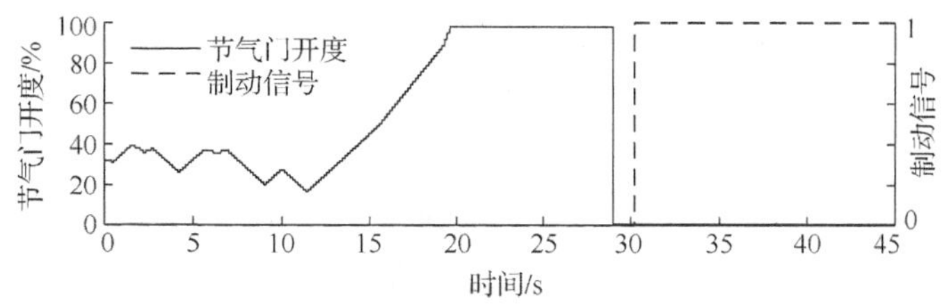

图 4.1　自动挡汽车爬坡试验结果

从图 4.1 中可以看出，在 26s 左右出现了一次不必要的升挡，随后释放加速踏板，在 30s 左右进行了制动操作，最终汽车停在了坡道上。图 4.1 表明，当汽车在此挡位爬坡行驶时动力不足，并存在溜车的可能。

图 4.2 是爬大坡时，采用一般换挡规律的自动挡汽车与手动挡汽车的挡位对比图。从图 4.2(a)中可以发现自动挡控制的汽车在 2 挡和 3 挡之间发生了循环换挡现象，而采用手动挡控制的汽车能一直保持在 2 挡行驶，如图 4.2(b)。

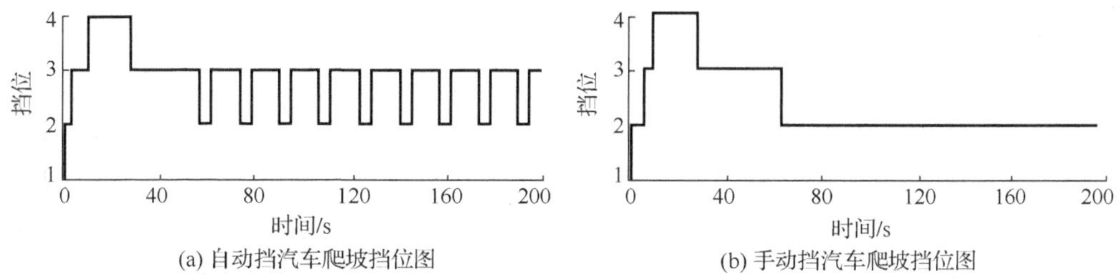

图 4.2　爬坡过程挡位对比图

图 4.3 为产生循环换挡的原理分析示意图。

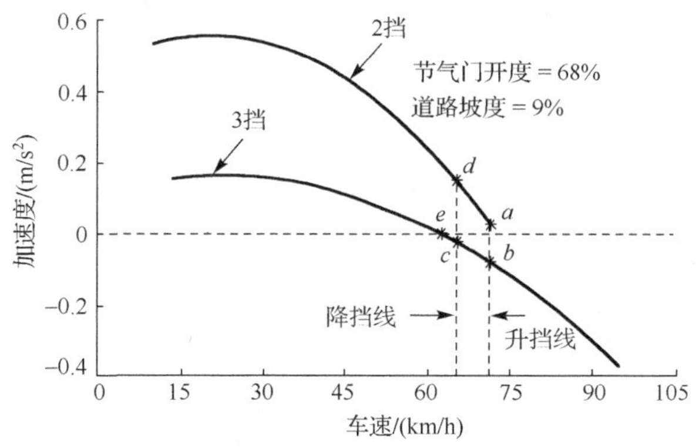

图 4.3　循环换挡原理分析示意图

假如节气门开度保持不变，当汽车以 2 挡在坡道上行驶时，若驱动力大于行驶阻力(如图 4.3 中 d 点所示)，那么汽车将进行加速。当汽车加速到达 a 点时，将升入 3 挡变到 b 点。显然 b 点的驱动力要小于阻力，因此汽车将进行减速，当汽车减速到 c 点(位于稳定状态点 e 的右方)时，汽车将再次降入 2 挡回到 d 点，接着进行加速。在外界环境条件和加速踏板位置不变的情况下，汽车的状态将在 a、b、c、d 四点间不断循环，这时就会出现图 4.2(a)所示的循环换挡现象。

通过上述分析可知，造成循环换挡的必要条件如下：

①换挡点处，低挡的驱动力高于行驶阻力，而高挡的驱动力低于行驶阻力；

②高挡的稳定车速低于降挡点车速。

为了解决此问题，有如下两种方案：

①将降挡线左移以拓宽高挡位所包含的范围，在一定程度上可以阻止汽车降挡；

②当目标挡位的驱动力小于行驶阻力时禁止升挡。

这两种方法都能有效解决自动挡汽车上坡可能出现的循环换挡问题，而第二种解决方案会使汽车拥有更好的动力性。

4.1.2　下坡换挡问题分析

汽车下大坡时，通常需要一个持续的或频繁的制动来保持车速甚至减速。一个富有经验的驾驶员在汽车下坡过程中通常会手动降挡以充分利用发动机的牵阻作用进行制动。然而对于传统的自动变速汽车，当重力沿坡道方向的分力大于汽车所受的阻力时，汽车就会不断加速，挡位随之也不断升高，直至最高挡。因此在实际行驶时，为了避免车速过快，驾驶员不得不频繁地使用行车制动以使汽车减速。曾有研究指出，当汽车在山区道路行驶时，由于行车制动系统连续制动而造成的制动器热衰退会使制动距离增加近一半，此时若不及时采取有效的紧急制动措施，极有可能酿成交通事故。为了使汽车拥有持续制动的能力，利用发动机进行辅助制动是最为简单，且成本最低的方式。

发动机处于制动工况时，加速踏板应完全松开，此时节气门几乎处于完全关闭的状态，怠速油道会给气缸提供少量的燃料，而这部分燃料燃烧所产生的能量有限，一般仅供发动机怠速使用。此时若踩下离合器踏板使传动系统与发动机断开，则发动机处于怠速状态，产生的功率主要用于克服自身内部机件的摩擦阻力等。若此时传动系统与发动机处于接合状态，在汽车的带动下发动机的实际转速高于其怠速转速时，燃料燃烧所产生的功率将不足以克服发动机运转的各种阻力，此时发动机就变成了一个耗能负载。发动机的这种特性就称为发动机的制动特性。

本节以发动机反拖实验数据作为研究的基础，某发动机的反拖实验数据如表 4.1 所示。

对数据采用光滑样条(smoothing spline)的方法进行拟合，得到发动机制动特性曲线，拟合结果如图 4.4 所示。

表 4.1　发动机反拖实验数据

转速/(r/min)	转矩/(N · m)	转速/(r/min)	转矩/(N · m)
750	0	3960	−35.64
1107	−8.25	4317	−39.34
1463	−12.38	4673	−43.19
1820	−14.03	5030	−47.28
2177	−16.81	5387	−51.39
2533	−21.1	5743	−55.99
2890	−25.11	6100	−61.01
3247	−28.65	6500	−66.83
3603	−32.14	6700	−67.65

汽车在下坡过程中带挡滑行时，行驶方程可写成如下形式：

$$F_i = F_{\mathrm{f}} + F_{\mathrm{w}} + F_{\mathrm{ft}} + F_{\mathrm{j}} \tag{4.1}$$

将式(4.1)展开可得

$$mg\sin\theta = mgf\cos\theta + \frac{1}{2}C_{\mathrm{D}}A\rho v^2 + \frac{T_{\mathrm{ft}}i_{gi}i_0\eta}{R_{\mathrm{w}}} + \delta_i ma \tag{4.2}$$

汽车在下坡行驶过程中，等效的外部驱动力 F_{ex} 可表示为

$$F_{\mathrm{ex}} = F_i - F_{\mathrm{f}} - F_{\mathrm{w}} \tag{4.3}$$

根据汽车的配置参数，可绘制出各挡位下等效发动机制动力和等效外部驱动力随车速的变化曲线，如图 4.5 所示。

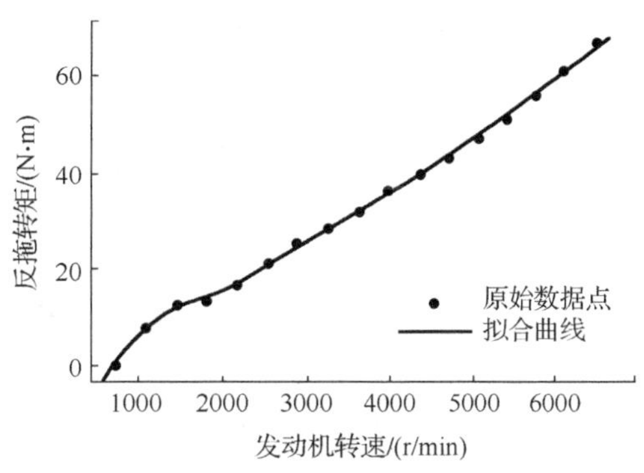

图 4.4　发动机制动特性曲线

图 4.5 中，实线与虚线的交点为对应坡度下的稳定车速点，当虚线位于实线之上时，汽车在重力作用下处于加速状态，反之汽车处于减速状态。当汽车以较低的车速行驶时，发动机的制动能力相对较弱；当汽车处于加速状态时，若变速器挡位不发生改变，发动机的转速将随车速一起增加，最终达到平衡状态。由图 4.5 可以看出，在 14%的坡道上，仅利用发动机制动的情况下，只有 1 挡能确保汽车在安全车速内行驶。而在 10%的坡道上下坡行驶时，虽然各挡位均能达到稳定车速，但是随着挡位的升高稳定车速越来越大，在高挡位时虽然也达到了平衡，但车速早已超出了安全车速，此时发动机的制动效果并不明显，没有起到应有的作用。

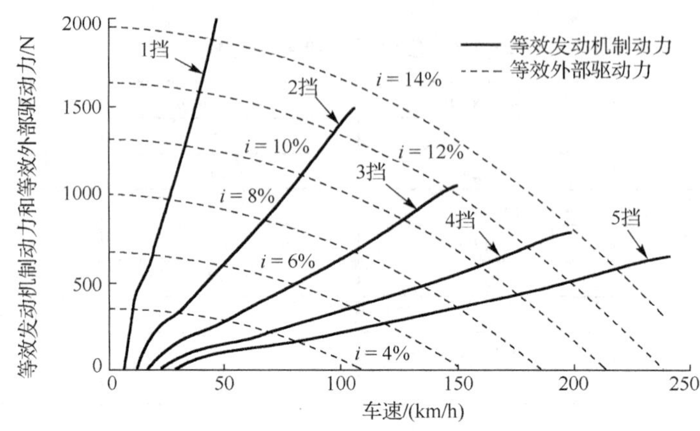

图 4.5　各挡位下等效发动机制动力和等效外部驱动力随车速的变化曲线

由以上分析可知，要想充分利用发动机的制动作用，不仅要使发动机处于较高的转速，同时还应尽可能使用低的挡位。

4.2　坡道换挡策略的制定

为了使汽车拥有更好的驾驶性能，需要采用基于道路坡度信息的换挡策略。本书所提出的坡道换挡策略主要包含以下三部分：上坡动力性换挡策略、下坡安全性换挡策略以及缓坡复合经济性换挡策略。坡道换挡系统示意图如图 4.6 所示。

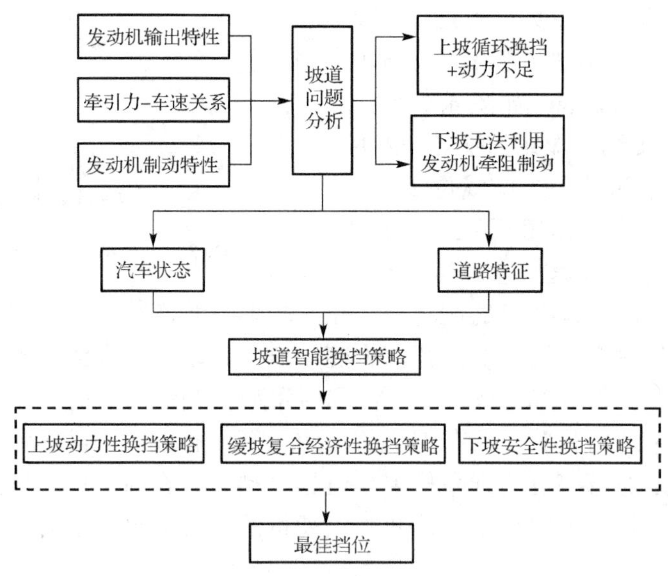

图 4.6　坡道换挡系统示意图

4.2.1　上坡动力性换挡策略的制定

为了使汽车不仅在平路上拥有良好的驾驶性能，在坡道上同样也表现出优异的动力性，利用解析法制定了考虑道路纵向坡度在内的三参数上坡换挡策略。

当汽车在坡道上爬坡行驶时，其纵向加速度可表示为

$$\begin{aligned} a &= \frac{1}{\delta_i m}(F_{\mathrm{t}} - F_{\mathrm{f}} - F_{\mathrm{w}} - F_i) \\ &= \frac{T_{\mathrm{e}} i_{\mathrm{g}i} i_0 \eta}{R_{\mathrm{w}} \delta_i m} - \frac{gf\cos\theta}{\delta_i} - \frac{C_{\mathrm{D}} A v^2}{21.15\delta_i m} - \frac{g\sin\theta}{\delta_i} \end{aligned} \tag{4.4}$$

在某一确定节气门开度下，发动机的输出力矩可以表示为

$$T_{\mathrm{e}\alpha} = A_1 n_{\mathrm{e}}^2 + B_1 n_{\mathrm{e}} + C_1 = E_i v^2 + F_i v + G \tag{4.5}$$

$$E_i = A_1 \left(\frac{i_{\mathrm{g}i} i_0 v}{0.377 R_{\mathrm{w}}} \right)^2 \tag{4.6}$$

$$F_i = B_1 \frac{i_{\mathrm{g}i} i_0 v}{0.377 R_{\mathrm{w}}} \tag{4.7}$$

$$G = C_1 \tag{4.8}$$

式中，A_1、B_1、C_1、E_i、F_i 和 G 是某一节气门开度下的拟合系数，E_i 和 F_i 还与挡位有关。

动力性换挡策略的目的就是使汽车拥有更强的驱动力，获得更大的加速度。图 4.7 为 100%节气门开度时，汽车在各挡位下的加速度曲线。

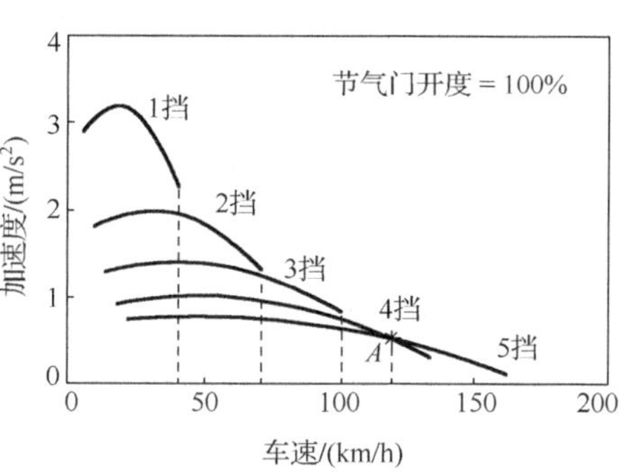

图 4.7　汽车在各挡位下行驶时的加速度

为了使汽车获得更大的加速度，一般选择图 4.7 中虚线所对应的车速为最佳动力性换挡车速。如果相邻两挡的加速度曲线有交点，则升挡点的加速度应满足

$$a_i(v) = a_{i+1}(v) \tag{4.9}$$

根据式(4.4)～式(4.8)可得

$$a_i(v) = \frac{T_{\mathrm{e}\alpha} i_{\mathrm{g}i} i_0 \eta}{R_{\mathrm{w}} \delta_i m} - \frac{gf\cos\theta}{\delta_i} - \frac{C_{\mathrm{D}} A v^2}{21.15\delta_i m} - \frac{g\sin\theta}{\delta_i}$$

$$
\begin{aligned}
&= \frac{(E_i v^2 + F_i v + G) i_{gi} i_0 \eta}{R_w \delta_i m} - \frac{gf\cos\theta}{\delta_i} - \frac{C_D A v^2}{21.15 \delta_i m} - \frac{g\sin\theta}{\delta_i} \\
&= \left(\frac{E_i i_{gi} i_0 \eta}{\delta_i R_w m} - \frac{C_D A}{21.15 \delta_i m} \right) v^2 + \frac{F_i i_{gi} i_0 \eta}{\delta_i R_w m} v + \left(\frac{G i_{gi} i_0 \eta}{\delta_i R_w m} - \frac{gf\cos\theta}{\delta_i} - \frac{g\sin\theta}{\delta_i} \right)
\end{aligned} \tag{4.10}
$$

$$
\begin{aligned}
a_{i+1}(v) &= \frac{T_{e\alpha} i_{g(i+1)} i_0 \eta}{R_w \delta_{i+1} m} - \frac{gf\cos\theta}{\delta_{i+1}} - \frac{C_D A v^2}{21.15 \delta_{i+1} m} - \frac{g\sin\theta}{\delta_{i+1}} \\
&= \frac{(E_{i+1} v^2 + F_{i+1} v + G) i_{g(i+1)} i_0 \eta}{R_w \delta_{i+1} m} - \frac{gf\cos\theta}{\delta_{i+1}} - \frac{C_D A v^2}{21.15 \delta_{i+1} m} - \frac{g\sin\theta}{\delta_{i+1}} \\
&= \left(\frac{E_{i+1} i_{g(i+1)} i_0 \eta}{\delta_{i+1} R_w m} - \frac{C_D A}{21.15 \delta_{i+1} m} \right) v^2 + \frac{F_{i+1} i_{g(i+1)} i_0 \eta}{\delta_{i+1} R_w m} v + \left(\frac{G i_{g(i+1)} i_0 \eta}{\delta_{i+1} R_w m} - \frac{gf\cos\theta}{\delta_{i+1}} - \frac{g\sin\theta}{\delta_{i+1}} \right)
\end{aligned} \tag{4.11}
$$

将式(4.10)、式(4.11)代入式(4.9)可得

$$
A_0 v^2 + B_0 v + C_0 = 0 \tag{4.12}
$$

式中，

$$
A_0 = \left(\frac{E_i i_{gi} i_0 \eta}{\delta_i R_w m} - \frac{C_D A}{21.15 \delta_i m} \right) - \left(\frac{E_{i+1} i_{g(i+1)} i_0 \eta}{\delta_{i+1} R_w m} - \frac{C_D A}{21.15 \delta_{i+1} m} \right) \tag{4.13}
$$

$$
B_0 = \frac{F_i i_{gi} i_0 \eta}{\delta_i R_w m} - \frac{F_{i+1} i_{g(i+1)} i_0 \eta}{\delta_{i+1} R_w m} \tag{4.14}
$$

$$
C_0 = \left(\frac{G i_{gi} i_0 \eta}{\delta_i R_w m} - \frac{gf\cos\theta}{\delta_i} - \frac{g\sin\theta}{\delta_i} \right) - \left(\frac{G i_{g(i+1)} i_0 \eta}{\delta_{i+1} R_w m} - \frac{gf\cos\theta}{\delta_{i+1}} - \frac{g\sin\theta}{\delta_{i+1}} \right) \tag{4.15}
$$

求解式(4.12)可得换挡点的车速：

$$
\begin{cases}
v = \dfrac{-B_0 - \sqrt{B_0^2 - 4A_0 C_0}}{2A_0} \\
\text{s.t.}\ v_{\min(i+1)} \leqslant v \leqslant v_{\max i} \\
v_{\max i} = \dfrac{0.377 R_w n_{e\max}}{i_{gi} i_0} \\
v_{\min(i+1)} = \dfrac{0.377 R_w n_{e\min}}{i_{g(i+1)} i_0}
\end{cases} \tag{4.16}
$$

若相邻两挡的加速度曲线没有交点，即式(4.12)在转速约束范围内无解，则换挡点车速为

$$v=\begin{cases}v_{\max i}, & a_i(v_{\max i})>a_{(i+1)}(v_{\max i})\\ v_{\min(i+1)}, & a_{(i+1)}(v_{\min(i+1)})>a_i(v_{\min(i+1)})\end{cases} \tag{4.17}$$

根据我国对道路坡度的要求，我们选取的上坡换挡策略坡度的研究区间为[3%, 15%]。

依据上述解析法的求解原理，根据节气门开度、坡度和变速器输出轴转速(或车速)，利用 MATLAB 编程求解三参数动力性换挡规律曲面如图 4.8 所示。

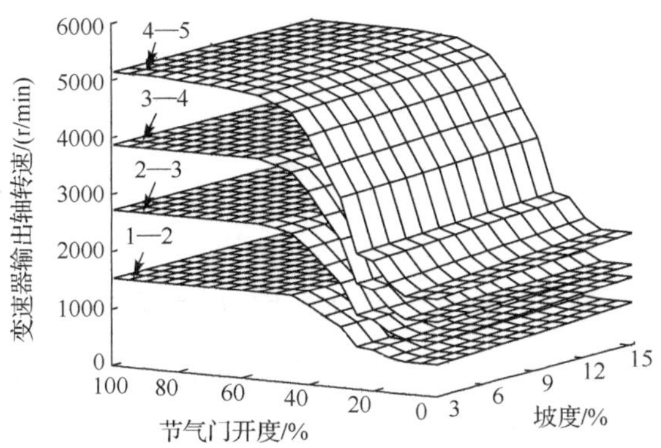

图 4.8　原始动力性三参数换挡规律曲面

但上述换挡规律的求解并没有对换挡后汽车的加速度进行约束，即根据上述求解方法求解的换挡点可能造成汽车实际的加速度为负值，也就是说此时驱动力无法完全克服阻力的影响，因此在这种情况下升挡点应该是不存在的。基于此，对上述换挡规律进行修正，得到修正后的动力性三参数换挡规律曲面如图 4.9 所示。

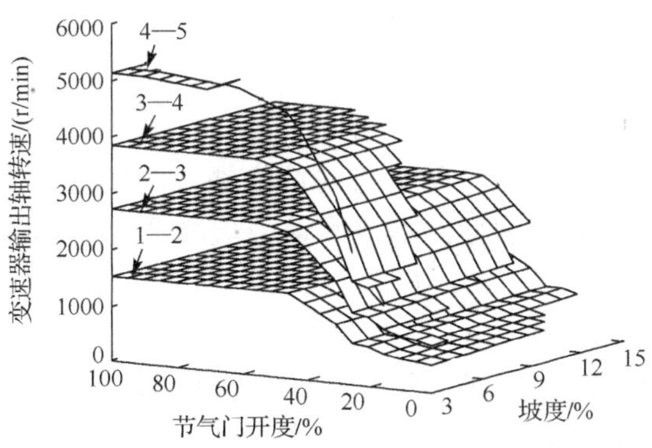

图 4.9　修正后的动力性三参数换挡规律曲面

绘制得到的三参数换挡规律曲面在某一坡度下的投影即为在确定坡度下的双参数换挡规律，如图 4.10 所示。从图 4.10 中可以看出，在 6%的坡道上，汽车所能达到的最高挡位为 4 挡。

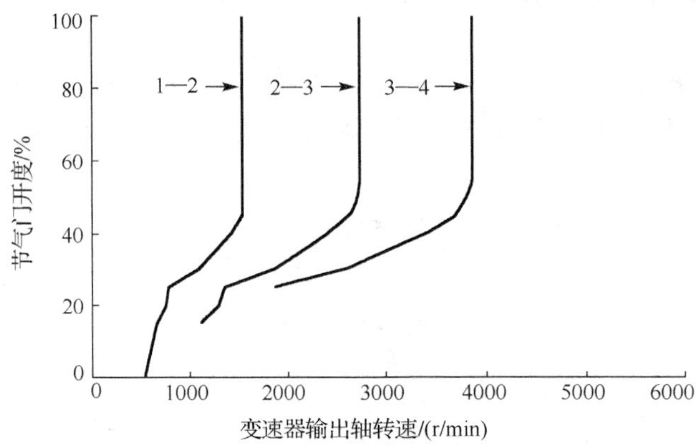

图 4.10　6%坡度下修正后的动力性换挡规律

根据上述分析可知，当汽车在坡道上爬坡行驶时，若高挡位的驱动力小于行驶阻力，修正后的动力性换挡策略可以实现挡位保持和禁止升挡。

4.2.2　下坡安全性换挡策略的制定

基于对汽车本身及路面交通状况的考虑，下坡换挡策略的制定需要遵循以下几个原则：

①以行驶的安全性为基础，充分考虑行驶工况及道路交通参与者的实际感受；

②杜绝意外升挡，并能根据驾驶员的驾驶意图实现主动降挡及推迟升挡；

③对于危险系数较小的坡段应更注重行驶效率，对于危险系数较大的坡段需充分发挥发动机的制动作用。

1. 目标车速与挡位约束

对于汽车在山区道路连续下坡行驶时的交通安全问题很多国家已有了较为系统的研究，其中比较具有代表性的是美国道路坡度严重度分级体系(grade severity rating system，GSRS)[13]。GSRS 以不同载重量的货车为研究对象，根据道路的坡度及坡长给出了较为合理的车速和挡位推荐，以此来保证汽车下坡行驶的安全性。2014 年我国交通运输部公路局对《公路工程技术标准》进行了修正[14]，并开展了公路纵坡坡度与坡长限制方面的研究[15]，详细分析了坡度、坡长对交通安全的影响。该标准根据不同的公路等级对公路的坡度、坡长、设计速度等做出了规定，同时规定了轿车各设计车速下在不同纵坡坡度时的最大允许坡长，如表 4.2 所示。

表 4.2　轿车在不同纵坡坡度时的最大允许坡长

纵坡坡度/%	设计车速/(km/h)						
	120	100	80	60	40	30	20
3	900m	1000m	1100m	1200m	—	—	—
4	700m	800m	900m	1000m	1100m	1100m	1200m
5	—	600m	700m	800m	900m	900m	1000m
6	—	—	500m	600m	700m	700m	800m
7	—	—	—	—	500m	500m	600m
8	—	—	—	—	300m	300m	400m
9	—	—	—	—	—	200m	300m
10	—	—	—	—	—	—	200m

注：“—”表示在该种坡度下不允许这么高的车速。

公路的设计车速是指在气候良好且交通密度低的条件下，一般驾驶员在路段上能保持安全、舒适行驶的最大车速。因此可将各路段对应的设计车速作为汽车下坡行驶过程中的目标参考车速。

针对确定的路段，提取其坡度和坡长信息，依据《公路工程技术标准》对公路的设计要求，可得到该路段的目标参考车速。根据目标参考车速及坡度值由图 4.11 可以得到满足汽车行驶安全要求的所有挡位(当某挡位对应的稳定车速略高于设计车速时(不超过 5km/h)，行车制动系统可以有效地发挥制动作用，因此认为此挡位也属于安全挡位)。以长 800m 的 5%的坡道为例，其目标参考车速为 60km/h，根据图 4.11 各挡位坡度下的稳定车速曲线可知，1 挡、2 挡均能充分发挥发动机的制动作用将车速控制在 60km/h 以内，为了保证汽车在安全行驶的前提下有较高的行驶效率，因此可选择满足条件的最高挡位(2 挡)作为其约束挡位。按照上述方法可确定各道路工况下的目标参考车速及约束挡位，如表 4.3 所示。

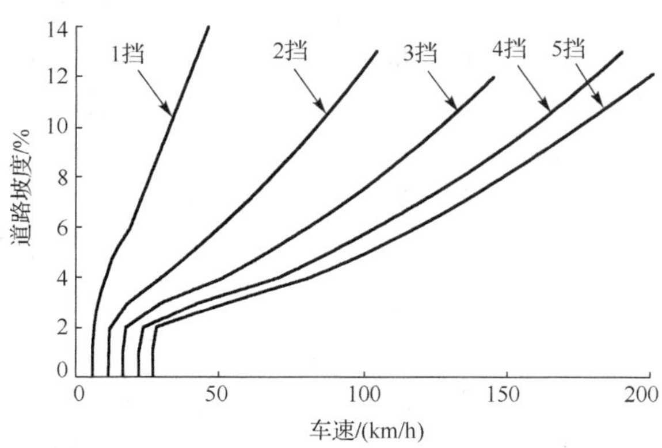

图 4.11　各挡位稳定车速与道路坡度关系曲线

表 4.3 各道路工况下的目标参考车速及约束挡位

坡度/%	坡长/m											
	200	250	300	400	500	600	700	800	900	1000	1100	1200
3	120|5	120|5	120|5	120|5	120|5	120|5	120|5	120|5	120|5	120|5	120|5	120|5
4	120|5	120|5	120|5	120|5	120|5	120|5	120|5	100|5	80|5	60|3	35|2	20|1
5	100|4	100|4	100|4	100|4	100|4	100|4	80|3	60|2	35|2	20|1	20|1	20|1
6	80|3	80|3	80|3	80|3	80|3	60|2	35|2	20|1	20|1	20|1	20|1	20|1
7	40|1	40|1	40|1	40|1	35|1	20|1	20|1	20|1	20|1	20|1	20|1	20|1
8	35|1	35|1	35|1	20|1	20|1	20|1	20|1	20|1	20|1	20|1	20|1	20|1
9	30|1	30|1	20|1	20|1	20|1	20|1	20|1	20|1	20|1	20|1	20|1	20|1
10	20|1	20|1	20|1	20|1	20|1	20|1	20|1	20|1	20|1	20|1	20|1	20|1

注：20|1 表示目标参考车速 20km/h，约束挡位 1 挡。

2. 下坡工况换挡规律

前面所得出的目标参考车速及约束挡位已能保证汽车的安全性和行驶效率，但换挡策略还需反映驾驶员的驾驶意图。驾驶意图可简单地从对加速踏板和制动踏板的操纵进行区分。

(1) 若驾驶员逐渐松开加速踏板甚至踩下制动踏板，可认为驾驶员有控制车速或减速或制动的需求，此时的换挡策略应能保证发动机充分发挥其辅助制动的作用。

(2) 若驾驶员踩下加速踏板，则其意图为加速，此时换挡策略既要保证汽车具有一定的加速能力，同时还要充分考虑坡道行驶的安全性(车速不能超过目标参考车速，挡位低于约束挡位)，结合实时车速，尽量保持挡位，推迟升挡。

本书的下坡安全性换挡策略是根据各挡位纯发动机制动工况下所能达到的稳定车速设计的。为了解决汽车在下坡过程中的连续升挡，并在需要制动时可有效降挡，充分发挥发动机的制动特性，设计的降挡曲线应略低于高挡平衡曲线，升挡曲线应位于降挡曲线和高挡平衡曲线之间。在大坡度时为了使汽车能够尽快地识别驾驶员的意图充分利用发动机牵阻作用进行制动，采用收敛型的降挡曲线。因此下坡工况的换挡规律曲线如图 4.12 所示。

该车所使用的传统双参数换挡策略如图 4.13 所示。

当汽车在平路上行驶达到 60km/h 的车速时遇到 5%的下坡路段，此时收节气门直至节气门完全关闭，在节气门接近完全关闭时，汽车处于图 4.12 所示 A 点状态，挡位为 5 挡，当节气门完全关闭后，进入纯发动机制动工况，汽车处于图 4.12 所示 A 点状态，此时受降挡曲线的控制汽车将很快降为 3 挡，并在重力作用下汽车轻微加速使车速稳定在 65km/h。若驾驶员认为此道路交通条件可以以更高的车速行驶，则可踩下加速踏板进行加速，此时汽车离开平衡位置开始加速，并在接近 4 挡平衡车速时才可进行升挡，这从一定程度上达到了保持挡位、推迟升挡的效果，在此期间若松开加速踏板汽车依然能够自主利用发动机进行制动。若驾驶员认为此工况需要以更低的车速进行行驶则可轻踩制动踏板，在制动力的作用下，汽车离开平衡位置开始减速，由于降挡曲线邻近高挡平衡曲线，仅需施加较小的制动力就可穿越降挡曲线挂入低挡，此后则无须再施加行车制动力，汽车便可自主利用发动机的牵阻作用继续进行减速。

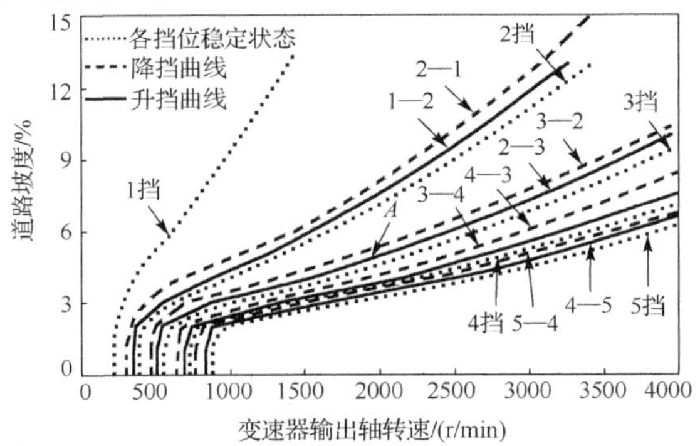

图 4.12　下坡工况的换挡规律曲线

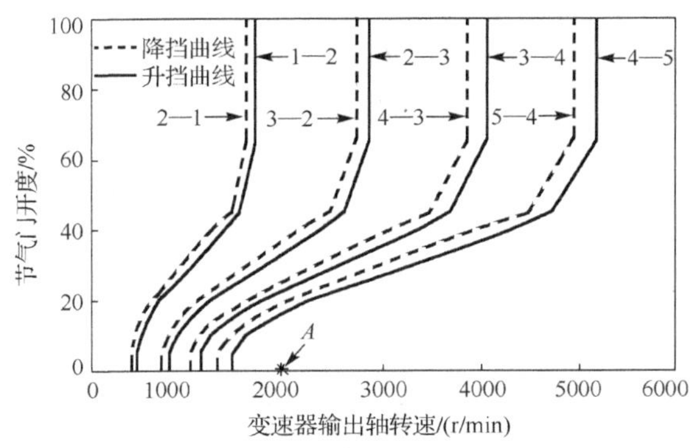

图 4.13　传统双参数换挡策略

综上所述，该下坡换挡策略可以充分利用发动机的牵阻作用进行辅助制动，显著降低行车制动系统的使用频率。

4.2.3　缓坡复合经济性换挡策略的制定

随着智能交通系统的发展，对燃油消耗和尾气排放也有了更高的要求，因此经济性的换挡策略对于汽车来讲至关重要。根据前面的分析可知，当在较为平缓的坡段[−3%,3%]行驶时，道路坡度对汽车性能的影响并不大，几乎不存在动力性和安全性问题，因此缓坡可以近似看作平路来进行处理。当汽车在此坡道路段行驶时，可依据经济性换挡策略进行挡位切换。

传统的经济性换挡策略大多依据稳态油耗 Map 图制定，本节将利用标定好的瞬态燃油消耗模型设计一个复合经济性换挡策略，该换挡策略虽然依旧是基于节气门开度和变速器输出轴转速的双参数换挡策略，但它能更好地反映汽车的动态性能，并且更易于传统动力性换挡策略进行融合。

为了更加客观地评估汽车的经济性，定义单位行驶距离燃油消耗率 $\dot{m}_{\mathrm{fpm}}$ 如下：

$$\dot{m}_{\mathrm{fpm}}=\frac{3.6\dot{m}_{\mathrm{f}}}{v} \tag{4.18}$$

当汽车在平直道路匀速行驶时，根据汽车行驶方程可得发动机输出转矩为

$$T_{\mathrm{e}}=\frac{R_{\mathrm{w}}}{i_{\mathrm{g}i}i_0\eta}\left(mgf+\frac{C_{\mathrm{D}}Av^2}{21.15}\right) \tag{4.19}$$

车速与发动机转速之间满足

$$v=0.377\frac{n_{\mathrm{e}}R_{\mathrm{w}}}{i_{\mathrm{g}i}i_0} \tag{4.20}$$

根据式(4.18)、式(4.19)和式(4.20)，单位行驶距离燃油消耗率可表示成节气门开度、发动机转速和挡位的函数：

$$\begin{aligned}\dot{m}_{\mathrm{fpm}}&=\frac{3.6\dot{m}_{\mathrm{f}}}{v}=\frac{3.6F(T_{\mathrm{e}},n_{\mathrm{e}},a,v)}{V(i_{\mathrm{g}i},n_{\mathrm{e}})}\\&=\frac{3.6F(G(\alpha,n_{\mathrm{e}}),n_{\mathrm{e}},A(i_{\mathrm{g}i},\alpha,n_{\mathrm{e}}),V(i_{\mathrm{g}i},n_{\mathrm{e}}))}{V(i_{\mathrm{g}i},n_{\mathrm{e}})}\\&=H(\alpha,n_{\mathrm{e}},i_{\mathrm{g}i})\end{aligned} \tag{4.21}$$

经济性换挡策略可按以下步骤进行制定。

(1) 基于发动机转速范围，根据式(4.21)绘制汽车在确定节气门开度下每个挡位的单位行驶距离燃油消耗率曲线，40%节气门开度的曲线如图 4.14 所示。

(2) 在同一节气门开度下获取相邻两挡 $\dot{m}_{\mathrm{fpm}}$ 曲线交点(如图 4.14 中 A 点所示)处的车速。

(3) 针对节气门开度 α=0, 10%, 20%, …, 100%重复步骤(2)，即可求得最佳经济性升挡点，经济性与动力性换挡策略对比曲线如图 4.15 所示。

由图 4.15 可知，相比于动力性换挡策略，在相同的行驶工况下经济性换挡策略会使汽车更早地升入高挡。然而单纯的经济性换挡策略并不能很好地满足汽车在缓坡行驶时的性能需求。通常驾驶员驾驶过程中，在中低负荷区域更强调汽车的经济性，而在高负荷区域则对汽车的动力性有更迫切的需求。因此本书设计了以追求经济性为目标尽可能降低汽车动力性损失的复合经济性换挡策略。

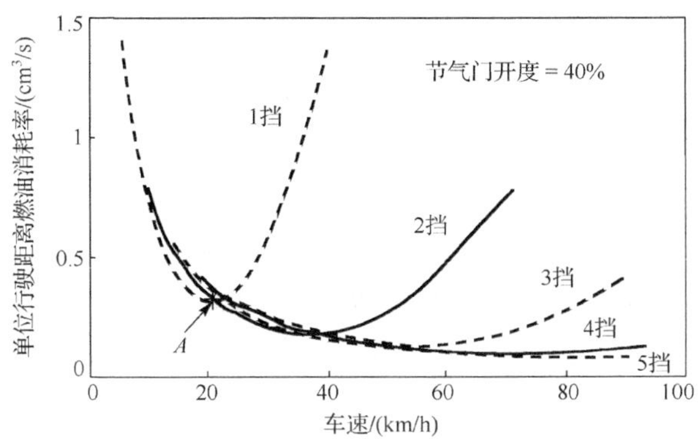

图 4.14　40%节气门开度下各挡位的单位行驶距离燃油消耗率曲线

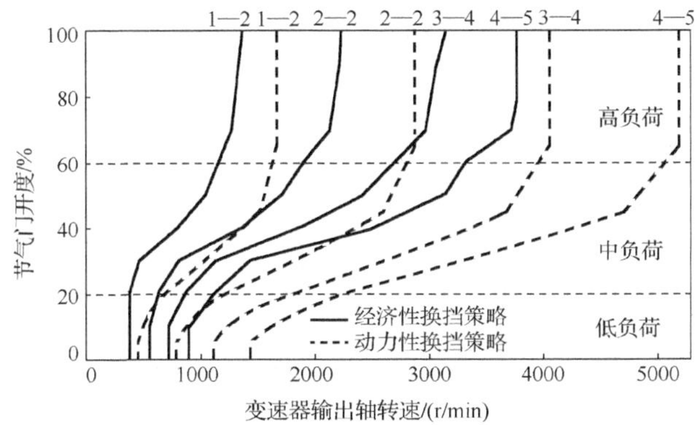

图 4.15　经济性与动力性换挡策略对比曲线

将节气门开度位于[40%,60%]的区域视为过渡区间，当节气门开度大于 60%时采用动力性换挡策略，当节气门开度小于 40%时采用经济性换挡策略。绘制的复合经济性换挡策略曲线如图 4.16 所示。

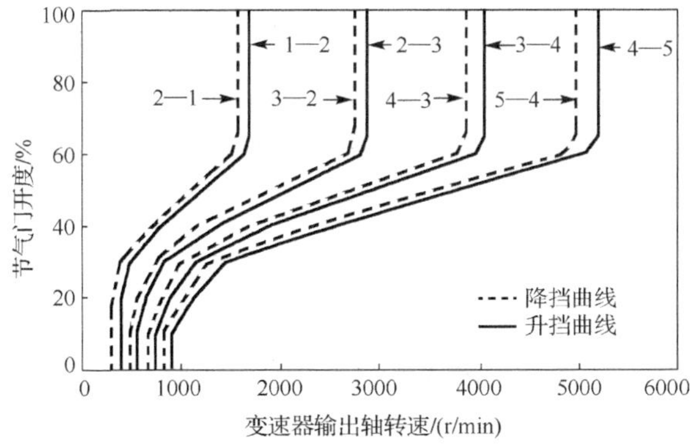

图 4.16　复合经济性换挡策略曲线

4.3 仿真与验证分析

为了验证所设计的换挡策略，本节针对上坡、下坡以及标准测试工况进行了基于 MATLAB/Simulink 的仿真试验。同时为了验证该换挡策略能否在一定程度上反映驾驶员的驾驶意图，使仿真结果更加接近真实情况，试验在模拟驾驶仪上进行，实时采集驾驶员对加速踏板及制动踏板的操作信号。

4.3.1 上坡性能验证

针对上坡工况，本书选择分别在 9%和 13%的坡道上进行试验测试，不同换挡策略上坡工况试验对比图如图 4.17 所示。

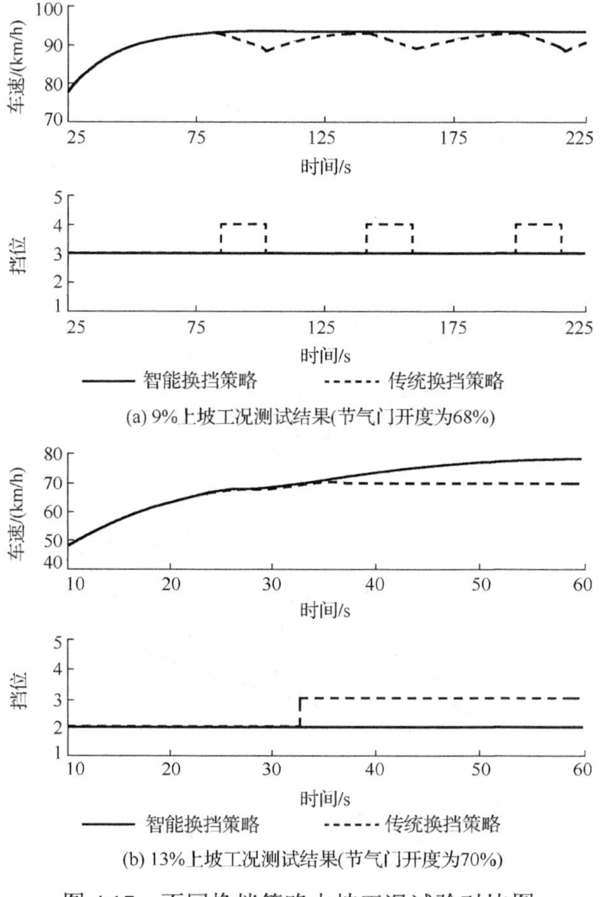

(a) 9%上坡工况测试结果(节气门开度为68%)

(b) 13%上坡工况测试结果(节气门开度为70%)

图 4.17　不同换挡策略上坡工况试验对比图

由图 4.17(a)可知，当汽车采用传统的换挡策略在 9%的坡道上行驶时会出现循环换挡的现象，然而在同样的测试环境下，使用坡道智能换挡策略则能有效避免上述问题，令汽车的舒适性和安全性有了显著的提升。

由图 4.17(b)可知，当汽车采用传统的换挡策略在 13%的坡道上上坡行驶时会出现不必要的升挡，在一定程度上减弱了汽车的动力性。从图 4.17(b)中可以看出，本书所设计的坡道智能换挡策略的升挡点车速要明显高于原有的双参数换挡规律，这使得汽车能够保持在较低的挡位以较高的车速行驶，动力性要明显优于传统的双参数换挡策略。

4.3.2　下坡性能验证

试验过程首先利用制定的坡道智能换挡策略在 MATLAB/Simulink 环境中进行驾驶员在环仿真试验，仿真过程实时显示目标参考车速提示驾驶员，驾驶员根据显示信息及道路情况控制加速踏板和制动踏板。再以同样的工况，采用与上述仿真完全相同的加速及制动控制信号，利用传统双参数换挡策略在 MATLAB/Simulink 中进行对比试验。

1. 中长坡(6%, 600m)试验

汽车先在平路行驶一段距离后，以略高于设计车速的速度进入下坡路段，此坡道的设计车速为 60km/h，推荐挡位为 2 挡。

图 4.18 是中长坡工况仿真结果。从图中可以看出，采用坡道智能换挡策略时，当对汽车采取制动即驾驶员有减速需求时，换挡策略能实现主动降挡来满足驾驶员的需求，降到推荐挡位后，即便驾驶员不再进行行车制动，汽车也能充分利用发动机的牵阻作用进行制动，并逐渐趋近于该挡的稳定车速(45km/h)。

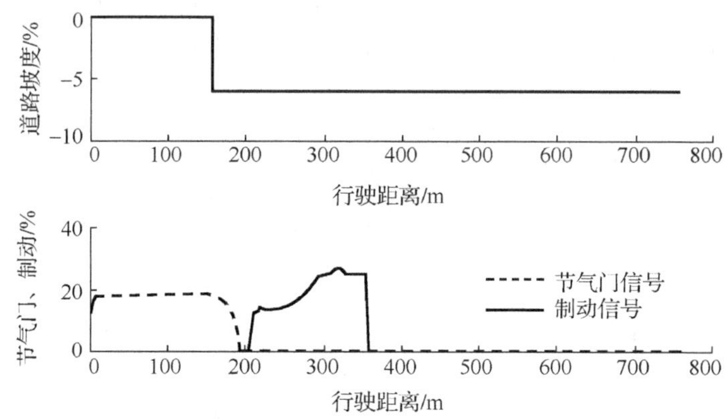

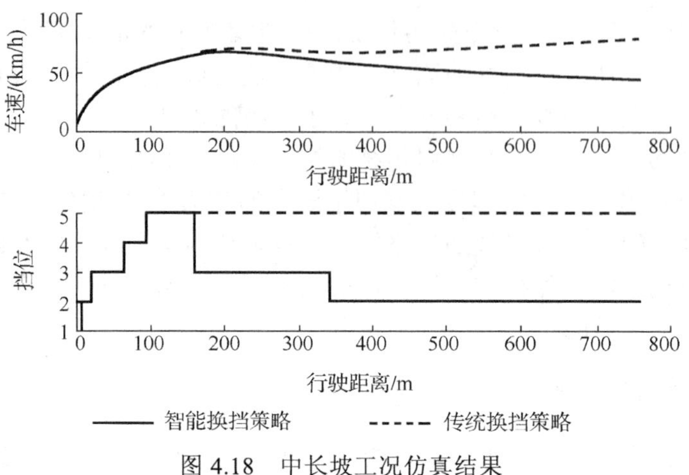

图 4.18　中长坡工况仿真结果

采用传统换挡策略时，在同样的路段采取同样的控制输入后，首先在行车制动时，同样的制动意图却不能使汽车发生主动降挡来满足驾驶员的减速需求；其次在施加行车制动的过程中车速的降低要明显小于采用坡道智能换挡策略时车速的降低；最后在撤掉行车制动后，汽车选择的挡位 5 挡并不能有效发挥发动机的牵阻作用，不仅如此还会使车速进一步提高，远离道路的设计车速。若要实现对车速的有效控制必须施加更大强度的制动，给行车制动系统带来更大的负担。

2. 急陡坡(9%, 300m)试验

汽车先在平路行驶一段距离后，以略高于设计车速的速度进入下坡路段，此坡道的设计车速为 20km/h，推荐挡位为 1 挡。

急陡坡工况仿真结果如图 4.19 所示。从图中可以看出，采用坡道智能换挡策略时，汽车能够在下坡过程中保持在 1 挡，最大限度地利用发动机进行制动，仅需施加较小的行车制动就可使汽车稳定在推荐车速附近。

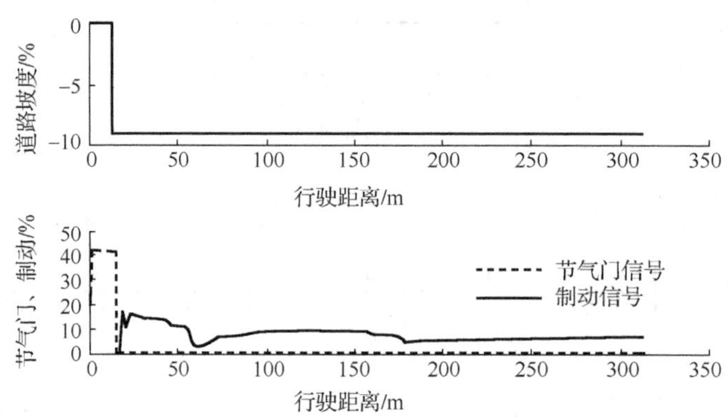

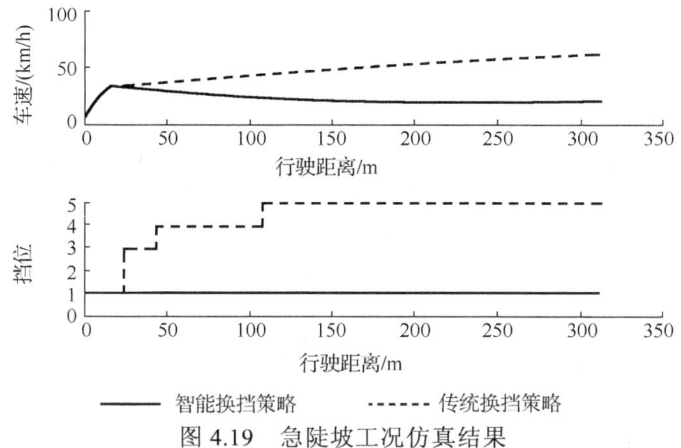

图 4.19　急陡坡工况仿真结果

采用传统换挡策略时，在同样的路段采取同样的控制输入后，车速和挡位均不断升高，原有的换挡策略并不能满足驾驶员的减速意图实现主动降挡，反而在不断地升挡。挡位的升高，不仅弱化了发动机的牵阻作用，还会使车速进一步升高，导致行驶工况进一步恶化。若要实现对车速的有效控制必须施加更大强度的制动，这给行车制动系统带来更大的负担，更易引起制动器的热失效。

从上述各仿真结果可以看出，传统的双参数换挡策略在大部分下坡工况，特别是危险工况下存在巨大的安全隐患，会使汽车产生意外升挡，使车速不断提高，随着坡道的增长汽车的实际行驶车速将远高于安全车速。而本书针对下坡路段提出的坡道智能换挡控制策略可以根据行驶环境以及行驶状态在必要的时候依据驾驶员的意图主动降挡，充分利用发动机的牵阻作用进行辅助制动，降低行车制动系统的工作负荷。

4.3.3　不同换挡策略的燃油消耗比较

当汽车在平缓坡段行驶时，道路坡度对汽车的影响较小，其行驶状态基本与平路相同。因此为了更全面客观地测试坡道智能换挡策略在平缓坡道的经济性，本书选用国际通用的几种测试工况进行验证，包括美国城市循环工况（urban dynamometer driving schedule，UDDS）、Highway 测试工况、新欧洲行驶工况（new European driving cycle，NEDC）。其中，UDDS 主要反映汽车以中低速行驶且频繁加减速时的燃油经济性，Highway 主要测试汽车在高速公路行驶时的燃油经济性，NEDC 可更全面地反映汽车在市区及市郊行驶时的燃油经济性。不同换挡策略的循环工况试验对比图如图 4.20 所示。表 4.4 所示为坡道智能换挡策略在各循环工况下的对比结果。

由图 4.20 和表 4.4 可以看出，坡道智能换挡策略可使汽车提前升入高挡，并尽可能减少不必要的降挡。正是通过这种方式，应用该坡道智能换挡策略，可使汽车在基本不损失必要动力性的前提下节约燃油消耗 3.9%～17.65%。

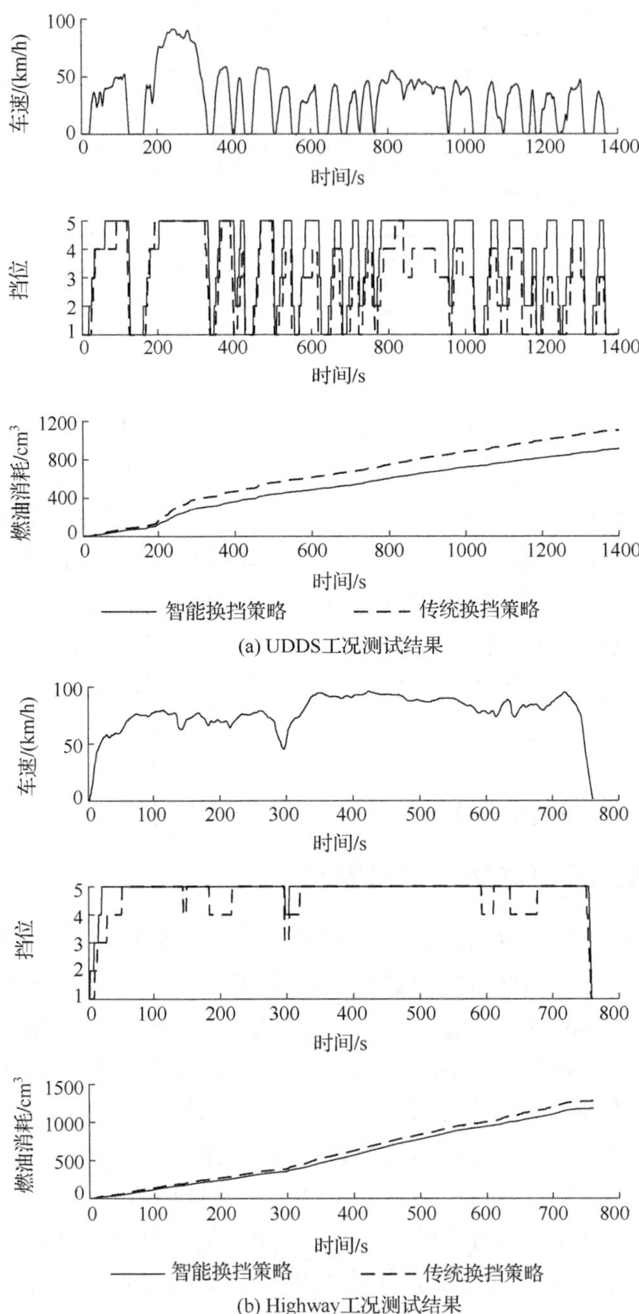
车速/(km/h)
100
50
0
0 200 400 600 800 1000 1200 1400
时间/s
挡位
5
4
3
2
1
0 200 400 600 800 1000 1200 1400
时间/s
燃油消耗/cm^3
1200
800
400
0
0 200 400 600 800 1000 1200 1400
时间/s
智能换挡策略
传统换挡策略
(a) UDDS工况测试结果
车速/(km/h)
100
50
0
0 100 200 300 400 500 600 700 800
时间/s
挡位
5
4
3
2
1
0 100 200 300 400 500 600 700 800
时间/s
燃油消耗/cm^3
1500
1000
500
0
0 100 200 300 400 500 600 700 800
时间/s
智能换挡策略
传统换挡策略
(b) Highway工况测试结果

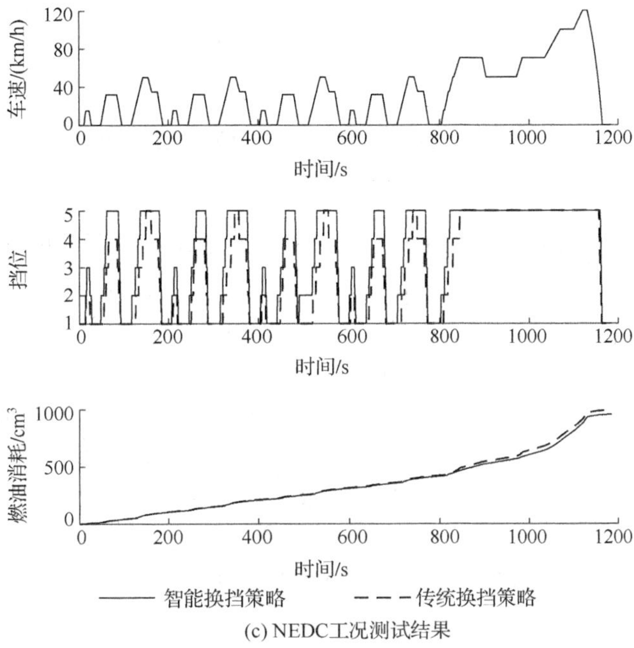

(c) NEDC工况测试结果

图 4.20　不同换挡策略的循环工况试验对比图

表 4.4　坡道智能换挡策略在各循环工况下的对比结果

燃油消耗	UDDS 工况	Highway 工况	NEDC 工况
传统换挡策略总燃油消耗/cm^3	1104	1284	995.9
智能换挡策略总燃油消耗/cm^3	909.1	1185	957.1
节约燃油消耗/%	17.65	7.7	3.9

第 5 章　汽车坡道行驶的燃油经济性研究

利用高精度电子地图提供的丰富行驶环境信息，能够有效地优化汽车的控制，改善汽车性能。本章所研究的汽车坡道经济性行驶优化便是在这样的背景下产生的。主要内容为：汽车以某初始速度行驶，汽车行驶前方道路坡道信息已知，充分利用道路坡道信息对汽车的行驶速度进行提前优化，从而降低汽车通过坡道时的燃油消耗，改善汽车的燃油经济性。为简单起见，不考虑周围汽车对所研究汽车的影响，路面畅通，不考虑交通信号灯的影响。本章所研究的内容本质上为一个确定性多阶段决策优化问题，因此采用离散系统的动态规划(dynamic programming，DP)算法实现，接下来首先将对离散系统的动态规划原理做简单介绍，并在此基础上构建使汽车通过坡道时的燃油经济性最佳的优化算法。

5.1　离散系统的动态规划

设离散系统的状态方程为

$$x_{k+1}=f_k(x_k,u_k,\lambda_k),\quad k=0,1,\cdots,N-1 \tag{5.1}$$

式中，$x_k\in S_k$ 是系统的状态量；$u_k\in U_k$ 是系统的控制量；$\lambda_k\in D_k$ 是系统的扰动量。

状态初值：

$$x(0)=x_0$$

控制约束：

$$g(x_k,u_k)\leqslant 0 \tag{5.2}$$

目标函数：

$$J=\varsigma_N(x_N)+\sum_{k=0}^{N-1}\varsigma_k(x_k,u_k,\lambda_k) \tag{5.3}$$

式中，$\varsigma_N(x_N)$ 为终端代价；$\varsigma_k(x_k,u_k,\lambda_k)$ 为阶段即时代价。

所需解决的问题是在许可的控制约束下，寻求一个最优控制序列 $\{u_k^*\}$ $k=0,1,\cdots,N-1$，使目标函数获得极值。本章的目标是使汽车通过坡道时的燃油经济性最优。

离散系统最优控制问题是一个典型的多段最优决策问题。所谓多段最优决策，是指把一个过程按时间或空间顺序分为若干段，然后给每一段作出“决策”，以便整个过程取得最优的效果。Bellman 动态规划是解决多段最优决策问题的有力工具，其原理为最优性原理。

一个最优决策具有这样的性质：无论初始状态和初始决策如何，其余决策对于由初始决策所形成的状态来说必定也是一个最优策略。换言之，一个最优策略的子策略也必定是最优的。

图 5.1 所示为动态规划算法求解过程示意图。从图中可以看出，利用 DP 算法求解多段最优决策问题时，首先将该多段决策问题转化为一系列的单段决策问题，然后从最后一段状态开始逆推到初始段状态，可用数学语言描述如下：

①令 $J_N(x_N)=\varsigma_N(x_N)$；

②对 $k=N-1$，寻找最优控制 $u_k^*=u_k^*(x_k)$ 满足

$$J_k(x_k)=\min_{u_k\in U}\{\varsigma_k(x_k,u_k,\lambda_k)+J_{k+1}(x_{k+1})\}$$

③对 $k=N-2,N-3,\cdots,0$，重复(2)；

④逆推结束后，对每个初始状态 x_0，其最优目标为 $J^*(x_0)=J_0(x_0)$；最优控制策略为 $\pi^*=\{u_0^*,u_1^*,\cdots,u_{N-1}^*\}$。

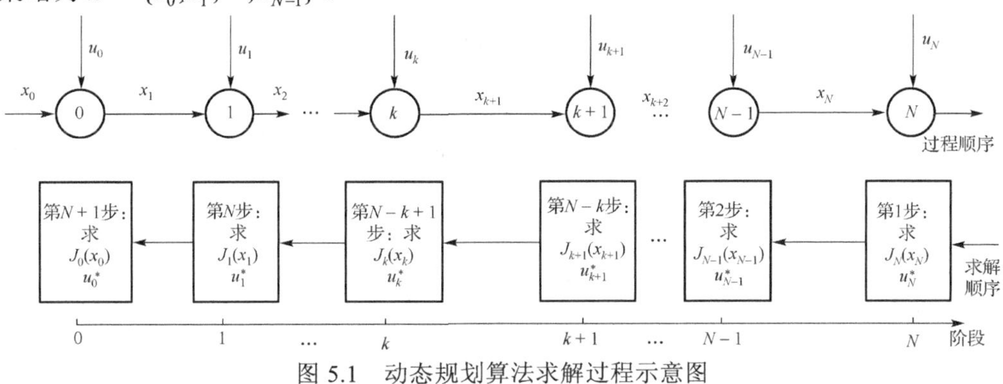

图 5.1　动态规划算法求解过程示意图

5.2　坡道经济性车速优化算法

通过 5.1 节的分析可以发现，利用动态规划算法构建坡道经济性行驶优化(dynamic programming based Eco-driving, DP-Eco-driving)算法有五个重要的问题需要解决，分别为系统的状态方程、系统的初始状态、系统的约束、系统的扰动以及系统的代价方程。接下来将逐一确定算法的每个部分，完成坡道经济性行驶优化算法的构建。

5.2.1 系统的状态方程

研究汽车通过坡道的燃油经济性优化问题时，仅考虑汽车沿坡道方向的运动，且认为轮胎与地面之间为纯滚动。图 5.2 所示为汽车沿坡道方向的受力分析图。汽车沿坡道方向运动时，所受驱动力和阻力分别为 F_d 和 F_r。所受阻力包括坡道阻力 F_i、空气阻力 F_w、滚动阻力 F_f 以及加速阻力 F_j。

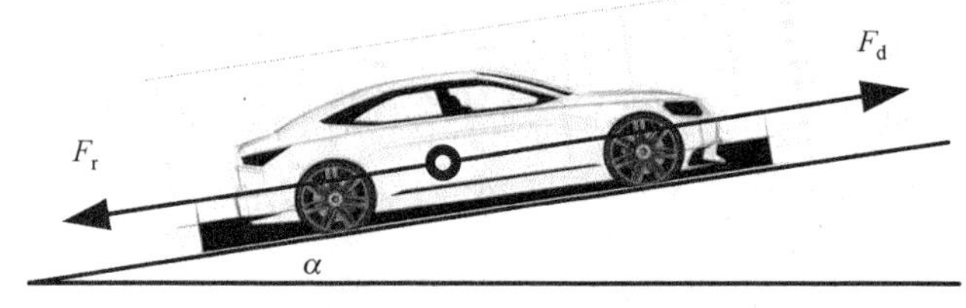

图 5.2 汽车沿坡道方向的受力分析图

驱动力：

$$F_d = \frac{T_e i_t \eta}{r} \tag{5.4}$$

坡道阻力：

$$F_i = mg\sin\alpha \tag{5.5}$$

空气阻力：

$$F_w = \frac{C_D A}{21.15}v^2 \tag{5.6}$$

滚动阻力：

$$F_f = mgf\cos\alpha \tag{5.7}$$

加速阻力：

$$F_j = \delta m\frac{dv_a}{dt} \tag{5.8}$$

式(5.4)～式(5.8)中，T_e 为发动机输出转矩，单位为 N · m；$i_t = i_g i_0$ 为传动系统总变速比，其值为变速器变速比 i_g 和主传动比 i_0 的乘积；η 为传动系统传动效率；r 为轮胎半径，单位为 m；m 为整车整备质量，单位为 kg；g 为重力加速度，单位为 m/s^2；α 为道路坡道角，单位为 rad；C_D 为空气阻力系数；A 为迎风面积，单位为 m^2；v 为车速，单位为 km/h；f 为滚动阻力系数；δ 为旋转质量换算系数；$\frac{dv_a}{dt}$ 为汽车加速度，单位为 m/s^2。

由受力平衡可得汽车行驶平衡方程

$$\frac{T_e i_t \eta}{r} = mgf\cos\alpha + \frac{C_D A}{21.15}v^2 + mg\sin\alpha + \delta m\frac{\mathrm{d}v_a}{\mathrm{d}t} \tag{5.9}$$

将式(5.9)中速度单位统一为 km/h，并写为牛顿第二定律的形式为

$$\frac{\mathrm{d}v}{\mathrm{d}t} = \frac{3.6}{\delta mr}\left[i_t\eta T_e - r\left(\frac{C_D A}{21.15}v^2 + mgf\cos\alpha + mg\sin\alpha\right)\right] \tag{5.10}$$

因此，系统的状态方程可写为

$$\begin{cases} \dfrac{\mathrm{d}s}{\mathrm{d}t} = \dfrac{v}{3.6} \\ \dfrac{\mathrm{d}v}{\mathrm{d}t} = \dfrac{3.6}{\delta mr}\left[i_t\eta T_e - r\left(\dfrac{C_D A}{21.15}v^2 + mgf\cos\alpha + mg\sin\alpha\right)\right] \end{cases} \tag{5.11}$$

式中，s 为汽车位移，单位为 m。

由于在利用动态规划求解最优控制问题时，会出现“维度诅咒”，即求解时间会随状态变量和控制变量的增加而呈指数型增长。因此将式(5.11)的系统状态方程由时间域转换为空间域进行求解，减少方程和变量数，从而减少求解时间。利用式(5.12)对系统的状态方程进行变换：

$$\frac{\mathrm{d}v}{\mathrm{d}t} = \frac{\mathrm{d}v}{\mathrm{d}s}\frac{\mathrm{d}s}{\mathrm{d}t} = \frac{v}{3.6}\frac{\mathrm{d}v}{\mathrm{d}s} \Rightarrow \frac{\mathrm{d}v}{\mathrm{d}s} = \frac{3.6}{v}\frac{\mathrm{d}v}{\mathrm{d}t}, \quad v \neq 0 \tag{5.12}$$

式(5.12)成立的前提是 $v \neq 0$，因此，本章的另一个假设为汽车在行驶过程中始终保持速度大于 0。经过时间域到空间域的变换后，系统的状态方程由两个变为一个，相应的系统的状态变量和控制变量也随之减少，如式(5.13)所示：

$$\frac{\mathrm{d}v}{\mathrm{d}s} = \frac{3.6}{v}\frac{3.6}{\delta mr}\left[i_t\eta T_e - r\left(\frac{C_D A}{21.15}v^2 + mgf\cos\alpha + mg\sin\alpha\right)\right] \tag{5.13}$$

然而，在式(5.13)所示的系统状态方程中，速度、位移等为连续变量，而不同挡位的变速比则为离散变量。这些变量构成的是复合的系统，不易求解。为了方便系统的求解，需对系统的状态方程作离散化处理。本章采用前向欧拉方法(forward Euler method)对式(5.13)进行离散化，得到离散系统状态方程如式(5.14)所示：

$$\begin{gathered} v_{k+1} = \frac{\Delta s}{v_k}\frac{3.6^2}{\delta mr}\left[i_{tk}\eta T_{ek} - r\left(\frac{C_D A}{21.15}{v_k}^2 + mgf\cos\alpha_k + mg\sin\alpha_k\right)\right] + v_k \\ k = 0,1,\cdots,N-1, \quad v_k > 0 \end{gathered} \tag{5.14}$$

式中，v_k 与 v_{k+1} 分别为阶段 k 和 $k+1$ 汽车的速度，单位为 km/h；Δs 为相邻两个阶段间的距离，单位为 m；i_{tk} 为阶段 k 的传动系统总变速比；T_{ek} 为阶段 k 的发动机转矩，单位为 N · m；α_k 为阶段 k 的道路坡道角，单位为 rad。

求解时，将汽车速度 v_k 作为系统的状态变量；系统的控制变量则由加速踏板信号、制动踏板信号以及挡位信号变为现在的发动机转矩 T_{ek} 和传动系统总变速比 i_{tk}，减少了状态变量的个数；将道路坡道角 α_k 作为系统扰动引入系统中加以考虑。

5.2.2 系统的初始状态

为了保证汽车在没有坡路时的燃油经济性也为最优，必须使汽车在无坡路段以最经济的方式行驶。Chang 与 Morlok 指出，汽车在水平直路上燃油经济性最优的行驶方式是保持在某一速度匀速行驶[16]。因此，本章设汽车在水平直路上的最经济车速为 v_{eco}，并将 v_{eco} 设为系统的初始车速，即

$$v_0 = v_{eco} \tag{5.15}$$

式中，v_0 为系统的初始车速，单位为 km/h；v_{eco} 为汽车在平直路上行驶的最经济车速，单位为 km/h。

5.2.3 系统的约束

系统的约束主要是对系统的状态量和控制量等的约束，动态规划算法求解所得最优解也是在此约束下的最优解。针对坡道行驶优化问题，提出以下三方面的约束，分别为速度约束、加速度约束以及转矩约束。

(1) 速度约束——对状态变量的约束。

对速度的约束需综合考虑汽车的动力性能和道路限速来确定。设所允许的汽车最大速度和最小速度分别为 v_{max} 和 v_{min}，汽车在任意阶段 k 的状态为 v_k，则对于任意阶段的状态变量应该满足的速度约束为

$$v_{min} \leqslant v_k \leqslant v_{max} \tag{5.16}$$

(2) 加速度约束——对汽车加速性能的约束。

汽车行驶过程中，过大的加速度会导致燃油消耗的增加，行驶舒适性变差，过小的加速度则使汽车提速慢，增加行驶时间。同时，受限于汽车自身的加速性能，汽车行驶时所能达到的加速度有一定的范围。因此，需要对汽车的加速度进行约束。确定加速度约束时，需综合考虑汽车加速性能、驾驶舒适性和燃油经济性。设允许的最大和最小加速度分别为 a_{max} 和 a_{min}，则任意阶段需满足的加速度约束为

$$a_{min} \leqslant \frac{\mathrm{d}v}{\mathrm{d}t} = \frac{v}{3.6}\frac{\mathrm{d}v}{\mathrm{d}s} \leqslant a_{max} \tag{5.17}$$

(3) 转矩约束——对控制变量的约束。

如果系统由 k 阶段的第 i 个状态 v_k^i 变换到 $k+1$ 阶段的第 j 个状态 v_{k+1}^j 所需的发动机转矩超过发动机所能提供的转矩，则这次的变换是不能实现的。因此，必

须对发动机的转矩合理范围进行定义。设允许的最大和最小转矩分别为 T_{emax} 和 T_{emin}，则任意阶段控制变量 T_{ek} 需满足的转矩约束为

$$T_{\mathrm{emin}} \leqslant T_{ek} \leqslant T_{\mathrm{emax}} \tag{5.18}$$

5.2.4　系统的扰动

本章研究的是汽车坡道行驶的燃油经济性，坡道的变化是至关重要的因素，必须将其引入系统。通常，汽车在行驶过程中遇到的道路坡度是随机的、不可预知的。但随着高精度电子地图在汽车控制中的应用，电子地图能够预知前方道路的详细信息，所以可以认为汽车行驶时的道路坡道是已知的。本章将道路坡道角视为离散系统的随机的、已知的扰动。设道路海拔 h 为行驶位移 s 的函数：

$$h = h(s) \tag{5.19}$$

则任意位置的道路坡道角 α 与海拔和位移的关系为

$$\tan\alpha = h'(s) \tag{5.20}$$

所以有

$$\alpha = \arctan(h'(s)) \tag{5.21}$$

利用前向欧拉方法对式(5.21)进行离散，可得任意阶段 k 的道路坡道角如式(5.22)所示：

$$\alpha_k = \arctan\left(\frac{h_{k+1} - h_k}{s_{k+1} - s_k}\right) \tag{5.22}$$

式中，α_k 为 k 阶段的道路坡道角，单位为 rad；h_k 与 h_{k+1} 分别为 k 阶段与 $k+1$ 阶段的道路海拔，单位为 m；s_k 与 s_{k+1} 分别为 k 阶段与 $k+1$ 阶段的位移，单位为 m。

5.2.5　系统的代价方程

汽车坡道行驶的燃油经济性研究以优化汽车通过坡道的燃油经济性为目标。因此，本章以汽车通过坡路的总燃油消耗为优化的目标。在第 3 章中，建立了两种瞬态燃油消耗模型，分别为 BIT-TFCM-1 模型和 BIT-TFCM-2 模型。通过比较发现，BIT-TFCM-2 模型性能虽略逊于 BIT-TFCM-1 模型，但其计算速度更快，因此选用瞬态油耗模型 BIT-TFCM-2 计算汽车的燃油消耗。BIT-TFCM-2 模型可以简单表示如下：

$$\dot{m}_{\mathrm{f}} = f(T_{\mathrm{e}}, n_{\mathrm{e}}, v, a) \tag{5.23}$$

式中，$\dot{m}_{\mathrm{f}}$ 为汽车瞬态燃油消耗率，单位为 $\mathrm{cm^3/s}$；T_{e} 和 n_{e} 分别为发动机转矩(N · m)和转速(r/min)；v 和 a 分别为汽车瞬时速度(km/h)和加速度($\mathrm{m/s^2}$)；$f(T_{\mathrm{e}}, n_{\mathrm{e}}, v, a)$ 代

表 $\dot{m}_{\mathrm{f}}$ 为 T_{e}、n_{e}、v 和 a 的函数，则汽车通过一段路程的总燃油消耗为

$$M_{\mathrm{f}}=\int_{t_0}^{t_{\mathrm{end}}}\dot{m}_{\mathrm{f}}\mathrm{d}t=\int_{s_0}^{s_{\mathrm{end}}}\dot{m}_{\mathrm{f}}\frac{3.6}{v}\mathrm{d}s \tag{5.24}$$

式中，M_{f} 为汽车的总燃油消耗，单位为 cm^3；t_0 为汽车出发时刻，单位为 s；t_{end} 为汽车到达目的地时刻，单位为 s；s_0 为出发地位移，单位为 m；s_{end} 为目的地位移，单位为 m；$\dot{m}_{\mathrm{f}}$ 为汽车瞬态燃油消耗率，单位为 cm^3/s。

参考系统状态方程的离散方式，将式(5.24)进行离散，可得系统的代价方程如下：

$$M_{\mathrm{f},k+1}=M_{\mathrm{f},k}+\frac{\Delta s}{v_k}3.6\dot{m}_{\mathrm{f}},\quad k=0,1,\cdots,N-1;\ v_k>0 \tag{5.25}$$

式中，$M_{\mathrm{f},k}$ 为第 0 到 k 阶段的总燃油消耗(阶段总代价)，单位为 cm^3；$\dfrac{\Delta s}{v_k}3.6\dot{m}_{\mathrm{f}}$ 为第 k 到 $k+1$ 阶段的燃油消耗(即时代价)，单位为 cm^3。

5.3　坡道经济性车速优化算法的实现

5.2 节已经完成了对系统状态方程、初始状态、控制约束以及代价方程的数学描述，由此可完整定义坡道经济性行驶优化算法如式(5.26)所示：

$$\begin{cases}\min J=\varsigma_N(v_N)+\displaystyle\sum_{k=0}^{N-1}\frac{\Delta s}{v_k}3.6f(T_{\mathrm{e}k},n_{\mathrm{e}k},v_k,a_k)\\ \text{s.t.}\\ v_{k+1}=\dfrac{\Delta s}{v_k}\dfrac{3.6^2}{\delta mr}\left[i_{\mathrm{t}k}\eta T_{\mathrm{e}k}-r\left(\dfrac{1}{2}C_{\mathrm{D}}A\rho_{\mathrm{a}}{v_k}^2+mgf\cos\alpha_k+mg\sin\alpha_k\right)\right]+v_k\\ v_0=v_{\mathrm{eco}}\\ v_k\in\left[v_{\min},v_{\max}\right]\\ T_{\mathrm{e}k}\in\left[T_{\mathrm{emin}},T_{\mathrm{emax}}\right]\\ a_k\in\left[a_{\min},a_{\max}\right]\end{cases} \tag{5.26}$$

该算法以汽车通过坡道的燃油经济性为优化目标，以速度为状态变量，发动机转矩和传动系统总传动比为控制变量，以道路坡道角为系统扰动，在速度、加速度以及发动机转矩的三重约束下，利用 Bellman 动态规划算法寻求最优的解析解。国内外的学者所开发的坡道经济性车速优化算法中多以加速踏板、制动踏板以及挡位信号作为控制变量，且其系统的状态方程多在时间基内离散，因此算法的计算时间较长。而本章所开发的坡道经济性行驶优化算法中，仅以发动机转矩

和挡位信号作为系统的控制变量，降低了状态空间的维数。同时，将系统的状态方程在位移基内进行离散，减少了状态方程的个数，同样降低了状态空间的维数。因此，该坡道经济性行驶优化算法的计算时间较前人有了提高。

图 5.3 为坡道燃油经济性优化示意图。由图 5.3 可以看出，坡道经济性行驶优化算法以汽车当前位移、即时车速和高精度电子地图提供的道路坡道信息为输入，对汽车通过坡道时的行驶速度轨迹进行优化。输出为最经济的行驶速度轨迹，将其提供给 PI 速度控制器进行速度跟随。PI 速度控制器以坡道经济性优化算法提供的经济车速为控制目标，并依据即时车速进行计算，输出所需制动踏板信号和加速踏板信号给汽车以完成系统的实时闭环控制。

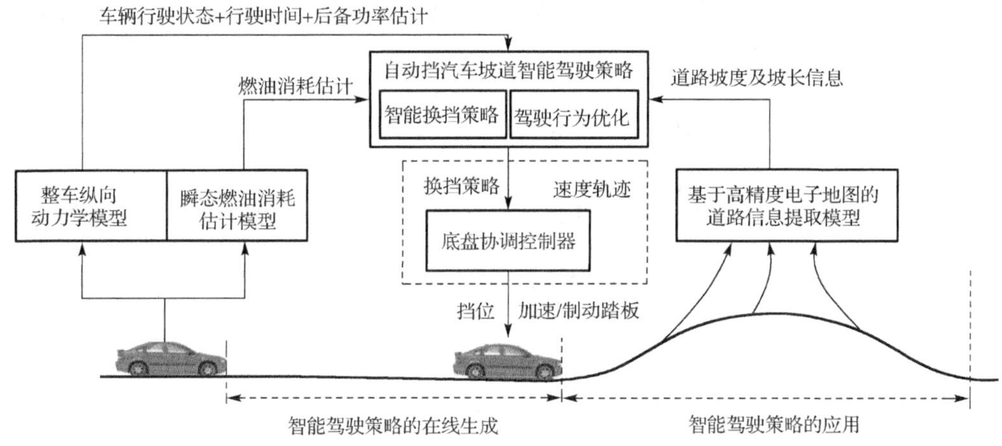

图 5.3　坡道燃油经济性优化示意图

5.3.1　水平直路上的经济性车速

在所提出的坡道经济性行驶优化算法中，以车辆在平路上的经济性行驶车速 v_{eco} 作为系统的初始状态。因此，在算法实现时应首先确定 v_{eco}。瞬态燃油消耗模型 BIT-TFCM-2 以发动机转矩 T_e、转速 n_e，以及车辆速度 v 和加速度 a 为模型输入，其输出为燃油消耗率 $\dot{m}_f$。因此，可将燃油消耗率简单表示如式(5.27)所示：

$$\dot{m}_f = f(T_e, n_e, v, a) \tag{5.27}$$

由于车辆平路匀速行驶时经济性最优，因此有

$$a = 0 \tag{5.28}$$

那么车辆匀速行驶时的燃油消耗率可表示为

$$\dot{m}_f = f(T_e, n_e, v = 0, a) \tag{5.29}$$

为确定车辆最经济的匀速行驶速度，给出单位行驶距离燃油消耗 $\dot{m}_{\text{fpm}}$ 如下：

$$\dot{m}_{\text{fpm}} = \frac{3.6\dot{m}_{\text{f}}}{v} \tag{5.30}$$

式中，$\dot{m}_{\text{fpm}}$ 为单位行驶距离燃油消耗，单位为 cm^3/m；$\dot{m}_{\text{f}}$ 为单位时间燃油消耗，单位为 cm^3/s；v 为车辆行驶速度，单位为 km/h。

计算车辆以不同速度匀速行驶时所对应的单位行驶距离燃油消耗，最小者对应的速度即为车辆在水平直路上行驶的最经济车速。由式(5.29)和式(5.30)可以看出，确定匀速行驶时的单位行驶距离燃油消耗需要确定发动机转矩 T_{e}、转速 n_{e} 和车速 v 三个参数。

设车辆以传动系统总传动比 i_{t}、车速 v 行驶在水平直路上，则根据车辆运动平衡方程式可有

$$\frac{\mathrm{d}v}{\mathrm{d}t} = \frac{3.6}{\delta m r}\left[i_{\text{t}}\eta T_{\text{e}} - r\left(\frac{1}{2}C_{\text{D}}A\rho_{\text{a}}v^2 + mgf\cos\alpha + mg\sin\alpha\right)\right] \tag{5.31}$$

车辆在平路上匀速行驶时，加速度 $\dfrac{\mathrm{d}v}{\mathrm{d}t}=0$ 且道路坡道角 $\alpha=0$。将二者代入式(5.31)中，可得车辆平路匀速行驶时发动机转矩表达式如下：

$$T_{\text{e}} = \frac{r}{i_{\text{t}}\eta}\left(\frac{1}{2}C_{\text{D}}A\rho_{\text{a}}v^2 + mgf\right) \tag{5.32}$$

同时，发动机转速 n_{e} 与车速 v 之间的关系为

$$n_{\text{e}} = \frac{v i_{\text{t}}}{0.377r} \tag{5.33}$$

式(5.29)～式(5.33)说明，当车辆配置为已知时，给定车速和挡位，便可计算出发动机转矩和转速，进而利用燃油消耗模型计算得出该车速下的单位行驶距离燃油消耗。比较各速度对应的单位行驶距离燃油消耗，便可确定平路行驶的最经济车速。具体方法如下。

(1)确定发动机的正常工作转速范围 $[n_{\text{emin}}, n_{\text{emax}}]$。

(2)令挡位为 $k=1$ 挡，利用 $v=0.377\dfrac{n_{\text{e}}r}{i_{tk}}$ 换算相应车速范围 $[v_{\min}, v_{\max}]$，在该范围内每隔 0.1km/h 计算一次单位行驶距离燃油消耗，并记录该单位行驶距离燃油消耗和相应车速。

(3)对其余挡位 $k=2,3,\cdots,\max$，重复步骤(2)。比较各个速度对应的单位行驶距离燃油消耗，取最小者对应的速度为平路经济车速 v_{eco}。

在算法验证的过程中将采用 MATLAB/Simulink 与 CarSim 联合仿真来验证坡

道经济性行驶优化算法的有效性；同时，CarSim 中的一款 D 级轿车的配置与本章燃油消耗模型建模所用索纳塔的配置非常接近，如表 5.1 所示，因此，这里将利用 CarSim 中的这款 D 级轿车的配置信息按上述步骤确定 v_{eco}。利用第 3 章中所建瞬态燃油消耗模型 BIT-TFCM-2 对该车型各车速对应的单位行驶距离燃油消耗进行计算，所得的不同挡位下单位行驶距离燃油消耗随车速的变化关系如图 5.4 所示。由图 5.4 可以看出，随着车速的增加，各挡位下单位行驶距离燃油消耗均大致呈现先降低后升高的趋势。这是由于随着车速的增加，风阻的作用变得越来越大。此外，图 5.4 中标出的坐标(56,0.0516)代表了该 D 级轿车在 6 挡，车速为 56km/h 时的单位行驶距离燃油消耗最低为 0.0516cm^3/m。因此，该 D 级轿车平路行驶的最经济车速为 56km/h，将该车速设定为系统的初始车速，即 $v_{eco} = 56\,\text{km/h}$。

表 5.1　某 CarSim D 级轿车车型配置表

参数名	参数值
整车质量	1450kg
变速器	6 速液力自动变速[3.538,2.06,1.404,1.00,0.713,0.582]
主减速器速比	4.1
轮胎型号	215/55R17
最大转矩	267N · m
最大功率	125kW
风阻系数	0.28
迎风面积	2.52m^2

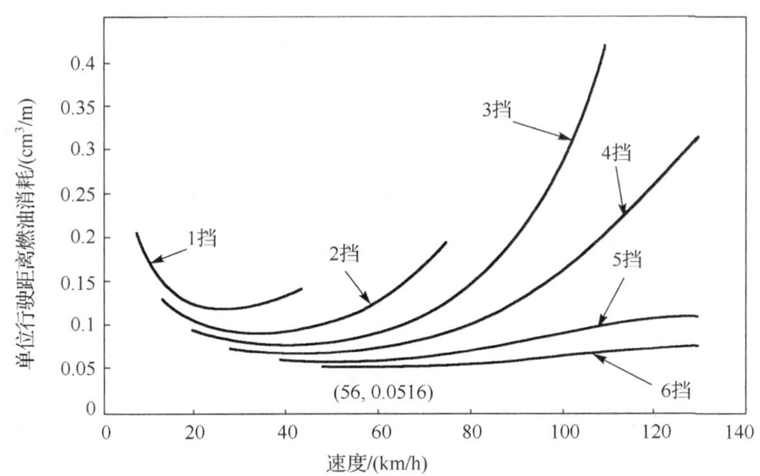

图 5.4　某 CarSim D 级轿车各挡位单位行驶距离燃油消耗随车速的变化关系

5.3.2　坡道的经济性车速

坡道经济性行驶车速由坡道燃油经济性动态规划算法来确定，该算法以 5.3.1 节中确定的平路经济行驶车速为系统初值，在速度、加速度以及转矩的约束下，不断地优化车辆行驶前方 L (m) 内的行驶速度轨迹，以优化坡道的燃油经济性。

设坡道经济性行驶优化算法的单次优化距离为 L，选定离散距离间隔为 Δs，将距离 L 平均分为 N 段；选定速度间隔为 Δv，将允许的速度区间 $[v_{\min}, v_{\max}]$ 平均分为 M 份，以 Δs 和 Δv 将上述系统在 v-s 平面进行离散。经过离散，系统共计包含 $N+1$ 个阶段，每个阶段包含 M 个状态变量，如图 5.5 所示。

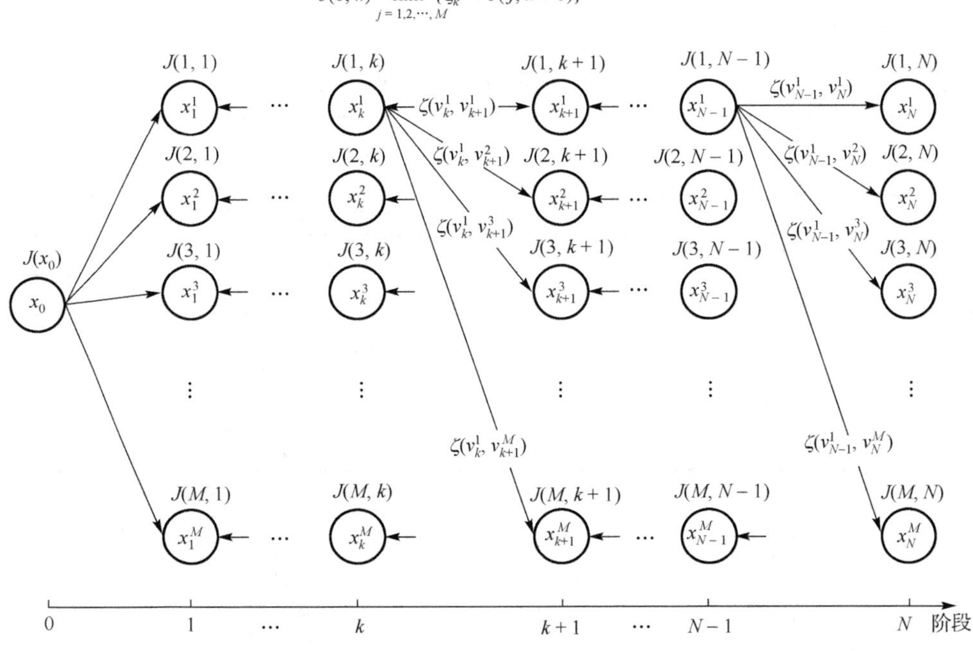

图 5.5　坡道经济性行驶优化算法离散和求解示意图

坡道经济性行驶优化算法具体实现过程如下。

(1) 初始化。令 k 代表阶段数，$k=0,1,\cdots,N-1,N$；i 代表 k 阶段的状态量序号，$i=1,2,\cdots,M-1,M$；j 代表 $k+1$ 阶段的状态量序号，$j=1,2,\cdots,M-1,M$；g 代表 k 阶段挡位序号，$g=1,2,\cdots,g_{\max}$。设置 $M\times(N+1)$ 阶系统状态变量矩阵（速度矩阵）$S_{M\times(N+1)}$、系统代价矩阵 $J_{M\times(N+1)}$、最优路径矩阵 $P_{M\times(N+1)}$ 以及最优挡位矩阵 $G_{M\times(N+1)}$。其中，$S_{M\times(N+1)}$ 中存储的是每个阶段的所有可能的状态 x_k^i，其计算方法如式 (5.34) 所示。J_k^i 中存放的是对应状态变量 x_k^i 至终端状态的总代价，所有元素

初值均为 INF。求解之前将终端代价设为 0，即 $J_N^i=0,\ i=1,2,\cdots,M$ 。P_k^i 中存放的是由对应状态至最终状态的最优路径，所有元素初值均为空，G_k^i 中存放的是状态 x_k^i 所处的挡位。

$$x_k^i=\begin{cases}v_{\min}+(i-1)\Delta v, & i=1,2,\cdots,N\\ v_{\mathrm{eco}}, & i=0\end{cases}\tag{5.34}$$

式中，x_k^i 为第 k 阶段第 i 个系统状态变量，单位为 km/h；$v_{\min}$ 为约束的最小速度，单位为 km/h；Δv 为用于离散的速度间隔，单位为 km/h。

(2) 逆向求解。

①令 $k=N-1,i=1,g=1,j=1$，计算挡位为 g 时，由 k 阶段状态 x_k^i 转变到 $k+1$ 阶段状态 x_{k+1}^j 的系统阶段代价 $\mathrm{cost}_{\mathrm{mf}}=\dfrac{\Delta s}{v_k}3.6f(T_{\mathrm{e}k},n_{\mathrm{e}k},v_k,a_k)$，以及由 k 阶段状态 x_k^i 经状态 x_{k+1}^j 转变到最终状态的总代价 $j_0=\mathrm{cost}_{\mathrm{mf}}+J_{k+1}^j$ 。如果 $j_0<J_k^i$，则令 $J_k^i=j_0$，且将 x_k^i 到 x_{k+1}^j 的路径变化与 P_{k+1}^j 中保存的最优路径一起存入 P_k^i 中，作为由 x_k^i 到终端状态的最优路径，将此时的挡位 g 存入 G_k^i 中。

②令 $j=j+1$，如果 $j<M$，则重复步骤①。

③令 $g=g+1,j=1$，如果 $g<g_{\max}$，则重复步骤①和②。

④令 $i=i+1,g=1,j=1$，如果 $i<M$，则重复步骤①～③。

⑤令 $k=k-1,i=1,g=1,j=1$，如果 $k\geqslant 0$，则重复步骤①～④。

⑥ $J_0^i,i=1,2,\cdots,M$ 即为以 x_0^i 为初始状态时，行过距离 L 所消耗的燃油消耗最小值，P_0^i 中保存的即为以 x_0^i 为初始状态时，行过距离 L 的最经济车速曲线。

(3) 正向求解：从初始状态 v_{eco} 出发，根据存储的最经济车速曲线以及最经济车速对应的挡位，可正向求解出各阶段所需的控制变量、阶段燃油消耗和行驶时间等量。

5.3.3　坡道经济性车速优化算法的 MATLAB 实现

利用MATLAB按5.3.2节中所述步骤编制m程序，并嵌入CarSim与MATLAB/Simulink 联合仿真模型，完成算法的仿真实现，如图 5.6 所示。联合仿真及优化算法中所用参数均为前面所述的CarSim中的一款D级轿车，其参数配置见表5.1。由图 5.6 可以看出，优化算法以车辆当前速度和位移为输入，以车辆的燃油经济性为优化目标，对车辆通过前方的速度轨迹进行优化，其输出为最经济的车速轨迹，提供给目标车辆进行控制。

由算法的实现过程可以发现，该算法的性能受诸多因素的影响，现将其总结如表 5.2 所示。其中，优化距离、阶段数以及间隔距离和速度离散间隔是综合考虑算法的时间和精度后的取值，速度约束通过在平路经济车速上下各变化 9km/h 获得；发动机转速工作范围通过 CarSim 仿真各种工况后观察常用转速区间而确定；Yi 和 Chung 指出，对驾驶员比较舒适的最大加速度为 2.5m/s^2[17]，因此将加速度限定在 2.5m/s^2 以内；转矩的限制仍然通过 CarSim 仿真各种工况后观察转矩所处范围并结合车辆的最大转矩确定。

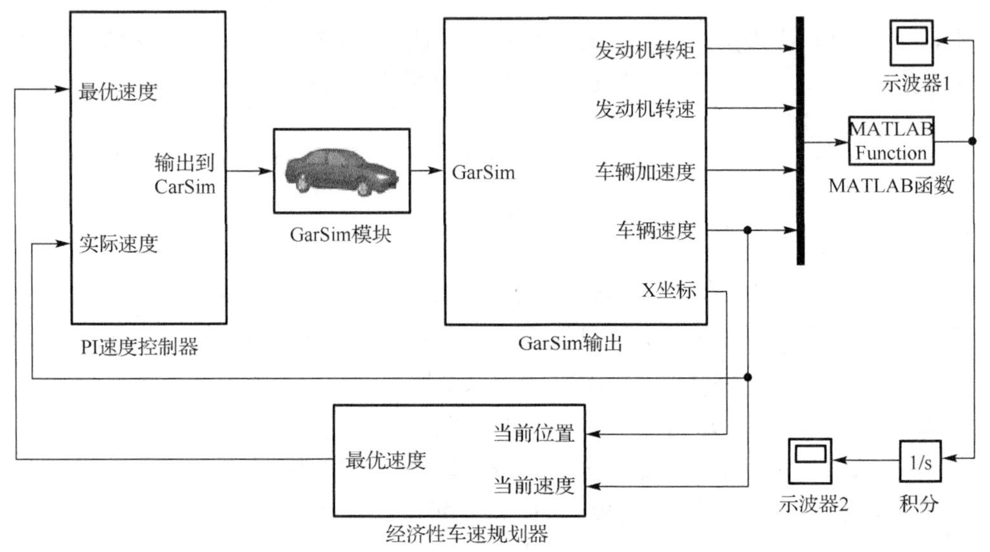

图 5.6　坡道经济性车速优化算法的 Simulink 模型图

表 5.2　算法关键参数及其数值

参数	功能	参数值
L	优化距离	1000m
$N+1$	算法求解时，将优化距离所划分的阶段数	51
Δs	相邻阶段的间隔距离 $L=N\Delta s$	20m
Δv	速度离散间隔	0.072km/h
$v_{\min}$	系统约束的最小允许速度	47km/h
$v_{\max}$	系统约束的最大允许速度	65km/h
n_{emax}	发动机正常工作范围的发动机转速上限	2300r/min
n_{emin}	发动机正常工作范围的发动机转速下限	1000r/min
$a_{\min}$	系统约束的最小允许加速度	–2.5m/s^2
$a_{\max}$	系统约束的最大允许加速度	2.5m/s^2
T_{emax}	系统约束的最大发动机转矩	140N · m
T_{emin}	系统约束的最小发动机转矩	–30N · m

5.4　坡道行驶的燃油经济性试验与验证

利用 MATLAB/Simulink 和 CarSim 联合仿真验证坡道经济性行驶优化算法的有效性。验证的对比组为定速巡航(cruise control，CC)算法，验证的工况主要包括简单的坡道(简单上坡、下坡以及上下坡组合坡道)以及真实道路信息工况。这里的真实道路信息工况指的是将真实道路的道路地形信息导入 CarSim 中建立的仿真工况。

5.4.1　定速巡航算法

对比组定速巡航算法主要跟随的是汽车在平路行驶的经济车速。该算法由两个 PI 控制器组成，一个控制加速踏板信号，另一个控制制动踏板信号。设需跟随的目标车速为 v_{ref} (km/h)，汽车实际的速度为 v_{act} (km/h)，则加速踏板信号和制动踏板信号可分别表示为

$$\text{Pedal}(t)=\begin{cases}0, & v_{\text{ref}}-v_{\text{act}}\leqslant 0\\ K_{\text{p}}(v_{\text{ref}}-v_{\text{act}})+I_{\text{p}}\int_0^t(v_{\text{ref}}-v_{\text{act}})\mathrm{d}t, & v_{\text{ref}}-v_{\text{act}}>0\end{cases}\tag{5.35}$$

$$\text{Brake}(t)=\begin{cases}0, & v_{\text{ref}}-v_{\text{act}}\geqslant 0\\ K_{\text{b}}(v_{\text{ref}}-v_{\text{act}})+I_{\text{b}}\int_0^t(v_{\text{ref}}-v_{\text{act}})\mathrm{d}t, & v_{\text{ref}}-v_{\text{act}}<0\end{cases}\tag{5.36}$$

加速踏板信号 Pedal(t) 的取值范围为 0～1，制动踏板信号 Brake(t) 的取值范围为 1～0。在同一时刻，二者只有一个发挥作用，另一个输出为 0。该定速巡航控制器 Simulink 模型如图 5.7 所示，控制器根据目标车速与实际车速计算得出加速踏板信号和制动踏板信号并输出给 CarSim 完成汽车速度跟随控制。两个 PI 控制器的比例系数和积分系数取值如表 5.3 所示。

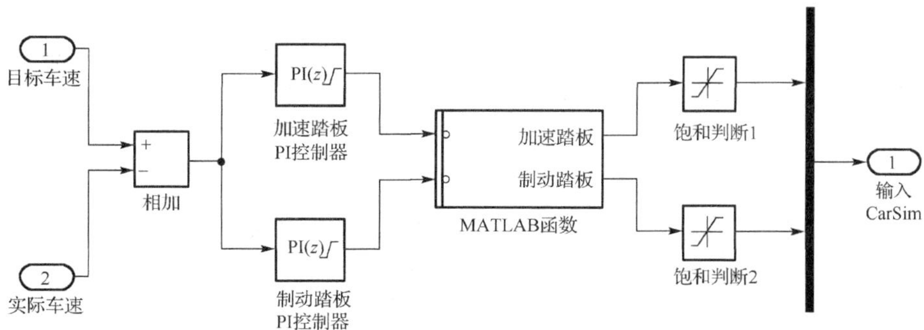

图 5.7　定速巡航控制器 Simulink 模型图

表 5.3　PI 控制器参数设置

变量	比例系数 P	积分系数 I
Pedal(t)	0.06	0.03
Brake(t)	0.07	0.02

5.4.2　简单坡道的验证

为验证算法的有效性，设计了不同平均坡度的简单上、下坡以及上下坡组合工况，且每种工况的总长度均为 1000m。下面分别介绍几种简单虚拟工况下的验证结果。

1. 简单上、下坡坡道的验证

简单上、下坡工况前 100m 为平路，紧接着为 800m 的平均坡度为 i_{grade} 的坡道，最后以 100m 的平路结束，如图 5.8 所示。设道路海拔为 h (m)，汽车位移为 s (m)，则图 5.8 中简单上、下坡工况可表示为

$$h(s)=\begin{cases}0, & s\in[0,100]\\ 4i_{\text{grade}}\sin\left(\dfrac{s-500}{800}\pi\right)+4i_{\text{grade}}, & s\in(100,900)\\ 8i_{\text{grade}}, & s\in[900,1000]\end{cases} \tag{5.37}$$

式中，i_{grade} 为上坡或下坡路段的平均坡度。

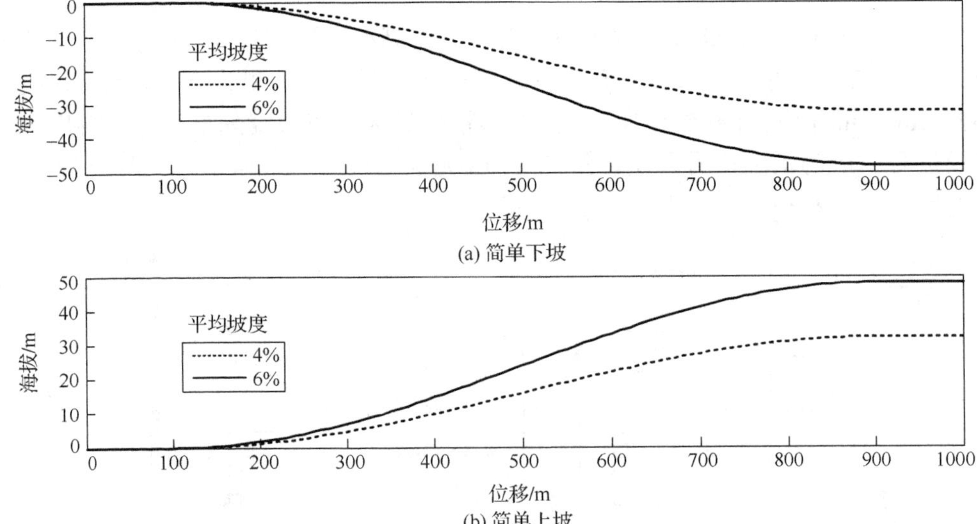

(a) 简单下坡

(b) 简单上坡

图 5.8　简单上、下坡工况示意图

道路坡道角 α 与道路海拔和位移的关系为

$$\alpha(s)=\arctan(h'(s)) \tag{5.38}$$

将式(5.37)代入式(5.38)中，得到道路坡道角 α 与汽车位移之间的关系为

$$\alpha(s)=\begin{cases}0, & s\in[0,100]\cup[900,1000]\\ \arctan\left[\dfrac{i_{\text{grade}}\pi}{200}\cos\left(\dfrac{s-500}{800}\pi\right)\right], & s\in(100,900)\end{cases} \tag{5.39}$$

将平均坡度 i_{grade} 分别设定为 4%和 6%，输入优化算法进行优化，并与定速巡航算法比较。图 5.9 和图 5.10 分别为平均坡度为 $i_{\text{grade}}=4\%$ 与 $i_{\text{grade}}=6\%$ 时的上坡的验证结果，虚线和实线分别代表定速巡航算法和坡道经济性行驶优化算法。定速巡航算法在跟随目标车速时需要一个短暂的过渡过程，这也是最开始速度出现较大波动的原因。在平均坡度 $i_{\text{grade}}=4\%$ 的上坡中，定速巡航算法消耗燃油 94.9016cm^3，而坡道经济性行驶优化算法消耗燃油 88.3629cm^3，节油约 6.89%。在平均坡度 $i_{\text{grade}}=6\%$ 的上坡中，定速巡航算法消耗燃油 120.5071cm^3，而坡道经济性行驶优化算法消耗燃油 113.7705cm^3，节油约 5.59%。可见，坡道经济性行驶优化

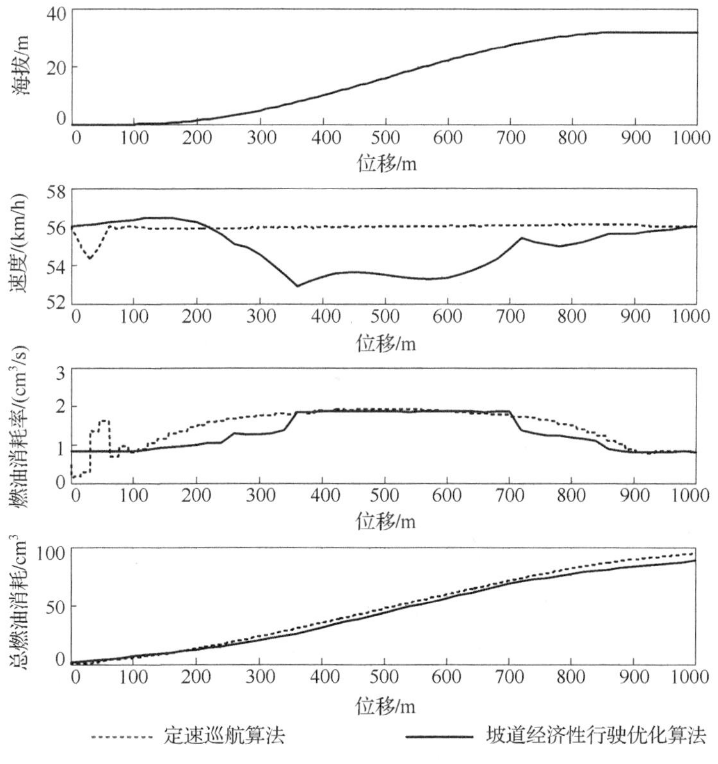

图 5.9　平均坡度为 4%的上坡验证结果

算法能够有效地实现节油，但随着坡度的增加，坡道经济性行驶优化算法的节油效果减弱。此外，从图 5.9 和图 5.10 中可以看出，经过优化后的速度轨迹在上坡前均有一段轻微加速的过程，这样避免了在上坡过程中的急加速，从而节省了燃油。

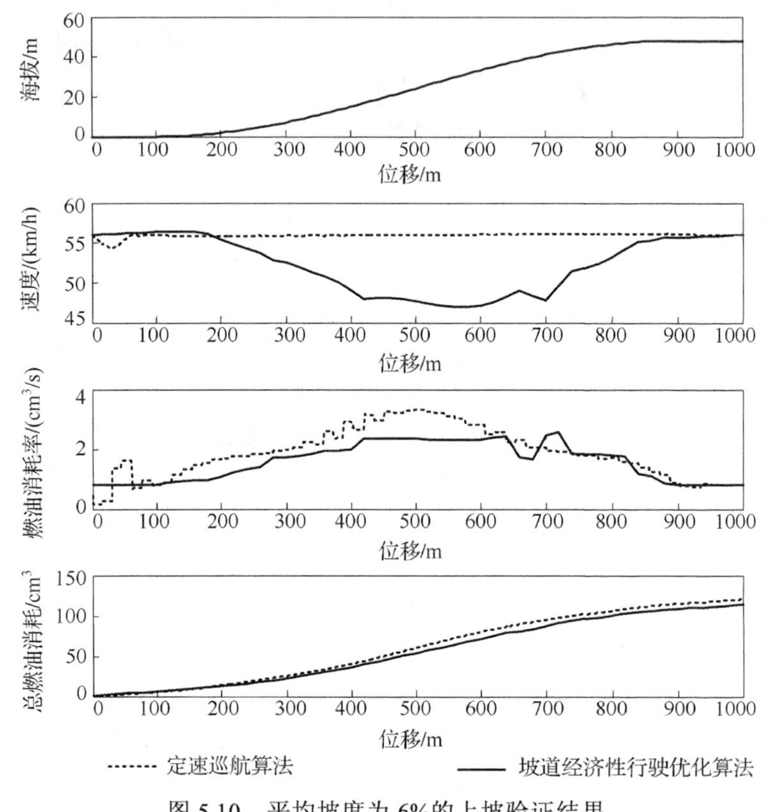

图 5.10　平均坡度为 6%的上坡验证结果

图 5.11 与图 5.12 分别为平均坡度为 $i_{grade}=4\%$ 与 $i_{grade}=6\%$ 时下坡的验证结果。其中，当平均坡度为 $i_{grade}=4\%$ 下坡时，定速巡航算法消耗燃油 23.3832cm^3，而坡道经济性行驶优化算法消耗燃油 17.5891cm^3，节油约 24.78%。当平均坡度为 $i_{grade}=6\%$ 下坡时，定速巡航算法消耗燃油 22.0398cm^3，坡道经济性行驶优化算法消耗燃油 13.1933cm^3，节油约 40.14%。可见，在下坡路段，坡道经济性行驶优化算法同样可以有效地节油，且随着坡度的加大，坡道经济性行驶优化算法的节油效果也增强。在同样的平均坡度下，坡道经济性行驶优化算法在下坡时的节油效果比上坡时更加显著。此外，图 5.11 与图 5.12 中，经过优化后的速度轨迹在下坡前都有轻微的减速过程。这样可以在进入下坡后充分地利用重力加速，又能够不使车速过快，从而实现了节油的目的。

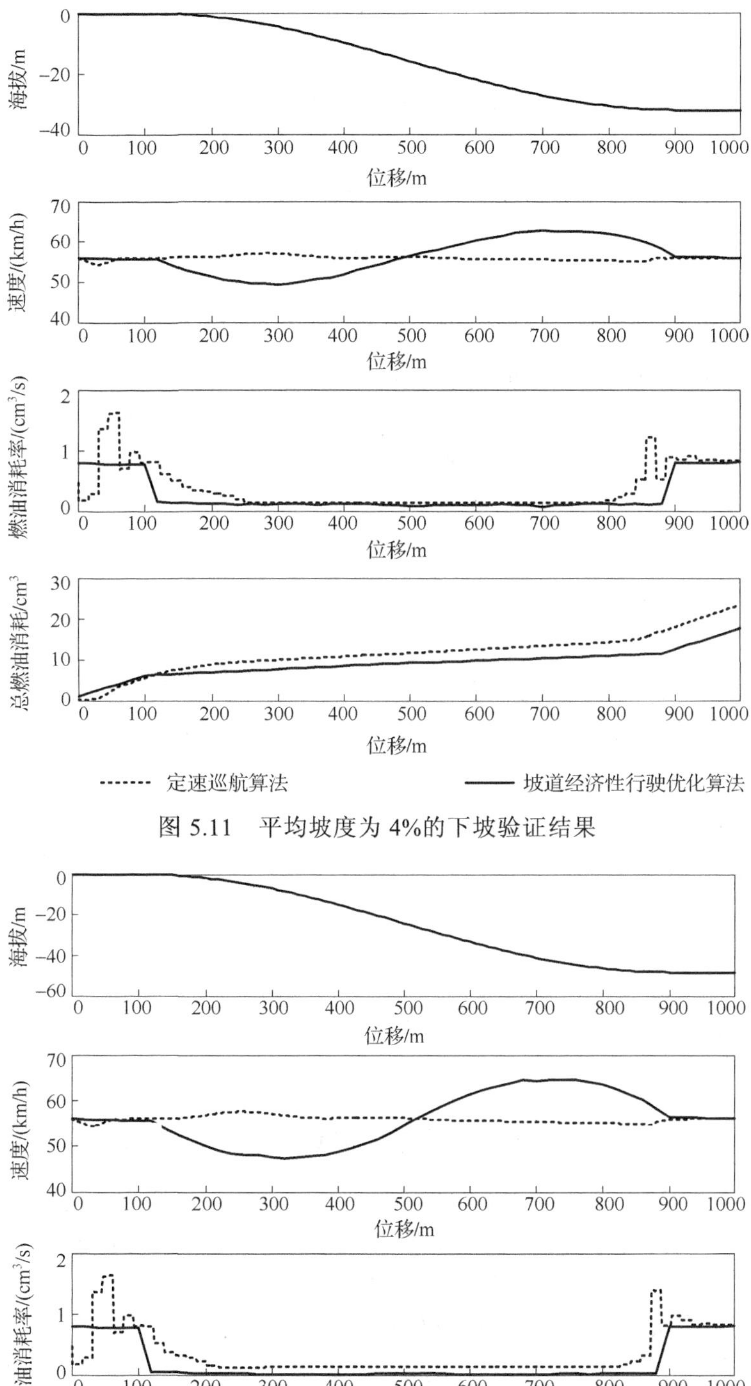

图 5.11　平均坡度为 4%的下坡验证结果

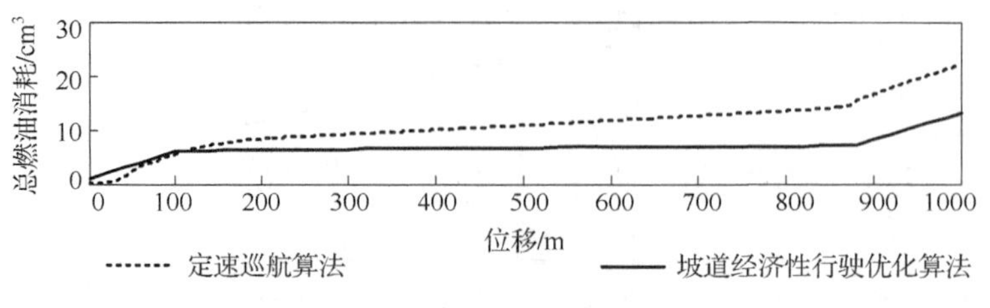

图 5.12　平均坡度为 6%的下坡验证结果

2. 上下坡组合坡道的验证

上下坡组合坡道全长 1000m，其中前 200m 为平路，紧接着为 300m 的平均道路坡度为 i_{grade} 的上坡道和平均道路坡度为 i_{grade} 的 300m 下坡道，最后以 200m 的平路结束，如图 5.13 所示。上下坡组合坡道的海拔 h、坡道角 α 与位移 s 的关系分别如式(5.40)与式(5.41)所示：

$$h(s)=\begin{cases}0, & s\in[0,200]\cup[800,1000]\\ 1.5i_{\text{grade}}\sin\left(\dfrac{s-350}{300}\pi\right)+1.5i_{\text{grade}}, & s\in(200,800)\end{cases} \tag{5.40}$$

$$\alpha(s)=\begin{cases}0, & s\in[0,200]\cup[800,1000]\\ \arctan\left[\dfrac{\pi i_{\text{grade}}}{200}\cos\left(\dfrac{s-350}{300}\pi\right)\right], & s\in(200,800)\end{cases} \tag{5.41}$$

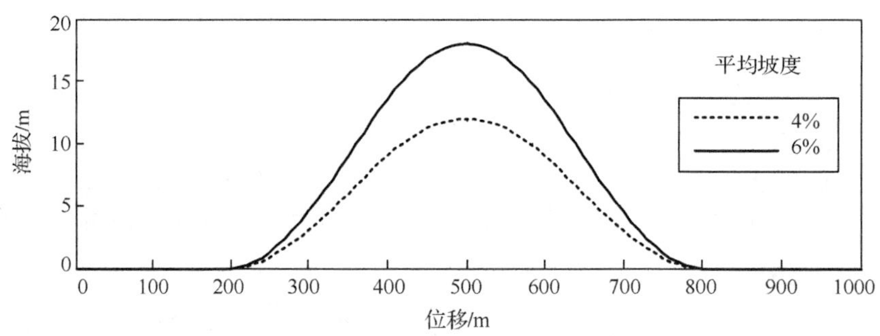

图 5.13　上下坡组合坡道工况示意图

图 5.14 与图 5.15 为坡道经济性行驶优化算法在上下坡组合坡道下的验证结果。其中，在平均坡度 $i_{\text{grade}}=4\%$ 的组合坡道中，定速巡航算法消耗燃油 59.4289cm³，而坡道经济性行驶优化算法消耗燃油 51.7032cm³，节油约 13%。在平均坡度 $i_{\text{grade}}=6\%$ 的组合坡道中，定速巡航算法消耗燃油 71.9982cm³，坡道经济性行驶优化算法消耗燃油 59.2256cm³，节油约 17.74%。可见，坡道经济性行驶优化算法节油效果显著，且随着平均坡度的增大，节油效果也随之提高。

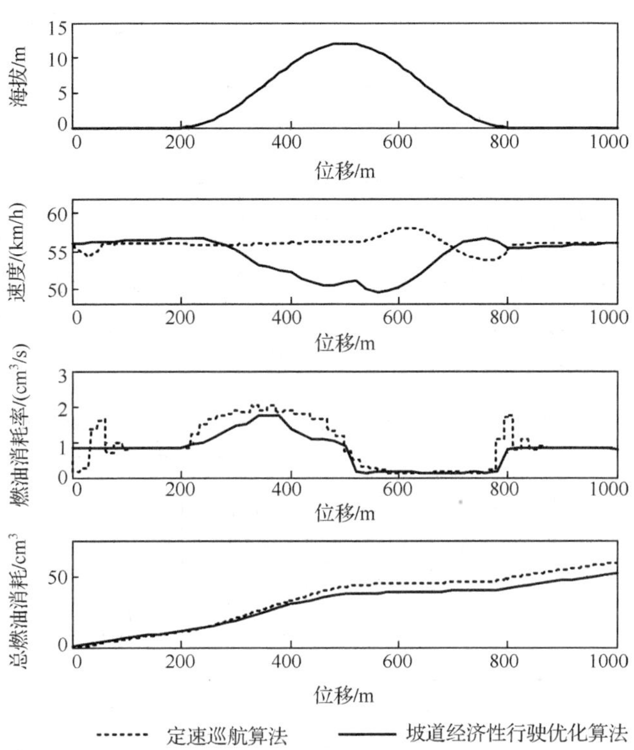

图 5.14　平均坡度为 4%的上下坡组合坡道验证结果

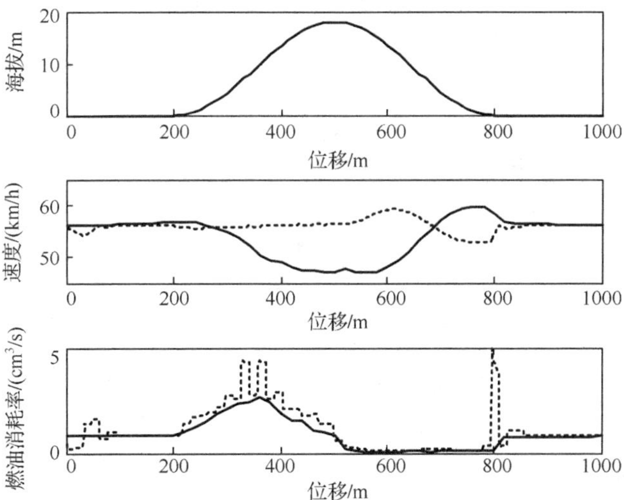

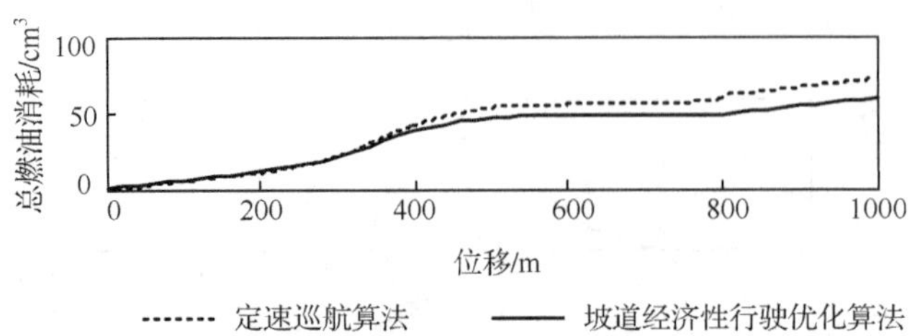

图 5.15　平均坡度为 6%的上下坡组合坡道验证结果

坡道经济性行驶优化算法在简单坡道的验证结果总结如表 5.4 所示。由表 5.4 可以看出，根据应用场合的不同，坡道经济性行驶优化算法相比于定速巡航算法可节油 5.59%～40.14%。

表 5.4　坡道经济性行驶优化算法在简单虚拟坡道的验证结果

算法	简单上坡		简单下坡		上下坡组合坡道	
	4%	6%	4%	6%	4%	6%
定速巡航/cm^3	94.9016	120.5071	23.3832	22.0398	59.4298	71.9982
坡道经济性行驶优化/cm^3	88.3629	113.7705	17.5891	13.1933	51.7032	59.2256
节油/%	6.89	5.59	24.78	40.14	13	17.74

5.4.3　真实道路信息下的验证

为了进一步验证坡道经济性行驶优化算法的有效性，利用真实的道路坡道信息对算法进行了验证。在 Cycleroute 上选取了经过德国马克苏尔(Marksuhl)第 84 号公路的一段长为 10km 的真实道路[18]。Cycleroute 可以提供道路上各点海拔信息，所选取的真实道路如图 5.16 所示。由图 5.16 可以看出这段路程的海拔几乎

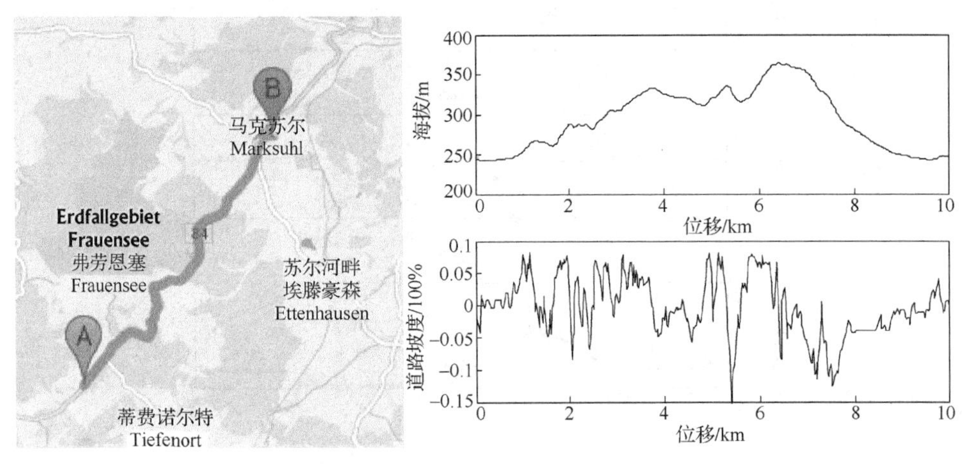

图 5.16　Marksuhl 真实道路信息

全在 250m 以上，其道路坡度则在–15%～9%变化。将这段真实道路的海拔、位移等信息导入 CarSim 中建立仿真工况用于坡道优化算法的有效性验证。

图 5.17 为从真实道路的 A 点到 B 点的坡道经济性行驶优化算法验证结果。本次验证中，定速巡航算法消耗燃油 651.8758cm^3，而坡道经济性行驶优化算法消耗燃油 512.7881cm^3，共计节油约 21.34%。5.4.2 节简单坡道的验证中发现的车速特点依然可以在图 5.17 中观察到，即坡道经济性行驶优化算法在上坡前有轻微的加速过程，以避免上坡过程中出现急加速，实现节油；在下坡前轻微减速，以保证算法充分利用重力的作用，实现节油。

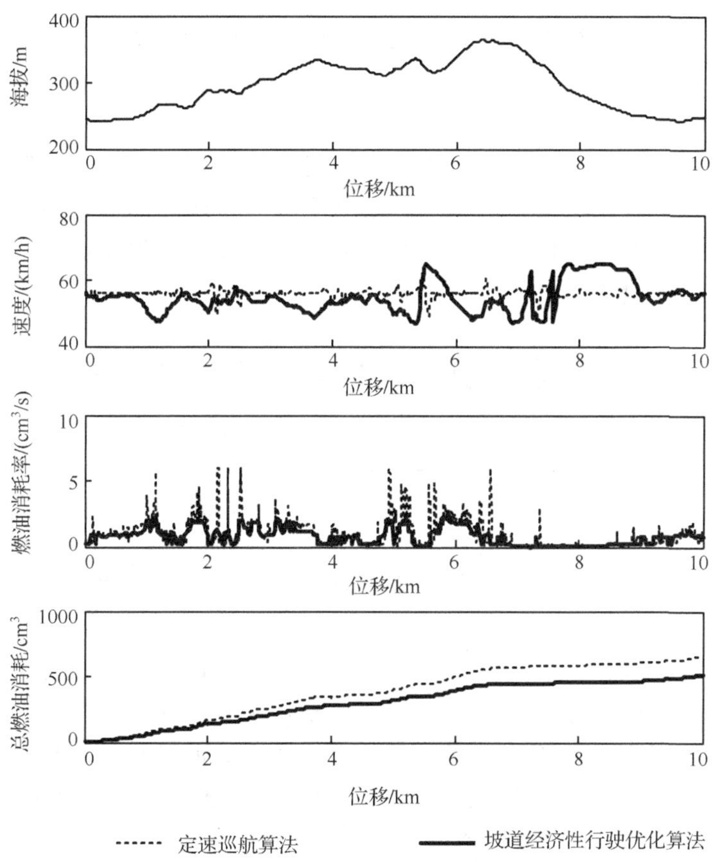

图 5.17　Marksuhl 真实道路验证结果

第 6 章　汽车弯道行驶的安全性研究

汽车弯道行驶时车速过快可能会引起汽车失稳，甚至导致事故发生。目前考虑弯道行驶的车速研究大多未全面考虑汽车状态和道路条件对汽车稳定性的影响，难以准确反映汽车实际运行状态。例如，汽车在弯道行驶过程中，由于车速过快或者路面湿滑，常常会出现侧滑现象。尤其在一些弯道极限行驶工况下，往往会出现高车速、过大前轮转角和较小地面附着系数的状况，此时根据汽车状态和道路几何线形对汽车极限车速的准确预测，对于驾驶员弯道行车安全以及汽车稳定性控制都具有重要意义。

本章主要对汽车弯道行驶稳定极限车速问题进行研究。基于绘制的相平面图分析汽车的稳定状态，采用合适的稳定域划分方法确定汽车的稳定性边界，进而根据汽车的当前状态和道路条件确定汽车在相应行驶条件下的稳态极限车速，为汽车弯道行驶安全车速的决策提供依据。

6.1　弯道行驶稳定极限车速问题的提出

稳定极限车速，就是在一定的道路条件和方向盘转角输入下，汽车在临近失稳状态前的最高行驶车速。该车速可应用于汽车弯道预警系统中，以预警车速的方式提醒驾驶员弯道安全行驶或者直接用于稳定性控制系统开发。以稳定极限车速作为反映汽车稳定性的指标，对驾驶员来说更具直观性和可操作性，便于驾驶员适时改变车速来提高汽车弯道行驶的稳定性。

图 6.1 是假设道路上没有其他汽车的干扰、限速标志以及道路交通流的影响，驾驶员可以按照预期车速自由驾驶时的弯道稳定极限车速示意图。汽车可以从高精度电子地图中获得前方弯道的曲率信息，进而转化成前轮转角信息；同时可以根据路面情况(沥青、水泥路)判断道路附着情况，从而根据已知的前轮转角和地面附着系数，结合对汽车稳定域的划分和边界条件分析，确定该行驶工况下的稳定极限车速。

本章研究思路如下：以汽车侧向动力学模型为基础，结合相平面分析理论，以质心侧偏角、质心侧偏角速度为系统稳定性表征参数，以前轮转角、地面附着系数和车速为稳定性分析参数，利用五菱形法划分稳定区域，得到汽车在某一特定工况下的稳定极限车速，进而根据行驶工况的不同，得到汽车在不同行驶条件下的稳定极限车速。

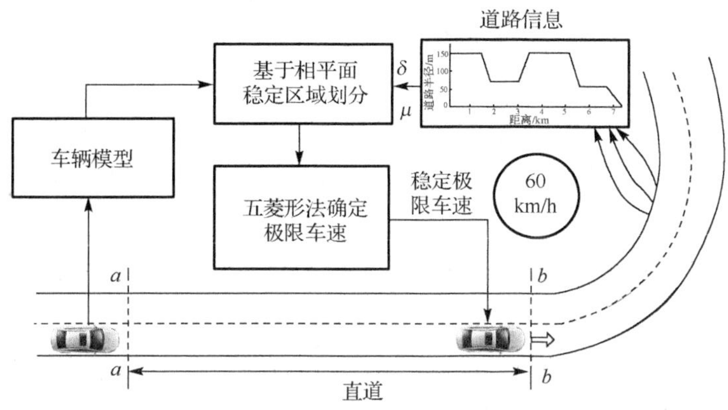

图 6.1　汽车弯道稳定极限车速示意图

6.2　基于相平面法的汽车稳定极限车速的分析

相平面法是庞加莱(Poincare)于 1885 年提出的，是一种分析求解非线性二阶常微分方程的方法。与传统数值解法不同，该方法是基于时域变化得到系统的相轨迹图像，进而分析系统的稳定性。随着计算机技术的发展，该图解法的优势明显且得到了广泛的应用。

6.2.1　相平面理论的提出

对于描述一个任意的二阶非线性系统，其微分方程可表示为

$$\ddot{x}+f(x,\dot{x})=0 \tag{6.1}$$

若令 x、$\dot{x}$ 为相变量，可将式(6.1)转化为如下的一阶方程组：

$$\begin{cases}\dfrac{\mathrm{d}x}{\mathrm{d}t}=\dot{x}\\[2ex]\dfrac{\mathrm{d}\dot{x}}{\mathrm{d}t}=\ddot{x}=-f(x,\dot{x})\end{cases} \tag{6.2}$$

联立式(6.1)和式(6.2)，即可得到消除时间变量后的一阶微分方程：

$$\frac{\mathrm{d}\dot{x}}{\mathrm{d}x}=\frac{-f(x,\dot{x})}{\dot{x}} \tag{6.3}$$

通过式(6.3)可以计算出相轨迹通过坐标点$(x,\dot{x})$处的斜率。同时，也可以用图解法绘制出该点随自变量 x 变化的相轨迹。

依上所述，以 x 和 $\dot{x}$ 构成的平面直角坐标系空间，称为相平面。该系统于某一时刻 t 在相平面上的状态，对应着平面坐标系上的特定点$(x(t),\dot{x}(t))$。在相平面图上，不同走势的簇线是以时间为参变量构成的互不相交的曲线集合，称为相轨迹。

相平面图具有以下四个方面的特点。

1) 相平面图具有对称性

相平面图上的相轨迹线分布一般是关于原点对称或者空间坐标轴对称的。相平面的对称性可以用相轨迹的大致走势和分布以及相轨迹斜率来判断。

2) 相平面中奇点和普通点的区别

相平面上的任意一点 $(x,\dot{x})$，若不是同时满足条件：$\dot{x}=0$ 且 $f(x,\dot{x})=0$，则根据式(6.3)计算的斜率是唯一的。可见，有且仅有一条相轨迹是穿过该点的，诸如这样的点就是普通点。在相平面上，如果同时满足上述两个条件，则可以得到

$$\frac{f(x,\dot{x})}{\dot{x}}=\frac{-f(x,\dot{x})}{\dot{x}}=\frac{0}{0} \tag{6.4}$$

式(6.4)说明穿过该点的相轨迹线，在该点处的斜率不只一个，则可得出穿过该点的相轨迹线不只一条，该点即为奇点。显而易见，奇点只分布在相平面的 x 轴上。

奇点作为一类特殊的点，又可以分为稳定节点、不稳定节点和鞍点等类型，如图 6.2 所示。

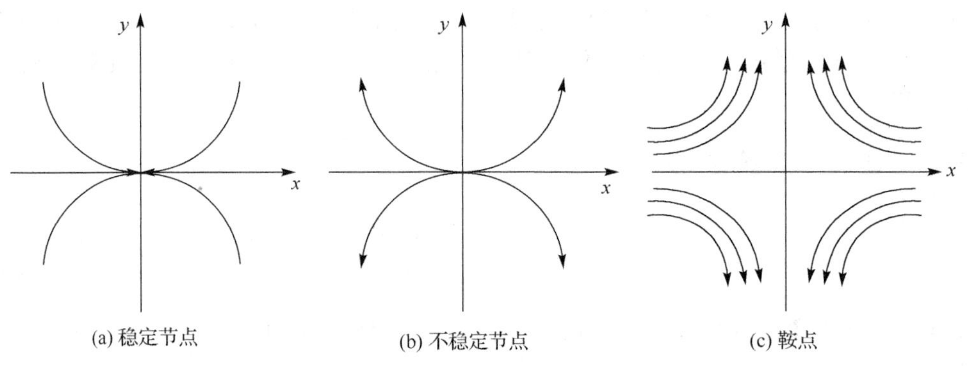

(a) 稳定节点　　(b) 不稳定节点　　(c) 鞍点

图 6.2　部分奇点类型示意图

图 6.2(a)中相轨迹能够收敛到一点，该点就是稳定节点，该系统为稳定系统；如图 6.2(b)所示，若从交点向外发散，说明该点是不稳定节点，该系统是不稳定的；如图 6.2(c)所示，系统的奇点为鞍点时，相轨迹为一簇双曲线，鞍点处的各象限的轨迹线均无限接近于 x 轴。

3) 相轨迹线与 x 轴相交时的斜率特点

在 x 轴上，所有点都满足 $\dot{x}=0$。除了奇点外，相轨迹线在穿过 x 轴时交点的斜率为

$$\frac{f(x,\dot{x})}{\dot{x}}=\frac{-f(x,\dot{x})}{\dot{x}}=\infty \tag{6.5}$$

式(6.5)说明，除了奇点外，穿过 x 轴处的交点斜率都是与 x 轴正交的。

4)相轨迹线移动方向的特点

在相平面空间的 y 轴正向，$\dot{x}>0$，说明 x 随着系统状态的转移而增大，该系统变化产生的相轨迹是从左到右生成的；同理可得，在 y 轴负向，$\dot{x}<0$，说明 x 随着系统状态的转移而减小，所以系统变化产生的相轨迹是从右到左生成的。

6.2.2 稳定性分析参数的选取

在研究汽车稳定性问题时，汽车横摆角速度、质心侧偏角是表征汽车状态的关键参数。在实际分析时，这两个参数又相互耦合。汽车在弯道行驶时，实际航向角 φ 与其横摆角速度 ω_r 和质心侧偏角 β 有关，其关系如下：

$$\varphi = \beta + \int \omega_r \mathrm{d}t \tag{6.6}$$

汽车航向角与汽车转向密切相关，反映汽车实际运动状态。汽车转向半径随航向角的增大而减小，反之亦然。横摆角速度的积分构成横摆角，质心侧偏角是纵向车速与横向车速的比值，两者叠加最终决定汽车的转向大小，所以共同对汽车的运动状态产生影响。

对于分析汽车在特殊工况下引起的失稳问题，采用相平面法分析有两种途径：一种是根据汽车的质心侧偏角 β 和横摆角速度 ω_r 构成的相平面(β-ω_r 域)进行分析；另一种是根据汽车的质心侧偏角 β 和质心侧偏角速度 $\dot{\beta}$ 构成的相平面(β-$\dot{\beta}$ 域)进行分析。在汽车稳定性分析中，失去稳定性意味着汽车已经出现滑移和激转等现象，此时一般会出现较大的 β 角。在一些极限工况下，分析汽车稳定性最重要的是分析质心侧偏角的时域变化。

Inagaki 等[19]认为与 β-ω_r 域分析相比，β-$\dot{\beta}$ 域相轨迹的稳定节点始终落在横坐标轴上，更适合分析汽车侧向运动状态特性，有利于稳定相轨迹区域的划分。据此，本节所有研究都是基于 β-$\dot{\beta}$ 域相平面分析展开的。

从力学分析出发，根据魔术公式和汽车动力学方程，当汽车速度、前轮转角和地面附着系数变化时，汽车的运动状态也会发生变化，对应的相平面轨迹也可能随之不同。接下来，分别分析这三个参数对相平面图的影响。

1. 汽车速度对相平面图的影响

图 6.3 是不同汽车速度下的相平面图。由图 6.3 可知，当前轮转角为 0° 时，稳定节点始终落在坐标原点。随着汽车速度的提高，能收敛到坐标原点的相轨迹线条数明显减少，且在高速下的相平面图的稳定相轨迹簇线有被“压扁”的趋势。说明当汽车速度提高时，汽车的相平面稳定区域变小，稳定性逐步丧失。

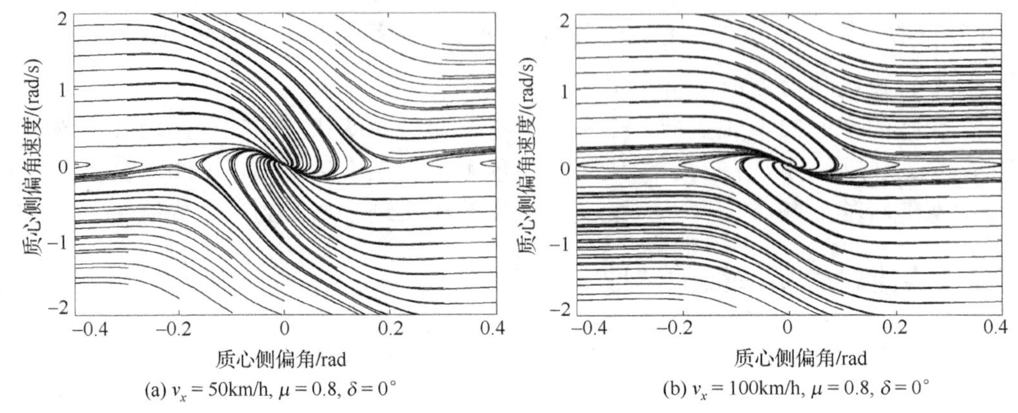

(a) $v_x = 50\text{km/h}, \mu = 0.8, \delta = 0^\circ$　　(b) $v_x = 100\text{km/h}, \mu = 0.8, \delta = 0^\circ$

图 6.3　不同汽车速度下的相平面图

2. 前轮转角对相平面图的影响

图 6.4 是不同前轮转角下的相平面图。由图 6.4 可知，当前轮转角为 0° 时，图 6.4(a) 中的稳定节点落在坐标原点，稳定相轨迹区域较大；当出现前轮转角时，如图 6.4(b) 所示，此时相平面的稳定节点不再是原点位置，而是落在 x 轴原点一侧，此时左右两侧区域已经明显表现不对称。所以，随着前轮转角的增大，汽车的稳定性也在丧失。

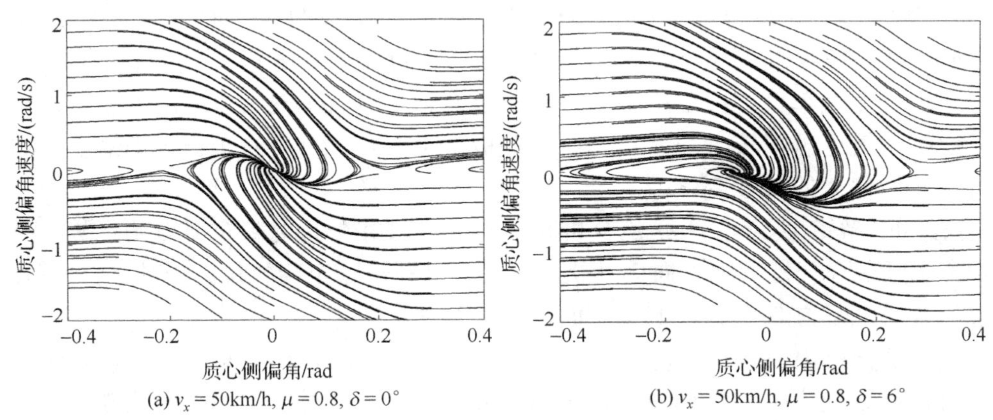

(a) $v_x = 50\text{km/h}, \mu = 0.8, \delta = 0^\circ$　　(b) $v_x = 50\text{km/h}, \mu = 0.8, \delta = 6^\circ$

图 6.4　不同前轮转角下的相平面图

3. 地面附着系数对相平面图的影响

图 6.5 是不同地面附着系数下的相平面图。由图 6.5(a) 可知，汽车在良好路面上行驶时，相平面内的轨迹线大部分是收敛到坐标原点的；而在低附着路面上行驶时，从图 6.5(b) 中可以发现能够收敛到坐标原点的轨迹线已经明显减少，即汽车处于不稳定的状态。说明随着地面附着系数的降低，汽车的不稳定性在增加。

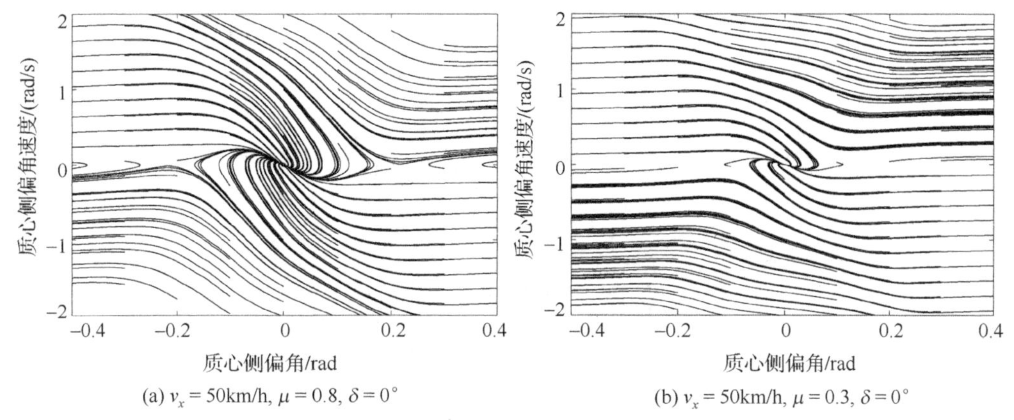

(a) $v_x = 50\text{km/h}, \mu = 0.8, \delta = 0°$　　(b) $v_x = 50\text{km/h}, \mu = 0.3, \delta = 0°$

图 6.5　不同地面附着系数下的相平面图

综上所述，汽车速度、前轮转角和地面附着系数与汽车的稳定状态密切相关。当这三个参数变化时，可以绘制出汽车在不同条件下的相平面图，因此，将这三个参数作为研究汽车弯道行驶稳定极限汽车速度的基础。

6.3　基于相平面法的稳定区域划分

根据前面分析可知，汽车行驶时的稳定性可由表征汽车运动状态的参数 β 和 $\dot{\beta}$ 构成的相平面图来反映。但为了精确分析，对相平面图稳定相轨迹区域的准确划分是十分必要的。在稳定相轨迹区域内，从任何初始状态出发的相轨迹线都会收敛于稳定节点，而那些向外发散的无法收敛到平衡点的相轨迹线区域称为非稳定相轨迹区域。

稳定相轨迹区域和非稳定相轨迹区域示意图如图 6.6 所示。由相平面轨迹线分布可知，位于第一和第三象限的相轨迹无法收敛于稳定点，因此该区域是不稳定的。而位于第二和第四象限的相轨迹能够收敛于稳定点，故该区域相轨迹是稳定的。采用相平面图分析汽车稳定性时，主要是利用不同稳定性分析参数变化下的 β-$\dot{\beta}$ 图来确定稳定性边界。当相轨迹曲线在稳定边界之内时，可以说明汽车处于稳定状态；当相轨迹曲线在稳定边界之外时，说明汽车已经无法恢复稳态域，此时汽车已经处于失稳状态。

对于相平面图稳定相轨迹区域的划分，一般来说，可以用一组对称的平行线围成的区域来表示，而两平行线之外的区域则可视为非稳定相轨迹区域。描述该平行线的数学表达式如下：

$$\left|\dot{\beta}+k_0\beta\right| \leqslant c_1 \tag{6.7}$$

式中，k_0 为平行线斜率；c_1 为边界系数。

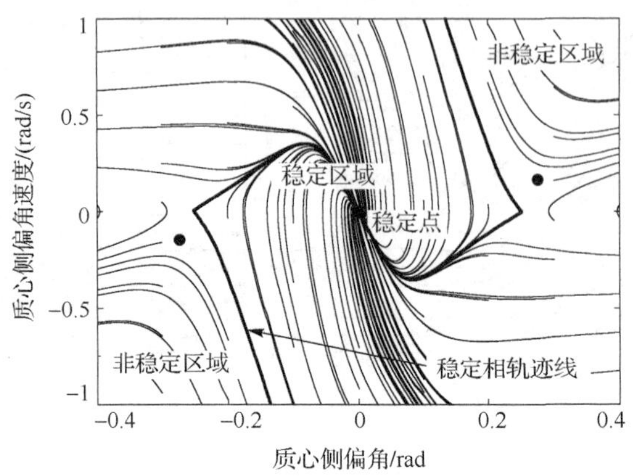

图 6.6 相平面法各区域划分示意图

用平行线法来划分相平面图的稳定区域，参数较少，表示较为简单，能适用于大多数情况下的相平面图的分析。但是对于分析稳定极限车速来说，汽车常常处于临界稳定的状态，此时的相平面轨迹线收敛区域明显变窄且变化非常剧烈，此时平行线法已经难以适用，平行线法划分稳定相轨迹区域的适用性分析如图 6.7 所示。

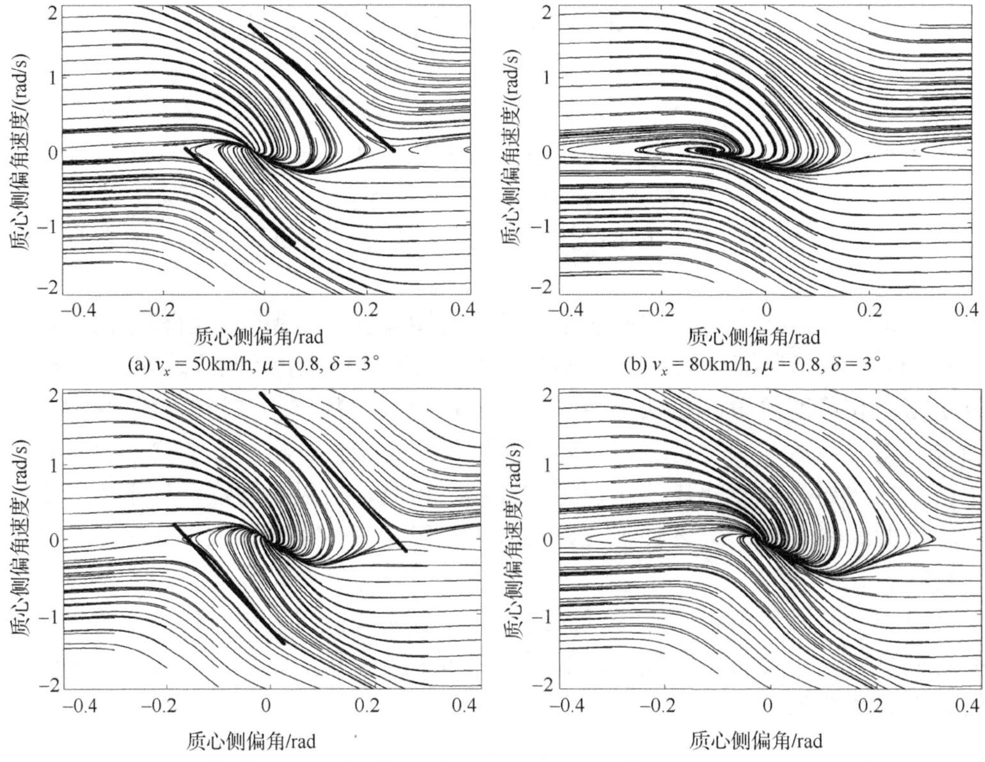

(a) $v_x = 50\text{km/h}, \mu = 0.8, \delta = 3°$

(b) $v_x = 80\text{km/h}, \mu = 0.8, \delta = 3°$

(c) $v_x = 40\text{km/h}, \mu = 0.8, \delta = 3°$

(d) $v_x = 40\text{km/h}, \mu = 0.8, \delta = 7°$

图 6.7 平行线法划分稳定相轨迹区域的适用性分析

由图 6.7 可知，随着车速和前轮转角的增大，相平面图中收敛到稳定节点的相轨迹越来越少，且稳定节点附近的相轨迹簇线向左侧突出较为明显，说明相轨迹线已较难收敛到稳定节点，而且两侧临界边界已经明显不对称了，此时采用平行线法划分稳定相轨迹区域已经明显不适用了。

针对平行线法划分稳态区域的不足，Chung 等[20]认为基于 β-$\dot{\beta}$ 构成的相平面，其稳定相轨迹区域可采用菱形法来确定，构成菱形的左右端点为相图鞍点，上下端点坐标都落在 y 轴上。Vietinghoff 等[21]通过实验验证了采用菱形法划分稳定相轨迹区域的有效性。在此基础上，熊璐等[22,23]提出采用五菱形法对汽车稳定性区域进行划分。相对于一般菱形法，五菱形法需要五个点的坐标，即稳定节点的 β 值，上下端点的 $\dot{\beta}$ 值和左右鞍点的 β 值，该方法确定稳定性区域划分规则较为明确，通过各工况的验证表明五菱形法确定稳定相轨迹区域准确性较高。五菱形法示意图如图 6.8 所示。

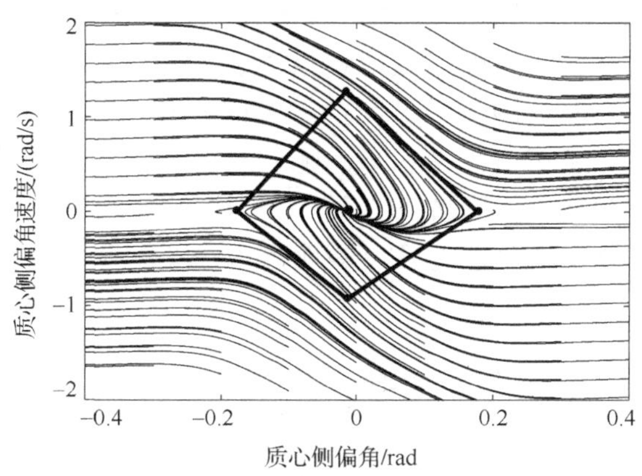

图 6.8　五菱形法划分稳定相轨迹区域（v_x=60km/h, μ=0.8, δ=1°）

如图 6.8 所示，四边形包围的区域即为五菱形法确立的稳定相轨迹区域，五个圆点即为确定菱形位置的五个坐标位置。五菱形法确立五个参数位置的具体规则如下：菱形中间的点为稳定节点，落在 x 轴上；菱形左右两个端点是鞍点，也落在 x 轴上；上下两个端点的横坐标位置与稳定节点的横坐标一致，纵坐标由稳定相轨迹区域的上下边界所确定。至此，决定菱形形状的五个点的坐标都可以准确得到。

6.4　弯道行驶稳定极限车速的分析

为求某一前轮转角和固定地面附着系数下的汽车弯道稳定极限车速，需要绘制不同车速下的相平面图，接着采用五菱形法划分得到稳定相轨迹区域数据库，进而根据汽车自身相轨迹是否超出菱形稳定边界，判断汽车在该工况下的汽车稳定极限车速。最终，根据汽车行驶条件的不同，可以得到汽车在不同工况下的稳定极限车速 Map 图。

6.4.1 特定工况下的稳定极限车速分析

由日常驾驶经验可知，汽车在不同前轮转角和地面附着系数下的弯道稳定极限车速是不同的。如汽车在大转角高速行驶时，驾驶员很难操纵汽车按照预期路径行驶；同样，在低附着系数路面上(如雨天路面或结冰路面)，车速过快则很容易导致汽车侧滑。

接下来，首先分析汽车在某一前轮转角和地面附着系数下的汽车弯道稳定极限车速。假设汽车前轮转角为 5°，地面附着系数为 0.8，车速从 30km/h 到 55km/h 的速度区间，每间隔 5km/h 绘制一个相平面图，进而划分不同车速下的汽车稳定相轨迹区域。

由图 6.9 可知，随着车速的提高，相平面图的稳定节点在横坐标轴上不断向左偏移。当车速较低时，如图 6.9(a)、图 6.9(b)和图 6.9(c)所示，五菱形法划分的稳定相轨迹区域左右两侧大致对称，且稳定相轨迹区域内的相轨迹比较密集。但随着车速的提高，如图 6.9(d)、图 6.9(e)和图 6.9(f)所示，五菱形法划分的稳定相轨迹区域其左半侧区域在明显缩小，而右半侧区域变化不大，此时稳定相轨迹区域的左右两半侧已经明显不对称。如图 6.9(f)所示，当车速 v_x=55km/h 时，稳定节点左侧的稳定区域内的轨迹线已经寥寥无几，说明汽车在此车速下受到扰动时已经很难恢复到稳定状态。

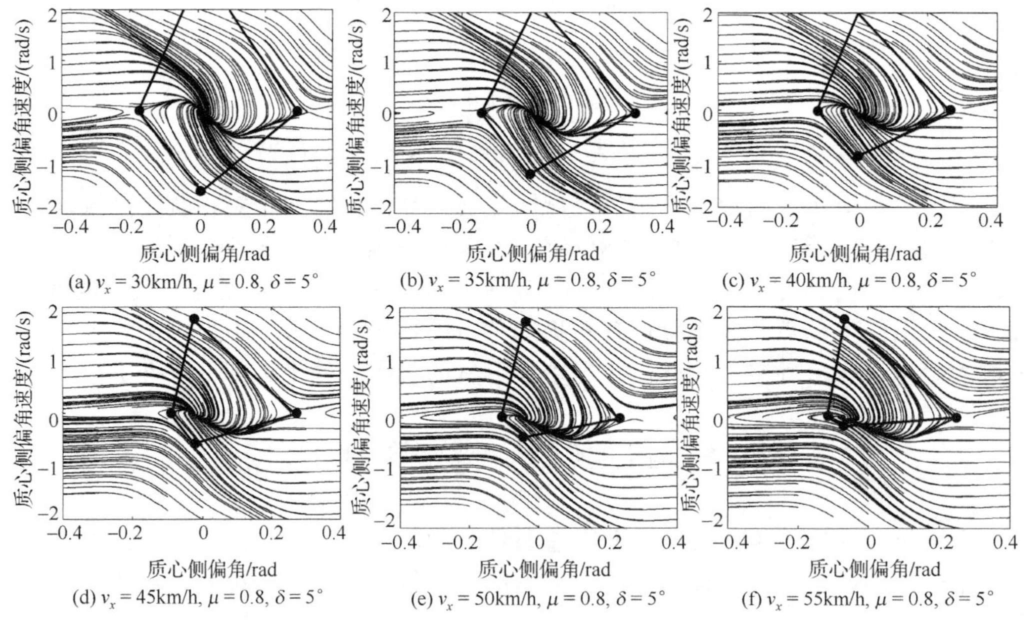

图 6.9 汽车在不同车速下相平面图稳定相轨迹区域划分(μ=0.8, δ=5°)

由以上分析可知，通过五菱形法划分的稳定相轨迹区域，随着车速的提高，稳定相轨迹区域左右两半侧的不对称性逐渐提高。当菱形一侧已经非常小时，可判定汽车已经处于不稳定状态。表 6.1 给出了不同车速下五菱形法的取值。

表 6.1　不同车速下五菱形法取值

车速/(km/h)	稳定节点/rad	上端点/(rad/s)	下端点/(rad/s)	左端点/rad	右端点/rad
30	0.012	2.44	−1.51	−0.18	0.29
35	0	2.17	−1.23	−0.14	0.31
40	−0.012	2.01	−0.96	−0.11	0.27
45	−0.028	1.80	−0.55	−0.06	0.30
50	−0.048	1.73	−0.27	−0.05	0.29
55	−0.076	1.72	−0.08	−0.04	0.31

分析表 6.1 可知，随着车速的提高，相平面图的稳定节点从横轴正向逐渐向负向移动。对于上、下端点来说，上端点纵坐标在逐渐减小，但变化较小，而下端点纵坐标却明显从负半轴向稳定节点靠近；对于左、右端点来说，右端点纵坐标较为稳定，而左端点纵坐标也是明显从负半轴向稳定节点靠近。进一步分析各端点到稳定节点的距离，可绘制成图 6.10。

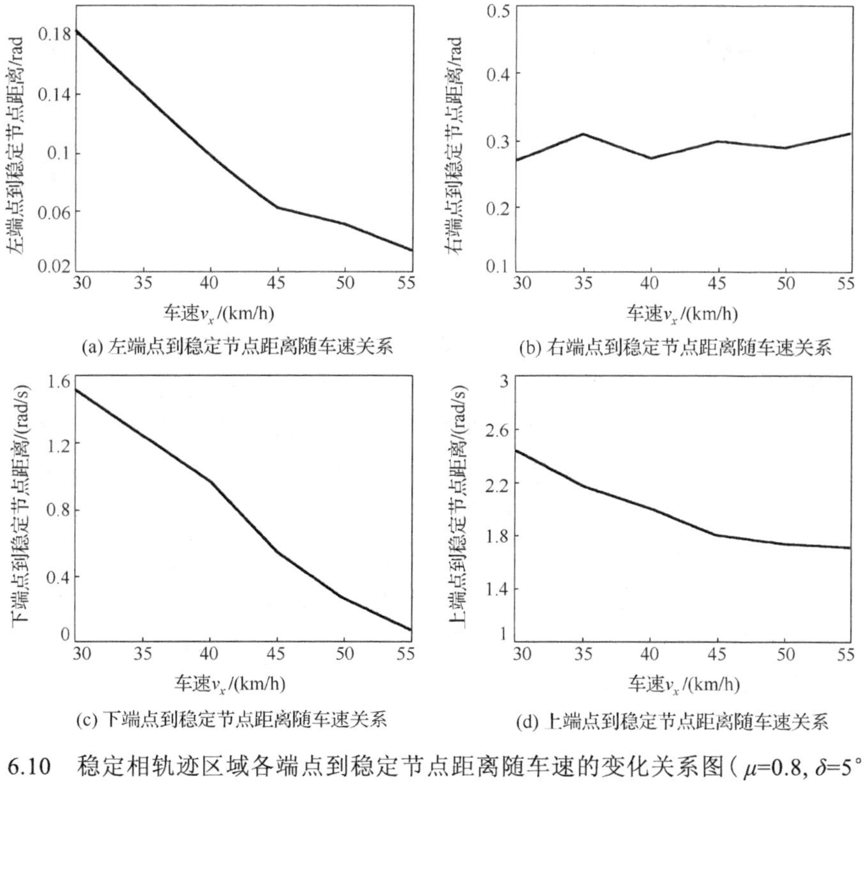

(a) 左端点到稳定节点距离随车速关系

(b) 右端点到稳定节点距离随车速关系

(c) 下端点到稳定节点距离随车速关系

(d) 上端点到稳定节点距离随车速关系

图 6.10　稳定相轨迹区域各端点到稳定节点距离随车速的变化关系图（μ=0.8, δ=5°）

由图 6.10(a)和图 6.10(c)可知，左端点和下端点随着车速的提高不断向稳定节点靠近，直至为 0，而右端点和上端点到稳定节点的距离变化较为缓慢。所以不难得出，在车速较高时菱形左侧端点趋近于稳定节点，此时汽车已经处于不稳定状态。所以，采用五菱形法可以有效直观地划分稳定区域。

在划分出稳定相轨迹区域之后，接下来的工作是根据稳定区域，判断汽车在该工况下的稳定极限车速。根据上述分析可知，汽车在不同车速、地面附着系数和前轮转角的情况下，系统的相平面轨迹是不同的，采用五菱形法划分的区域也是不一样的。研究稳定极限车速，首先是要分析并划分汽车的稳定相轨迹区域，再根据汽车在该工况下的自身相轨迹线，结合菱形稳定边界，判断该轨迹线是否处于稳定相轨迹区域边界，最终得到该工况下的稳定极限车速，具体确定方法如图 6.11 所示。

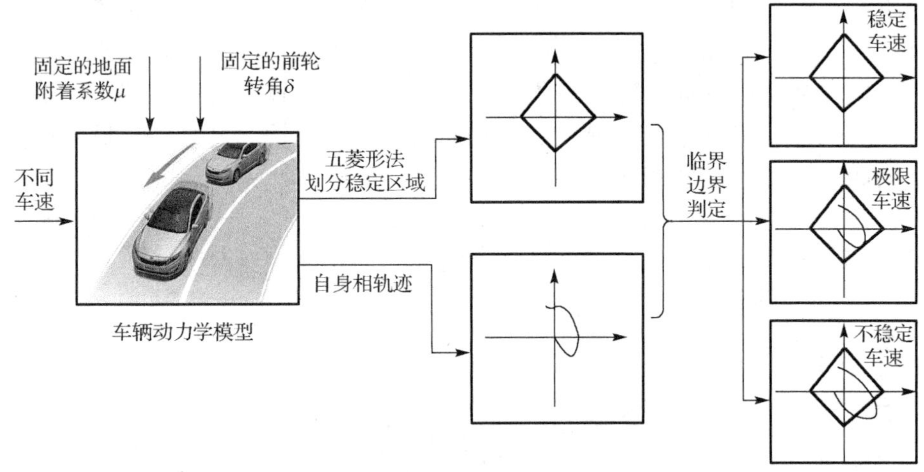

图 6.11　稳定极限车速确定方法示意图

如图 6.11 所示，为求某一地面附着系数和前轮转角下的稳定极限车速，根据车速的不同绘制相应的相平面图，利用五菱形法划分出稳定区域边界，同时根据汽车动力学模型得到汽车自身相轨迹线，判断该轨迹线与稳定区域边界的关系。若自身相轨迹线在稳定区域内，则汽车是处于稳定状态的；若自身相轨迹线跨越稳定区域，则汽车已经处于不稳定状态；而当自身相轨迹恰好与稳定区域边界相切时，汽车处于临界稳定状态，该车速即可作为汽车在该工况下的稳定极限车速。

继续分析汽车在前轮转角为 5°，地面附着系数为 0.8 时的稳定极限车速。由图 6.9(f)可知，在车速为 55km/h 时汽车已经临界失稳。下面，分别绘制汽车在车速为 40km/h、53km/h 和 60km/h 下的自身轨迹线与稳定区域边界的关系图，如图 6.12 所示。

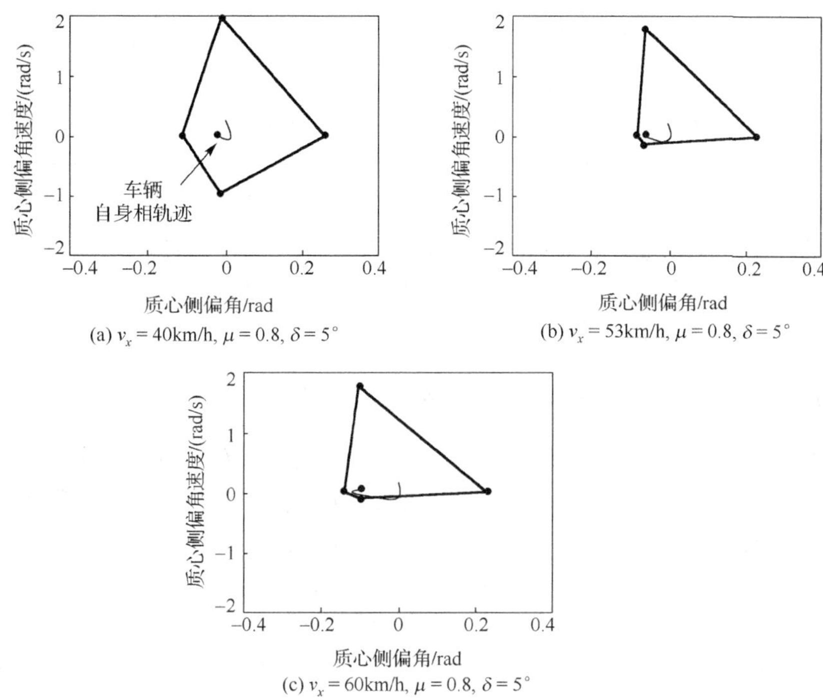

图 6.12　不同车速下自身轨迹线与稳定区域边界的关系图

由图 6.12(a)可知，当车速较低时，汽车自身相轨迹线在菱形范围内，此时汽车是处于稳定状态的。由图 6.12(c)可知，当车速偏高时，可以发现，汽车自身相轨迹线已经超出菱形范围，此时汽车状态已经不稳定了。而由图 6.12(b)可见，汽车自身相轨迹线恰好与菱形边界相交。因此可以判断汽车在前轮转角为 5°，地面附着系数为 0.8 时的稳定极限车速为 53km/h。

为了验证该工况下稳定极限车速的有效性，分别绘制汽车速度为 48km/h，53km/h 和 58km/h 时的 β 和 $\dot{\beta}$ 变化，如图 6.13 所示。

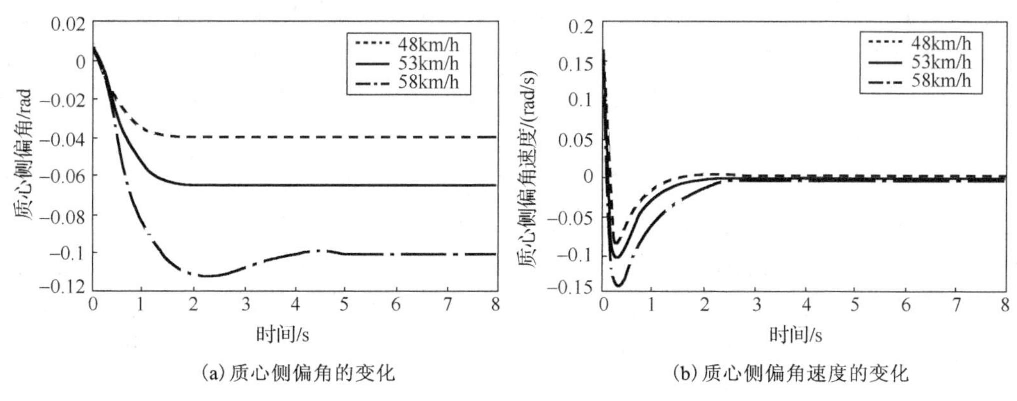

图 6.13　稳定极限车速附近质心侧偏角及其角速度变化示意图(μ=0.8, δ=5°)

通过观察图 6.13 不难看出，在车速较低(v_x=48km/h)时，质心侧偏角变化平滑且幅值较小，同时质心侧偏角速度也能较快趋近于 0，说明汽车此时是稳定的。而当车速较快(v_x=58km/h)时,可以发现汽车的质心侧偏角幅值明显增大且产生较大超调量，同时质心侧偏角速度也很难收敛到 x 轴，说明此时汽车已经较难恢复到稳定状态。驾驶员在此车速下会感到不适，从而可能引发误操作，所以对于驾驶员来说是不安全的。而当车速为 53km/h 时，质心侧偏角的超调量较小，而且质心侧偏角速度也能在 2s 内趋近于 0，说明汽车能较快恢复到稳定状态，从而进一步验证了该车速即为该工况下的稳定极限车速。

6.4.2　不同行驶工况下的稳定极限车速 Map 图

由前面分析可知，汽车在特定地面附着系数和前轮转角的情况下，会得到相应的稳定极限车速。稳定极限车速 Map 图，就是当汽车在不同地面附着系数和不同前轮转角输入的情况下，确定汽车在相应工况下的稳定极限车速。

根据汽车自身的相轨迹线与五菱形法确定的稳定区域边界，可以得到汽车在特定行驶工况下的稳定极限车速。同样，当输入不同的地面附着系数和前轮转角时，也可以得到汽车在相应行驶条件下的稳定极限车速。在通常环境下，地面附着系数取值如表 6.2 所示。

表 6.2　不同路面下的附着系数

路面类型	地面附着系数	路面类型	地面附着系数
干铺设路面	0.85～0.95	沥青路面	0.5～0.7
湿水泥路面	0.75～0.80	新鲜雪路面	0.20～0.25
湿沥青路面	0.60～0.75	压实雪路面	0.2
湿碎石路面	0.60～0.75	冰路面	0.1

由表 6.2 可知，地面附着系数的通常取值范围为[0.1, 0.95]。前轮转角取值在[1°, 8°]内时可包括绝大部分弯道下的前轮转向情形，为了更直观反映道路曲率对弯道稳定极限车速的影响，可将前轮转角转换成相应的道路弯曲度。为此，可绘制出在不同行驶条件下汽车稳定极限车速与地面附着系数和道路弯曲度的关系图，如图 6.14 所示。

根据图 6.14 可知，随着道路弯曲度的增大和地面附着系数的降低，汽车的稳定极限车速在不断下降，这也与实际驾驶经验相符。该稳定极限车速 Map 图可根据汽车自身参数提前绘制得到。当汽车在某一特定条件下行驶时，可以根据高精度电子地图提供的道路曲率，以及地面道路类型，查表得到该行驶条件下的稳定极限车速，该车速不仅可以作为预警车速提醒驾驶员安全过弯，而且可以作为控制输入直接对汽车的稳定性进行控制。

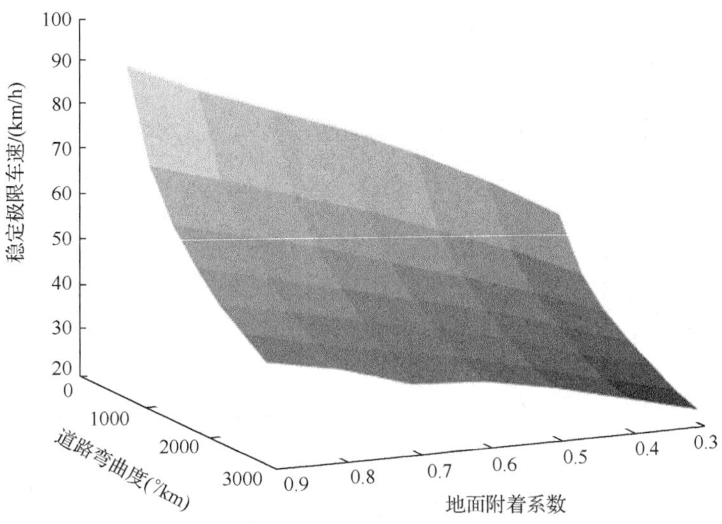

图 6.14　不同行驶条件下的汽车稳定极限车速 Map 图

第 7 章　汽车弯道行驶的燃油经济性研究

研究表明，汽车在水平固定曲率的弯道上行驶时经济性车速是恒定的，而汽车在直道上的稳态经济性车速与单一固定曲率弯道上的稳态经济性车速是不同的。同时，汽车通常会有减速入弯和加速出弯的驾驶特征。如何控制车速使汽车弯道行驶时燃油经济性最佳，是本章要研究的问题。

在本章中，首先对所研究问题进行分析，包括应用前景介绍和中国道路设计标准介绍；其次，在对单一固定曲率弯道的稳态经济性车速推导的基础上，分析不同道路弯曲度下的稳态经济性车速；然后，利用动态规划算法求解出从汽车驶入到驶离弯道时的经济性车速轨迹；最后，将汽车的换道也看成一种弯道行驶路况，根据设定的换道轨迹对汽车换道经济性车速轨迹进行研究。

7.1　水平弯曲道路经济性车速问题分析

7.1.1　水平弯曲道路经济性车速问题的提出

道路场景为乡村地区双车道二级公路。由于这样的道路弯道较多，且道路曲率变化范围较大，弯道节油技术有广泛的应用前景。假设道路中没有交通信号灯及其他汽车干扰，汽车可以根据高精度电子地图得到的前方道路信息(道路曲率、道路长度)，合理地规划出汽车经济性车速轨迹，使汽车通过弯道时的燃油消耗最少。弯道经济性车速示意图如图 7.1 所示。

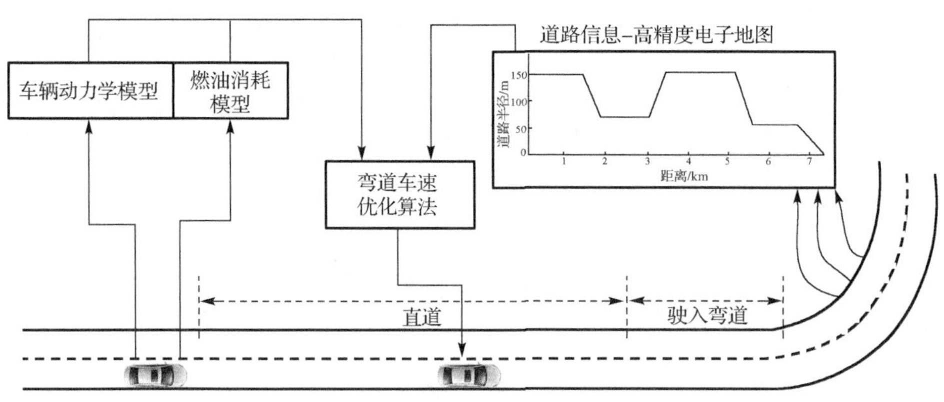

图 7.1　弯道经济性车速示意图

弯道经济性车速的研究思路如下：汽车以某一初始速度行驶，当前方弯道信息已知时，在低于安全车速的前提下，结合汽车车辆动力学模型和燃油消耗模型，利用动态规划算法对汽车的行驶速度轨迹提前进行优化，使通过弯道时的燃油消耗量最少。

7.1.2 应用前景分析

Hellström 等[24]指出，在较小曲率半径弯道下行驶的汽车燃油消耗与直道相比增加明显。由此可以得出，道路曲率对燃油消耗的影响不容忽视，同时可知弯道节油车速规划技术主要针对的是较小曲率半径的弯道场景。接下来，从道路设计规范和道路交通发展来说明弯道节油技术的适用性。

1. 道路设计规范

根据《城市道路工程设计规范》（CJJ 37—2012）[25]等道路设计标准可以获得中国各等级公路的设计要求，该要求如表 7.1 所示。

表 7.1　道路设计要求

道路等级		高速公路					一级公路		二级公路		三级公路		四级公路	
车道数		6	4	4	4	4	4	4	2	2	2	2	1～2	
半径/m	通常	1000		700	400	200	700	200	400	100	200	65	100	30
	最小	650		400	250	125	400	125	250	60	125	30	60	15

由表 7.1 可知，高速公路弯道半径通常是大于 200m 的；三级和四级公路的弯道半径可以小于 100m，这类道路通常是乡村公路。可见，乡村公路的道路曲率信息更加丰富，为弯道节油技术的应用提供了更广泛的实际应用场景。

2. 道路交通发展

道路交通的发展对推动城乡经济发展具有重要作用，国家持续不断地推动各等级公路的建设。据《2016 年交通运输行业发展统计公报》报道[26]，截至 2016 年底，全国公路总里程为 469.63 万公里，其中乡村公路里程为 395.98 万公里，三、四级公路占比 77.2%，如图 7.2 所示。

由图 7.2 可见，乡村公路在我国公路总里程的占比非常可观。随着汽车的普及，汽车在乡村公路弯道下行驶也是非常常见的场景，为弯道燃油技术的应用提供了巨大的潜能。

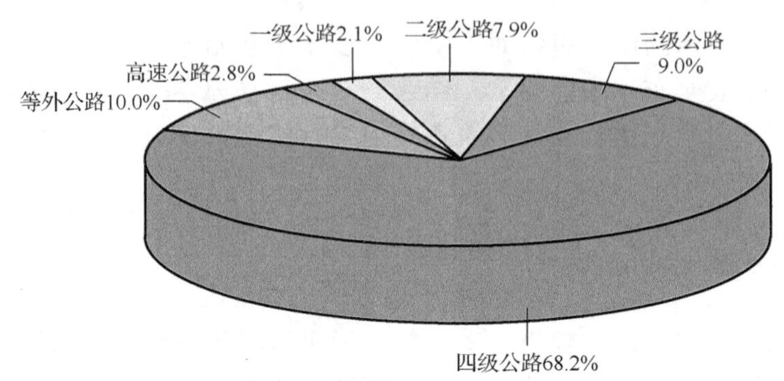

图 7.2　2016 年全国各等级公路占比构成

等外公路是指尚未达到任何公路等级标准的公路，在郊区农村道路中比较常见

7.1.3　弯道道路设计标准

考虑到实际道路线性设计标准，平面道路通常由直线、圆曲线和缓和曲线三种类型构成。缓和曲线通常被用作直线和圆曲线之间的曲率连续变化的过渡曲线，以提高驾驶员过弯的舒适性。我国道路线性设计标准推荐使用的缓和曲线是回旋线，其通常由长度量纲 A(m)、道路半径 R(m)和回旋线长度 L_s(m)决定，即

$$A^2 = RL_s \tag{7.1}$$

式中，长度量纲 A 可根据经验值确定，同时，回旋线长度 L_s 的最小值也受到道路设计标准的约束，相关标准对缓和曲线最短长度作出限制，如表 7.2 所示[25]。

表 7.2　最短缓和曲线设计标准

道路等级		一级公路		二级公路		三级公路		四级公路	
车道数		4	4	2	2	2	2	1～2	
弯道半径/m	通常	700	200	400	100	200	65	100	30
	最小	400	125	250	60	125	30	60	15
最短缓和曲线/m		85	50	70	35	50	25	35	20

7.2　单一曲率弯道的稳态经济性车速推导及求解

7.2.1　基于极小值原理的弯道稳态经济性车速推导

当汽车在单一曲率弯道上稳定行驶时，可以视汽车的质心侧偏角为理想值 0，即 β=0。汽车纵向的动力学平衡方程为

$$m_{\text{eff}}\dot{v}_x = \frac{i\eta}{r_{\text{w}}}T_{\text{e}} - C_x v_x^2 - F_{\text{r}} - F_{y\text{f}}\sin\delta \tag{7.2}$$

式中，m_{eff} 为汽车等效质量，单位为 kg，$m_{\mathrm{eff}}=m+(I_{\mathrm{w}}+I_{\mathrm{e}}\eta i^2)/r_{\mathrm{w}}^2$。

若不考虑汽车换挡的影响，则发动机转矩 T_{e} 可表示为

$$T_{\mathrm{e}}=c_1\dot{v}_x+c_2v_x^2+c_3 \tag{7.3}$$

式中，$c_1=m_{\mathrm{eff}}r_{\mathrm{w}}/(i\eta)$；$c_2=C_xr_{\mathrm{w}}/(i\eta)$；$c_3=-(F_{\mathrm{r}}+F_{y\mathrm{f}}\sin\delta)r_{\mathrm{w}}/(i\eta)$，并且 c_1、c_2、c_3 都是常数项。

联立式(7.2)和式(7.3)，可得

$$\dot{v}=a_{\mathrm{d}}+\kappa_1v^2+\kappa_2 \tag{7.4}$$

式中，$a_{\mathrm{d}}=i\eta T_{\mathrm{e}}/(m_{\mathrm{eff}}r_{\mathrm{w}})$，$a_{\mathrm{d}}$ 为发动机驱动产生的加速度，单位为 $\mathrm{m/s^2}$；$\kappa_1=-C_x/m_{\mathrm{eff}}$ 和 $\kappa_2=-(F_{\mathrm{r}}+F_{y\mathrm{f}}\sin\delta)/m_{\mathrm{eff}}$ 都是常数项。

单一曲率弯道经济性车速问题可以视为最优问题求解，以汽车行驶里程 x 为状态变量，以 a_{d} 为系统控制输入，即 $u=a_{\mathrm{d}}$，则该问题可以用极小值原理进行求解，问题定义如下：

$$\min \mathrm{FC}=\int_0^{t_{\mathrm{f}}}\dot{m}_{\mathrm{s}}(T_{\mathrm{e}},\ \omega_{\mathrm{e}})\mathrm{d}t \tag{7.5}$$

系统状态方程为

$$\begin{bmatrix}\dot{x}\\ \dot{v}\end{bmatrix}=\begin{bmatrix}v\\ a_{\mathrm{d}}+\kappa_1v^2+\kappa_2\end{bmatrix} \tag{7.6}$$

约束条件为

$$0\leqslant a_{\mathrm{d}}\leqslant a_{\mathrm{d}}^{\max} \tag{7.7}$$

式中，FC 为总的燃油消耗，单位为 $\mathrm{cm^3}$；$\dot{m}_{\mathrm{s}}$ 为稳态燃油消耗率，单位为 $\mathrm{cm^3/s}$，该变量是发动机转矩和转速的函数；$a_{\mathrm{d}}^{\max}$ 是发动机转矩所能产生的最大汽车加速度，单位为 $\mathrm{m/s^2}$。

求解的目标是寻找最佳的控制输入使得目标函数 FC 最小，在此之前，一个典型的发动机稳态油耗模型是需要的，通常可近似为

$$\dot{m}_{\mathrm{s}}=C_1T_{\mathrm{e}}\omega_{\mathrm{e}}+C_2T_{\mathrm{e}}+C_3\omega_{\mathrm{e}}+C_4 \tag{7.8}$$

式中，C_1、C_2、C_3、C_4 都是常数项。

结合式(7.2)，式(7.8)可以用车速和汽车加速度来表示：

$$\dot{m}_{\mathrm{s}}=\alpha_0+\alpha_1v+\alpha_2v^2+\alpha_3v^3+(\beta_0+\beta_1v)\dot{v} \tag{7.9}$$

式中，$\alpha_0\sim\alpha_3$ 和 β_0、β_1 都是常数项合成之后的常系数。

根据极小值原理，结合式(7.5)和式(7.6)，并乘以相应的有限状态矢量(co-state vector) $\lambda=[\lambda_1,\ \lambda_2]^{\mathrm{T}}$，则标准哈密顿函数可定义为

$$H=\dot{m}_{\mathrm{s}}+\lambda_1v+\lambda_2(a_{\mathrm{d}}+\kappa_1v^2+\kappa_2) \tag{7.10}$$

为了求得最优解，极小值原理指出最优解必须满足哈密顿函数最小化的条件，因此可以求得以下偏导：

$$H_u = \frac{\partial H}{\partial u} = \beta_0 + \beta_1 v + \lambda_2 \tag{7.11}$$

由于式(7.11)不包含控制变量 a_{d}，故结合极小值原理可得

$$u_{\mathrm{e}}^* = \begin{cases} a_{\mathrm{d}}^{\max}, & \beta_0+\beta_1 v+\lambda_2 < 0 \\ 0, & \beta_0+\beta_1 v+\lambda_2 > 0 \\ a_{\mathrm{d}}^{\mathrm{sing}}, & \beta_0+\beta_1 v+\lambda_2 = 0 \end{cases} \tag{7.12}$$

同时，极小值原理的必要条件保证了系统的最优轨迹满足正则方程，即 $\dot{\lambda}_1 = -H_x$ 和 $\dot{\lambda}_2 = -H_v$，可得

$$\dot{\lambda}_1 = -\frac{\partial H}{\partial x} = 0 \tag{7.13}$$

$$\dot{\lambda}_2 = -\frac{\partial H}{\partial v} = -(\beta_1 \dot{v} + \alpha_1 + 2\alpha_2 v + 3\alpha_3 v^2 + \lambda_1 + 2\lambda_2 \kappa_1 v) \tag{7.14}$$

式(7.12)表明最优控制输入在区间$[0, a_{\mathrm{d}}^{\max}]$。当 $H_u= 0$ 时，该系统的最优解由一段奇异弧所确定，而控制输入的上、下限即为上述控制输入的区间范围。接下来，我们考虑控制输入沿着奇异弧的最优解情况。

若 $H_u= 0$，可以得到以下公式：

$$H_u = \beta_0 + \beta_1 v + \lambda_2 = 0 \tag{7.15}$$

因为式(7.15)适用于一定时长的奇异弧情况，所以其对时间求导必须为 0，也就是 $\frac{\mathrm{d}^n}{\mathrm{d}t^n}\left(\frac{\partial H}{\partial u_{\mathrm{e}}}\right) = 0$。结合式(7.13)和式(7.14)可以得到

$$\begin{aligned} &\frac{\mathrm{d}}{\mathrm{d}t}\frac{\partial H}{\partial u_{\mathrm{e}}} = \beta_1 \dot{v} + \dot{\lambda}_2 = 0 \\ &\Rightarrow\ \beta_1 \dot{v} - (\beta_1 \dot{v} + \alpha_1 + 2\alpha_2 v + 3\alpha_3 v^2 + \lambda_1 + 2\lambda_2 \kappa_1 v) = 0 \end{aligned} \tag{7.16}$$

把 λ_2 的表达式代入式(7.16)，式(7.16)可以改写成

$$\alpha_1 + (2\alpha_2 - 2\kappa_1\beta_0)v + (3\alpha_3 - 2\kappa_1\beta_1)v^2 + \lambda_1 = 0 \tag{7.17}$$

式(7.17)对时间二次求导后可以得到下列公式：

$$\begin{aligned} &\frac{\mathrm{d}^2}{\mathrm{d}t^2}\frac{\partial H}{\partial u_{\mathrm{e}}} = (2\alpha_2 - 2\kappa_1\beta_0)\dot{v} + 2(3\alpha_3 - 2\kappa_1\beta_1)v\dot{v} = 0 \\ &\Rightarrow [2\alpha_2 - 2\kappa_1\beta_0 + 2(3\alpha_3 - 2\kappa_1\beta_1)v](a_{\mathrm{d}} + \kappa_1 v^2 + \kappa_2) = 0 \end{aligned} \tag{7.18}$$

由式(7.18)可知，当 $a_d=-\kappa_1 v^2-\kappa_2$ 时，等式恒成立，说明 $\dot{v}\equiv 0$。从而说明，汽车在圆周道路上行驶时经济性车速为恒定车速。

7.2.2　单一曲率弯道的稳态经济性车速求解

由前面分析可知，汽车在单一曲率弯道上行驶的经济性车速为一定值，但不同圆周道路对应不同的稳态经济性车速 $v_{\text{e-cur}}$，接下来就是要求解不同弯道所对应的 $v_{\text{e-cur}}$。当汽车在水平弯曲道路上以稳态经济性车速行驶时，加速度 $\dot{v}=0$，可得汽车稳态行驶时的发动机转矩表达式，如式(7.19)所示：

$$T_e=\frac{r_w}{i\eta}(F_{yf}\sin\delta+C_x v_x^2+F_r-mv_y\omega_r) \tag{7.19}$$

当汽车在圆周半径为 R 的弯道上行驶时，求该弯道稳态经济性车速的思路是：将车速离散化，并结合不同的传动比，利用 BIT-TFCM 模型计算该曲率半径道路下不同车速的单位行驶距离燃油消耗 FC，通过搜寻总过程燃油消耗率最低值便可得到对应的 $v_{\text{e-cur}}$，具体算法如下。

(1) 确定 R 值，利用公式 $\delta=\arcsin(L/R)$ 得到前轮转角，限定约束条件。

(2) $k=1$ 挡，利用 $n_e=vi/(0.377r_w)$ 换算相应发动机转速，并每隔一个单位 Δv 计算一次单位行驶距离燃油消耗，记录对应的 FC 和对应车速。

(3) 若(2)中计算得到的单位行驶距离燃油消耗超过了约束范围，予以剔除。

(4) 令 $k=2, 3,\cdots, \max$，重复步骤(2)和(3)，取 minFC 对应的速度作为 $v_{\text{e-cur}}$。

如图 7.3 所示，当汽车在半径 R=150 m 的圆周道路上行驶时，随着车速的升高，各挡位下单位行驶距离燃油消耗曲线呈先降后升的趋势，(53.5, 0.05243)是整个曲线的最低点，表明车速为 53.5km/h 时的单位行驶距离燃油消耗最低，即为该圆周道路上的稳态经济性车速。

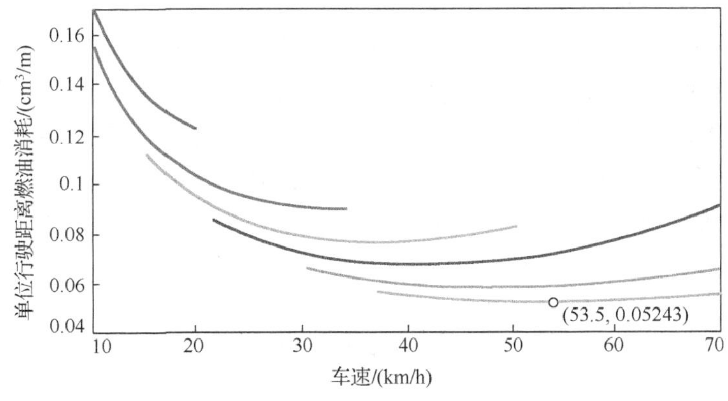

图 7.3　单一圆周道路稳态经济性车速求解($R=150$m)

同理，将道路半径 R 取不同数值时，即可得到在相应曲率半径下汽车做圆周运动时的稳态经济性车速，以及相应的燃油消耗率。绘制不同道路弯曲度下的稳态经济性车速及对应的单位行驶距离燃油消耗率，如图 7.4 和图 7.5 所示。

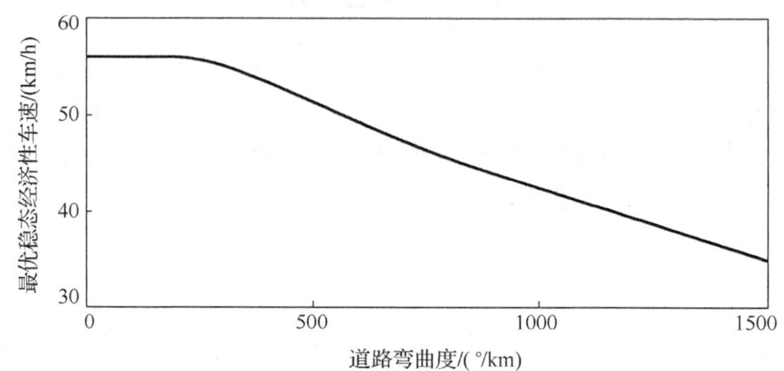

图 7.4　不同道路弯曲度下稳态经济性车速曲线

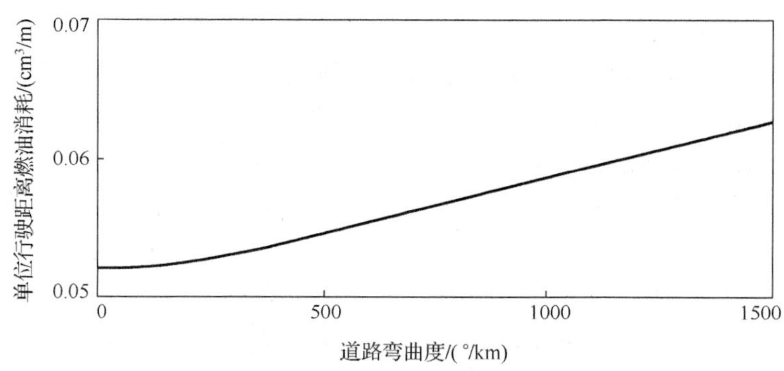

图 7.5　不同道路弯曲度下单位行驶距离燃油消耗曲线

由图 7.4 可知，汽车在直道上(0°/km)稳态经济性车速为 56km/h。在初始阶段(0°/km～190°/km)，随着道路弯曲度的增加(即弯道曲率半径减少)，经济性车速基本保持不变，该曲率范围内经济性车速与直道上的稳态经济性车速几乎相同，即大曲率半径弯道下最经济车速与直道相同，但此时，图 7.5 中单位距离燃油消耗呈小幅度上升趋势，主要是需要克服由于轮胎侧偏产生的阻力。在后半阶段(190°/km～1500°/km)，随着道路弯曲度的增加，经济性车速在不断下降，单位距离燃油消耗增速明显，这是由在小半径弯道上轮胎侧偏现象产生的阻力迅速增加导致的。

7.3　基于动态规划方法的算法构建

由以上分析可知，不同曲率半径的弯道对应着不同的稳态经济性车速，而且直道上的稳态经济性车速通常是大于弯道上的稳态经济性车速的。所以，为达到汽车进出弯道过程中的燃油经济性最佳的目的，汽车由直道驶入弯道时需要减速；同理，汽车驶离弯道进入直道时需要加速。如何规划汽车进入弯道和驶离弯道时的速度轨迹，使其燃油消耗量最小，是接下来需要解决的问题。

7.3.1　弯道经济性车速优化算法构建

利用动态规划算法研究汽车驶入/驶离弯道时经济性车速的轨迹问题，需要建立完整的动态规划数学模型进行求解，即建立系统的状态方程、系统的代价函数、系统的约束函数集，约束函数集通常包括系统的初末状态、系统的扰动以及系统的状态约束，下面分别进行具体介绍。

1. 系统的状态方程

系统的状态方程如下：

$$\begin{cases} \dfrac{\mathrm{d}s}{\mathrm{d}t}=\dfrac{v}{3.6} \\ \dfrac{\mathrm{d}v}{\mathrm{d}t}=\dfrac{r_{\mathrm{w}}}{I_{\mathrm{w}}+I_{\mathrm{e}}\eta i^{2}+mr_{\mathrm{w}}^{2}}[i\eta T_{\mathrm{e}}-r_{\mathrm{w}}(F_{y\mathrm{f}}\sin\delta+C_{x}v_{x}^{2}+F_{\mathrm{r}}-mv_{y}\omega_{\mathrm{r}})] \end{cases} \tag{7.20}$$

利用

$$\frac{\mathrm{d}v}{\mathrm{d}t}=\frac{\mathrm{d}v}{\mathrm{d}s}\frac{\mathrm{d}s}{\mathrm{d}t}=\frac{v}{3.6}\frac{\mathrm{d}v}{\mathrm{d}s} \tag{7.21}$$

可以将系统状态方程从时间域转化到空间域，可得

$$\frac{\mathrm{d}v}{\mathrm{d}s}=\frac{3.6}{v_{x}}\frac{r_{\mathrm{w}}}{I_{\mathrm{w}}+I_{\mathrm{e}}\eta i^{2}+mr_{\mathrm{w}}^{2}}[i\eta T_{\mathrm{e}}-r_{\mathrm{w}}(F_{y\mathrm{f}}\sin\delta+C_{x}v_{x}^{2}+F_{\mathrm{r}}-mv_{y}\omega_{\mathrm{r}})] \tag{7.22}$$

将连续变量进行离散化处理，以便求解，故将式(7.22)离散化后可得到

$$\begin{gathered} v_{k+1}=\frac{\Delta s}{v_{k}}\frac{3.6r_{\mathrm{w}}}{I_{\mathrm{w}}+I_{\mathrm{e}}\eta i_{k}^{2}+mr_{\mathrm{w}}^{2}}[i\eta T_{\mathrm{e}k}-r_{\mathrm{w}}(F_{y\mathrm{f}k}\sin\delta_{k}+C_{x}v_{k}^{2}+F_{\mathrm{r}k}-mv_{yk}\omega_{\mathrm{r}k})]+v_{k} \\ k=0,1,\cdots,N-1 \end{gathered} \tag{7.23}$$

式中，v_k 和 v_{k+1} 分别为 k 和 k+1 阶段的汽车速度，单位为 km/h；Δs 为单次规划的路程长度，单位为 m；i_k 为 k 阶段的挡位速比；δ_k 为 k 阶段的前轮转角，单位为 rad；$T_{\mathrm{e}k}$、$F_{y\mathrm{f}k}$、$F_{\mathrm{r}k}$ 分别为 k 阶段的发动机转矩(N·m)、汽车横向力(N)和滚动阻力(N)。

2. 系统的代价函数

本章以优化汽车通过弯道的燃油经济性为目标，因此以汽车通过弯道过程的燃油消耗作为系统代价，通过建立的 BIT-TFCM-1 瞬态燃油预估模型，可以计算得到

汽车的燃油消耗，燃油消耗模型为

$$\dot{m}_{\mathrm{f}}=f\left(T_{\mathrm{e}},n_{\mathrm{e}},v,a_{\mathrm{t}}\right) \tag{7.24}$$

则汽车通过一段路程的总燃油消耗可表示为

$$M_{\mathrm{f}}=\int_{t_0}^{t_{\mathrm{end}}}\dot{m}_{\mathrm{f}}\mathrm{d}t=\int_{s_0}^{s_{\mathrm{end}}}\dot{m}_{\mathrm{f}}\frac{3.6\mathrm{d}s}{v} \tag{7.25}$$

将式(7.25)离散化，可得如下的系统代价方程

$$M_{\mathrm{f},k+1}=M_{\mathrm{f},k}+\frac{\Delta s}{v_k}3.6\dot{m}_{\mathrm{f}},\quad k=0,1,\cdots,N-1;v_k>0 \tag{7.26}$$

3. 系统的约束函数集

约束函数集包括系统的初末状态、系统的扰动以及系统的状态约束。

1) 系统的初末状态

对于驶入弯道过程而言，初始状态为直道稳定经济性车速 $v_0=v_{\mathrm{e\_tan}}$，末状态为弯道稳定经济性车速 $v_{\mathrm{f}}=v_{\mathrm{e\_cur}}$；对于驶离弯道而言，初始状态为弯道稳态经济性车速 $v_0=v_{\mathrm{e\_cur}}$，末状态为直道稳态经济性车速 $v_{\mathrm{f}}=v_{\mathrm{e\_tan}}$。

2) 系统的扰动

在研究汽车驶入弯道/驶离弯道的燃油经济性时，平面道路曲率 c 是至关重要的影响因素，故将汽车前方已知道路曲率作为系统的扰动。根据高精度电子地图的道路数据信息，任意阶段 k 的道路曲率可由式(7.27)表示：

$$c_k=\frac{|m'|}{(1+m^2)^{3/2}} \tag{7.27}$$

式中，$m=\left(\dfrac{y_{k-1}-y_k}{x_{k-1}-x_k}+\dfrac{y_{k+1}-y_k}{x_{k+1}-x_k}\right)\Big/2$；$m'=2\left(\dfrac{y_{k-1}-y_k}{x_{k-1}-x_k}-\dfrac{y_{k+1}-y_k}{x_{k+1}-x_k}\right)\Big/\left(\left|x_{k+1}-x_k\right|+\left|x_k-x_{k-1}\right|\right)$；$c_k$ 为 k 阶段道路曲率大小；(x_k, y_k) 为 k 阶段的道路坐标值。

3) 系统的状态约束

针对弯道行驶车速优化问题，主要是对速度、加速度、转矩和挡位这些变量进行约束：速度约束根据汽车的动力性能来确定；确定汽车纵向加速度约束时，可以综合考虑汽车加速性能和行驶安全性；转矩约束主要根据发动机性能进行确定。综合上述分析，可得到以下公式：

$$v_{\min}<v_k<v_{\max} \tag{7.28}$$

$$a_{\mathrm{tmin}}<a_{\mathrm{t}k}<a_{\mathrm{tmax}} \tag{7.29}$$

$$T_{\mathrm{emin}}<T_{\mathrm{e}k}<T_{\mathrm{emax}} \tag{7.30}$$

此外，考虑到轮胎工作的线性范围，需要对汽车的横向加速度加以约束。汽车横向加速度过大影响舒适性，甚至导致汽车失稳。图 7.6 给出了汽车弯道滚动阻力系数 f_{rc} 与横向加速度 a_n 之间的关系。

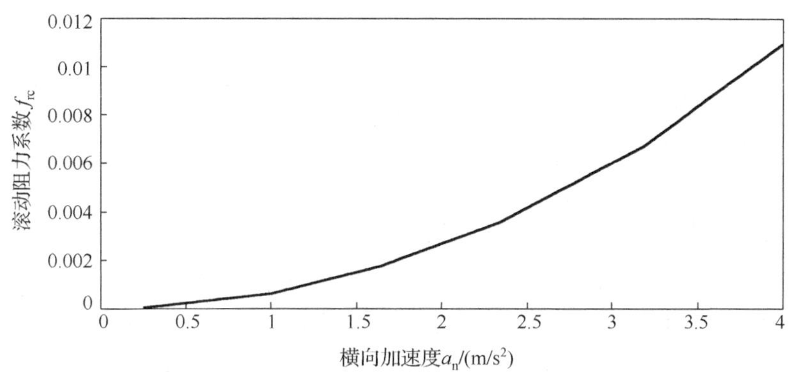

图 7.6　f_{rc} 与 a_n 的关系(选用 CarSim 中 215/55 R17 MF 轮胎)

在分析汽车燃油经济性时只考虑轮胎的线性工作区间。如图 7.6 所示，当横向加速度在区间[0, 2.5]m/s^2 时，滚动阻力系数与侧向加速度可视为线性关系，即汽车的最大横向加速度为 2.5m/s^2，表示为

$$a_n < a_{n\max} \tag{7.31}$$

此外，挡位约束主要是防止挡位异常跳动。首先根据汽车挡位次序，规定汽车在相邻换挡操纵中只允许单步升降挡位(不考虑汽车紧急制动的情况)，汽车挡位为 i_{th}，换挡控制信号为 u_{ith}，对于一款配备六挡自动变速器的汽车，可得

$$u_{ith} = \begin{cases} 0,+1, & i_{th}=1 \\ -1,0,+1, & i_{th}=2\sim5 \\ -1,0, & i_{th}=6 \end{cases} \tag{7.32}$$

式中，0 表示挡位保持；−1 表示挡位减一挡；+1 表示挡位升一挡。

同时为避免汽车的频繁换挡，相邻两次换挡操作的时间间隔不得小于 1.5 s，即约束为

$$u_{ith} = \begin{cases} 0, & t(i_{gn})-t(i_{gm})<1.5\text{s} \\ -1,0,+1, & t(i_{gn})-t(i_{gm})\geqslant 1.5\text{s} \end{cases} \tag{7.33}$$

式中，i_{gm} 和 i_{gn} 表示相邻两次的换挡操作；t 表示相应换挡对应的时间点，单位为 s。

7.3.2　MATLAB/Simulink 与 CarSim 仿真平台搭建

采用 MATLAB/Simulink 与 CarSim 实验平台进行弯道经济性车速联合仿真与分析。选取的是一款 D 级轿车作为仿真汽车，汽车模型主要参数如表 7.3 所示。

表 7.3　汽车模型主要参数

符号	参数	数值	符号	参数	数值
m	整车质量	1450kg	r_w	轮胎半径	0.335m
m_s	悬挂质量	1370kg	f	滚动阻力系数	0.015
L	汽车轴距	2.8m	d	汽车轮距	1.52m
l_f	质心至前轴距离	1.34m	g	重力加速度	9.8m/s^2
l_r	质心至后轴距离	1.46m	I_w	轮胎旋转惯量	2.03kg·m^2
I_x	m_s对 x 轴转动惯量	671.3kg·m^2	h	质心高度	0.52m
I_z	m_s对 z 轴转动惯量	2315.3kg·m^2	h_s	侧倾力臂	0.48m

CarSim 主控制界面从左至右依次是：汽车配置和道路设计模块、仿真时需要的外部接口、联合仿真设置模块以及仿真后对仿真结果三维动画回放及试验数据绘制模块。在 CarSim 中可以方便配置汽车参数，调用驾驶员模型和设计弯道场景，从而结合经济性车速算法，进行汽车在弯道行驶时的算法仿真验证。CarSim 中汽车整体模块设置如图 7.7 所示。

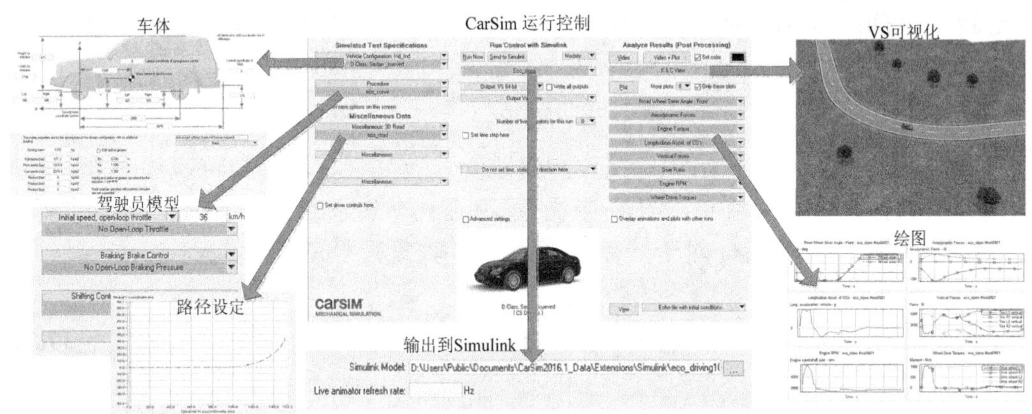

图 7.7　CarSim 中某 D 级轿车车型整体模块设置

在联合仿真中，搭建了车速跟随 PI 模块、最优车速模块和燃油消耗计算模块。汽车根据最优车速模块产生目标车速，利用车速跟随控制器通过 PI 调节使得实际车速跟随目标车速，并基于由 CarSim 中输出的相关变量利用燃油消耗计算模块计算获得总路程的燃油消耗，联合仿真模型如图 7.8 所示。

在联合仿真中，汽车弯道驾驶员转向操作利用的是 CarSim 中自带的驾驶员模型，在道路环境中提前设置好汽车路线，即可使汽车能够按照预期的路线行驶。除此之外，汽车的车速变化由外部变量输入 CarSim 进行调节，而燃油消耗的计算离不开 CarSim 中相关变量的输出，如图 7.9 所示。

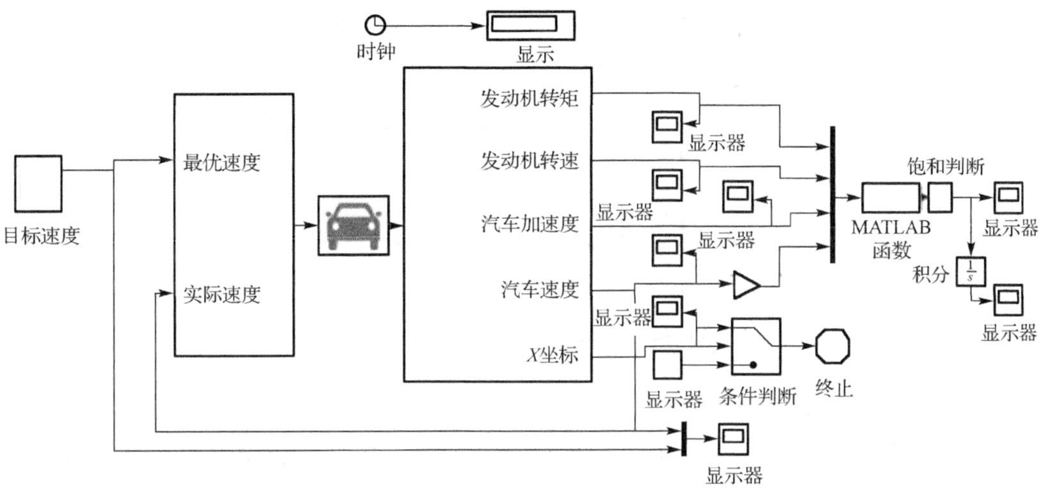

图 7.8　MATLAB/Simulink 与 CarSim 联合仿真模型

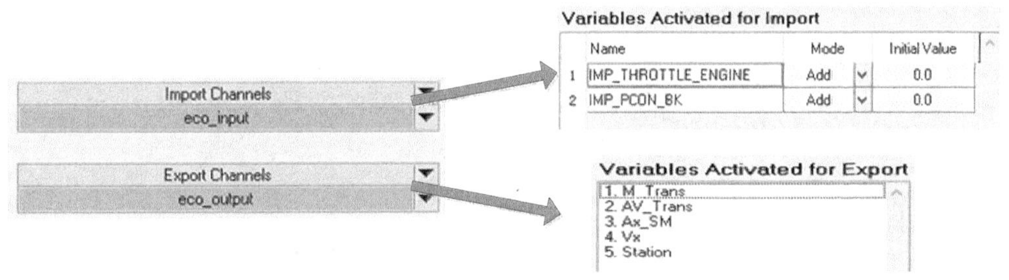

图 7.9　CarSim 中输入输出模块配置

为实现对目标车速的有效跟随，本章采用 PI 控制器对汽车的节气门开度和制动强度进行调节，如图 7.10 所示。由 PI 控制器对最优车速和实际车速产生的偏差进行调节，得到相应的加速踏板信号和制动踏板信号。

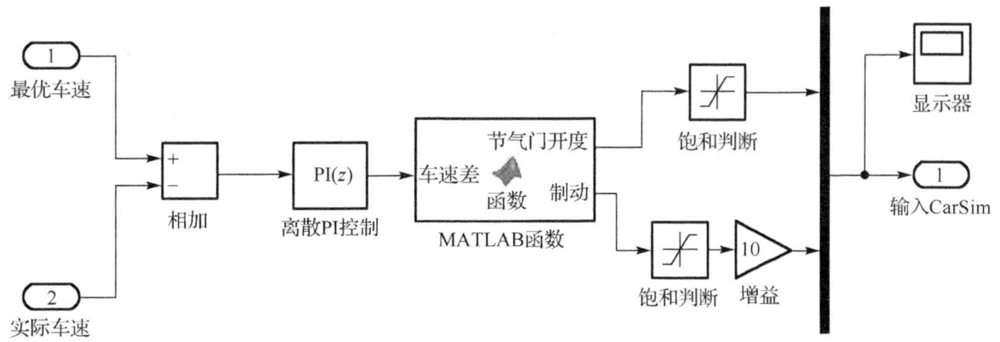

图 7.10　PI 控制器调节节气门和制动液压信号

从驾驶经验出发，在车速调节过程中，加速踏板信号和制动踏板信号不能同时起作用，即二者是互斥的。当加速踏板信号存在时，液压缸制动踏板信号为 0；同理，当液压缸制动踏板信号存在时，加速踏板信号为 0。加速踏板信号和制动踏板信号的计算公式如式(5.35)和式(5.36)所示。

7.4　弯道行驶经济性车速优化研究

7.4.1　弯道经济性车速算法的数学模型

为求汽车进出弯道的经济性车速轨迹，采用动态规划逆向迭代求取代价函数得到经济性车速轨迹，使得总路程燃油消耗最少。建立如下动态规划算法数学模型：

$$
\begin{cases}
\min J = L_N(v_N) + \sum\limits_{k=0}^{N-1} \dfrac{\Delta s}{v_k} 3.6 f\left(T_{ek}, n_{ek}, v_k, a_k\right) \\
\text{s.t.} \\
v_{k+1} = \dfrac{\Delta s}{v_k} \dfrac{3.6 r_w}{I_w + I_e \eta i_k^2 + m r_w^2} [i\eta T_{ek} - r_w (F_{yfk} \sin\delta_k + C_x v_k^2 + F_{rk} - m v_{yk} \omega_{rk})] + v_k \\
v_0 = v_{e\_tan},\ v_f = v_{e\_cur} \text{ 或 } v_0 = v_{e\_cur},\ v_f = v_{e\_tan} \\
v_k \in \left[v_{\min}, v_{\max}\right] \\
T_{ek} \in \left[T_{e\min}, T_{e\max}\right] \\
a_{tk} \in \left[a_{t\min}, a_{t\max}\right] \\
a_{nk} \leqslant a_{n\max} \\
u_{ith} = \begin{cases} 0, +1, & i_{th} = 1 \\ -1, 0, +1, & i_{th} = 2\sim5 \\ -1, 0, & i_{th} = 6 \end{cases} \text{ 和 } u_{ith} = \begin{cases} 0, & t(i_{gn}) - t(i_{gm}) < 1.5\text{s} \\ -1, 0, +1, & t(i_{gn}) - t(i_{gm}) \geqslant 1.5\text{s} \end{cases}
\end{cases}
\tag{7.34}
$$

该算法以汽车通过弯道时的燃油消耗量最少为目标，以车速和挡位为状态变量，以发动机转矩为控制变量，将道路曲率视为系统扰动，分别在汽车速度、汽车加速度、发动机转矩和挡位的约束下，利用动态规划算法求得最优的车速轨迹。汽车进出弯道经济性车速动态规划算法的主要变量含义及其数值如表 7.4 所示。

表 7.4　汽车进出弯道经济性车速规划算法的主要变量含义及其数值

参数	变量含义	参数值
Δs	离散后的路程间隔	5m
Δv	离散后的速度间隔	0.072km/h
$v_{\min}$	系统允许的最小车速	26km/h

续表

参数	变量含义	参数值
v_{max}	系统允许的最大车速	62km/h
n_{emax}	发动机转速上限	3000r/min
n_{emin}	发动机转速下限	700r/min
a_{xmin}	系统允许的最小纵向加速度	$-1.6m/s^2$
a_{xmax}	系统允许的最大纵向加速度	$1.6m/s^2$
a_{nmax}	系统允许的最大横向加速度	$2.5m/s^2$
T_{emin}	系统允许的发动机最小转矩	–30N·m
T_{emax}	系统允许的发动机最大转矩	140N·m

7.4.2　典型驾驶员的弯道加、减速模型

1. 弯道附近车速变化

出于安全性和舒适性考虑，汽车在驶入和驶离弯道时车速会发生变化，即通常有减速驶入弯道和加速驶离弯道的驾驶特征。相关研究[27]表明，入弯时，减速起点一般在入弯前的直道上，在驶入弯道一段距离后完成减速过程；汽车在驶离弯道时，加速起点在弯道上，一直到直道上完成加速过程。汽车在圆周道路行驶时，大部分驾驶员会按照预期的稳定车速行驶(不同圆周道路对应相应的不同设计车速)。但在实际驾驶中，汽车在弯道上的运行车速并不严格遵从设计车速，一般会出现运行车速略高于设计车速这一现象。

2. 弯道附近汽车的加减速

Montella 等[28]研究表明，在实际场景中减速度值一般明显大于加速度值。Figueroa 和 Tarko[29]针对不同弯道场景，通过对印度某双车道汽车运行数据的统计分析得知，减速度和加速度的平均值分别为 $0.73m/s^2$ 和 $0.49m/s^2$。Marchionna 和 Perco[30]得到在半径为 400m 的弯道附近减速度和加速度值分别为 $0.43m/s^2$ 和 $0.38m/s^2$。

3. 弯道附近驾驶员行为分析

Montella 等[28]研究表明，汽车在弯道附近的速度变化不单只发生在直道或者弯道上，52%的驾驶员会在进入曲线后继续减速，90%的驾驶员会在进入直道前的弯道上开始加速。针对减速过程，Pérez-Zuriaga 等[31]提出 45%的减速过程发生在直道上，55%的加速过程发生在曲线段上。Figueroa 和 Tarko[29]发现 34%的速度减少和 28%的速度增加发生在曲线上。

4. 典型驾驶员的弯道加、减速模型

根据以上研究，本章采用由 Figueroa 和 Tarko[29]提出的典型驾驶员直曲衔接处

加减速模型，如图 7.11 所示。其中，d 为入弯时的减速度值，a 为出弯时的加速度值，ΔV_d 为进入弯道时的速度差，Δv_d 为减速过程在直道上的速度差，ΔV_a 为驶离弯道时的速度差，Δv_a 为加速过程在直道上的速度差。其中关键参数如下：d=0.73m/s^2，a=0.49m/s^2，减速过程直道上的速度差占比为 $\Delta v_d/\Delta V_d=0.66$，加速过程直道上的速度差占比为 $\Delta v_a/\Delta V_a=0.72$。

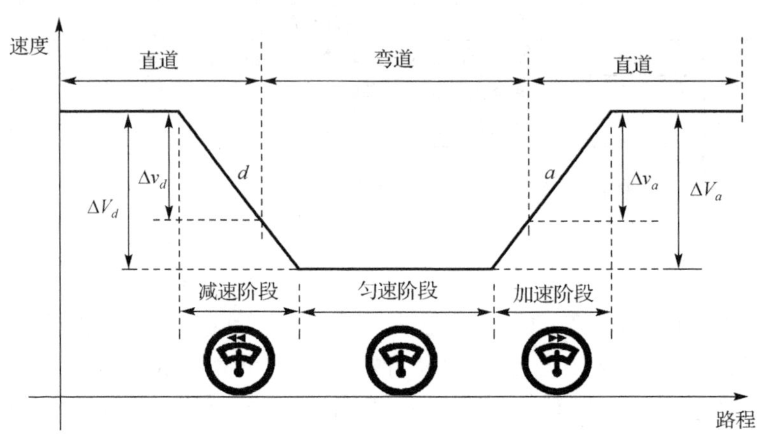

图 7.11　典型驾驶员直曲衔接处加减速模型

7.4.3　进出弯道的试验结果及分析

为了验证算法的有效性，接下来针对驶入弯道和驶离弯道两种工况，利用 MATLAB/Simulink 和 CarSim 仿真平台进行验证。对照组试验设置为典型驾驶员弯道行驶加减速模型(typical driver model，TDM)，目标车速可提前在仿真环境中设置，采用 PI 控制器调节实际车速，通过控制加速踏板和制动踏板使实际车速跟随目标车速。

1. 驶入弯道时的经济性车速规划

由于弯道上的稳态经济性车速低于直道上的稳态经济性车速，汽车进入弯道前需要减速行驶。汽车驶入弯道时经济性车速规划是指汽车由直道的经济性车速，合理减速至弯道的稳态经济性车速，使在此减速入弯阶段中燃油消耗量最少，如图 7.12 所示。

首先验证汽车由直道驶入小曲率半径弯道的过程。当小曲率半径弯道 R=40m 时，该曲率圆周道路的稳态经济性车速为 36km/h，而直道稳态经济性车速为 56km/h。对照组为典型驾驶员弯道行驶加减速模型，图 7.13 是驶入小曲率半径弯道仿真结果。图中，TDM 给出的是典型驾驶员仿真结果，DP 给出的是动态规划得到的结果。

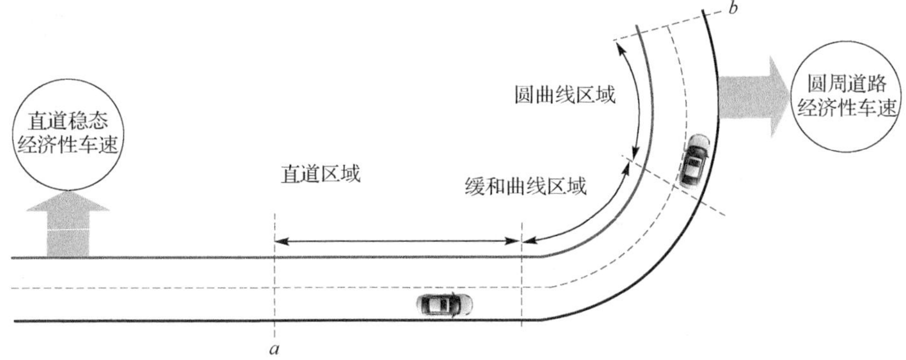

图 7.12　汽车驶入弯道车速优化示意图

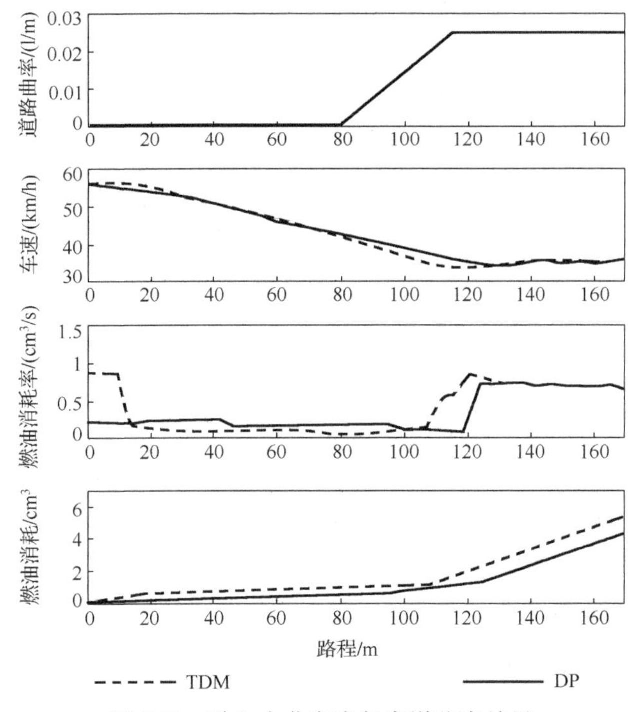

图 7.13　驶入小曲率半径弯道仿真结果

由图 7.13 可知，在驶入小曲率半径弯道过程中，采用动态规划算法消耗燃油 4.35cm^3，对照组中采用典型驾驶员弯道行驶加减速模型消耗燃油 5.69cm^3。从经济性车速轨迹可知，汽车在进入弯道前的直道上以合适的减速度从初始位置开始滑行，至缓和曲线终点完成减速过程，并在圆周道路上保持匀速行驶，全过程燃油消耗量最少。与典型驾驶员弯道行驶加减速模型相比，采用动态规划算法得到的速度轨迹至少可节省燃油 23.55%。

当汽车由直道驶入较大曲率半径弯道 R=60m 时，该曲率半径弯道的稳态经济性车速为 44km/h。试验结果如图 7.14 所示。

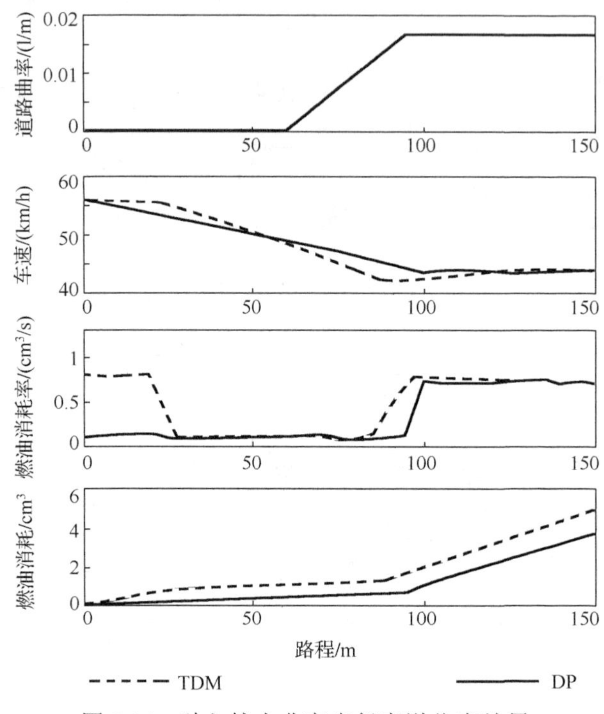

图 7.14　驶入较大曲率半径弯道仿真结果

由图 7.14 可知，在驶入较大曲率半径弯道过程中，采用动态规划算法消耗燃油 3.85cm^3，对照组中采用典型驾驶员弯道行驶加减速模型消耗燃油 4.93cm^3。与小曲率类似，汽车只有在圆周道路前的缓和曲线滑行减速，并在圆周道路上保持匀速行驶才能使该过程燃油消耗最低。与典型驾驶员弯道行驶加减速模型相比，采用动态规划算法可节省燃油 21.91%。

2. 驶离弯道时的经济性车速规划

同理，直道上的经济性车速高于弯道上的经济性车速，因此汽车驶离弯道进入直道需要有一段加速过程。驶离弯道时经济性车速规划是指汽车由弯道稳态经济性车速加速到直道稳态经济性车速，要求在此阶段燃油消耗量最少，如图 7.15 所示。

首先考虑汽车驶离小曲率半径弯道 R=40m 并进入直道的场景，试验结果如图 7.16 所示。

由图 7.16 可知，在驶离小曲率半径弯道过程中，采用动态规划算法消耗燃油 27.60cm^3，而对照组中采用典型驾驶员弯道行驶加减速模型消耗燃油 30.03cm^3。从经济性车速轨迹可知，汽车在圆周道路上尽量保持匀速行驶，在进入直道后以合适的加速度加速至直道经济性车速，此过程燃油消耗最低。与典型驾驶员弯道行驶加减速模型相比，采用动态规划算法得出的速度轨迹可节省燃油 8.09%。

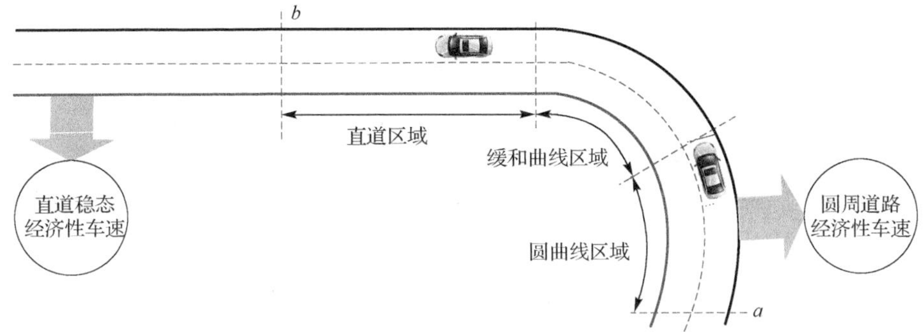

图 7.15　汽车驶离弯道车速优化示意图

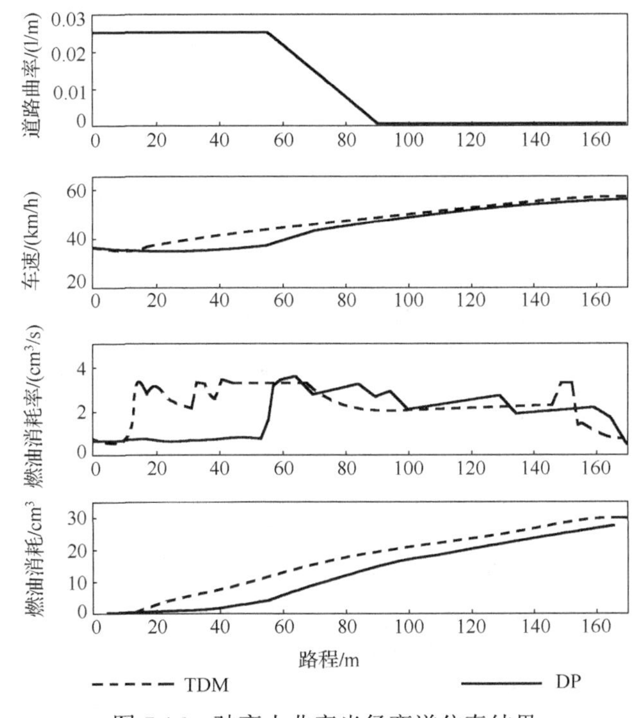

图 7.16　驶离小曲率半径弯道仿真结果

接下来考虑汽车驶离较大曲率半径弯道 R=60m 进入直道的场景，试验结果如图 7.17 所示。

由图 7.17 可知，在驶离较大曲率半径弯道过程中，采用动态规划算法消耗燃油 18.02cm^3，对照组中采用典型驾驶员弯道行驶加减速模型消耗燃油 19.47cm^3。与典型驾驶员弯道行驶加减速模型相比，采用动态规划算法获得的速度轨迹可节省燃油 7.45%。

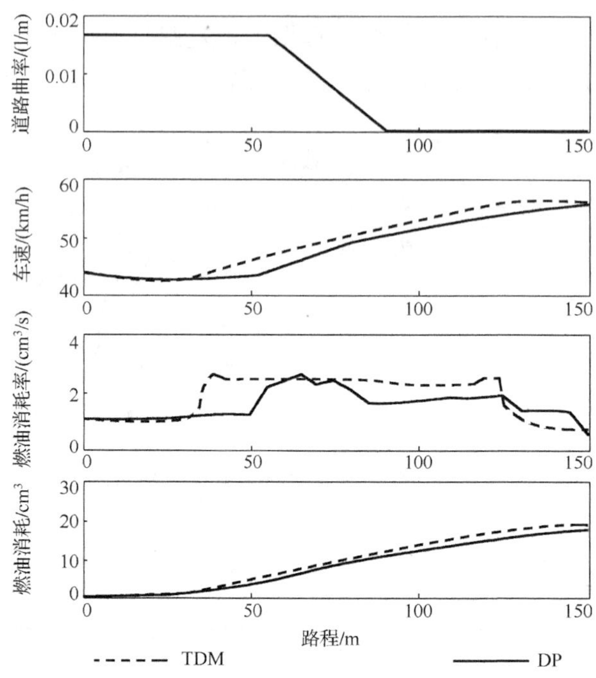

图 7.17　驶离较大曲率半径弯道仿真结果

表 7.5 是汽车驶入和驶离弯道试验结果。

表 7.5　汽车驶入和驶离弯道试验结果

算法和模型	驶入弯道		驶离弯道	
	R=40m	R=60m	R=40m	R=60m
典型驾驶员弯道行驶加减速模型/cm^3	5.69	4.93	30.03	19.47
动态规划算法/cm^3	4.35	3.85	27.60	18.02
节油/%	23.55	21.91	8.09	7.45

由表 7.5 可知，汽车在驶入弯道和驶离弯道的过程中，滑行减速阶段比加速阶段节油效果更明显。汽车在弯道行驶的节油措施是：在驶入弯道前的直道和缓和曲线上以滑行方式完成减速过程，并在圆周道路上尽量保持匀速行驶；汽车在驶离弯道的过程中，圆周道路上尽量保持稳态车速，只有在驶进缓和曲线后以适当的加速度加速至直道经济性车速。汽车在圆周道路上需要保持弯道经济性车速行驶，其原因是小半径弯道上附加滚动阻力增加了汽车行驶阻力。

7.5　换道行驶的经济性车速优化研究

7.2 节的研究表明道路曲率影响汽车的燃油经济性，7.4 节的研究表明汽车进出弯道车速变化同样对汽车燃油消耗产生影响。可以看出，不同行驶条件下(直道、换道等)道路因素影响汽车的运行状态，而这些因素也影响着汽车的燃油经济性，换道经济性车速研究对于改善汽车在换道过程中的燃油经济性具有积极意义。

本节以本章前面研究为基础，提出基于换道轨迹道路曲率信息的经济性车速研究方法，实现汽车在换道过程中的燃油经济性最优化。根据瞬态燃油消耗模型和汽车动力学模型，同样采用动态规划算法优化汽车在换道过程中的经济性车速轨迹。通过MATLAB/Simulink 与 CarSim 平台进行联合仿真，并对试验结果进行分析与总结。

7.5.1　换道经济性车速问题的提出

当驾驶员追求燃油经济性时，汽车通常以直道稳态经济性车速行驶，当需要执行换道任务时，汽车提前规划出换道轨迹，根据换道过程道路曲率的变化，进行换道经济性车速优化，优化示意图如图 7.18 所示。假设驾驶员可按期望速度行驶，道路中没有交通信号灯和其他汽车的干扰，汽车能从高精度电子地图中获得前方道路属性数据，从而提前规划好换道轨迹路线，进而基于瞬态燃油消耗模型和汽车动力学模型，利用动态规划算法得到换道过程中的经济性车速轨迹。该车速可作为目标车速发送至车速控制系统，实现期望的车速跟随，从而实现汽车在换道过程的燃油经济性最优化。

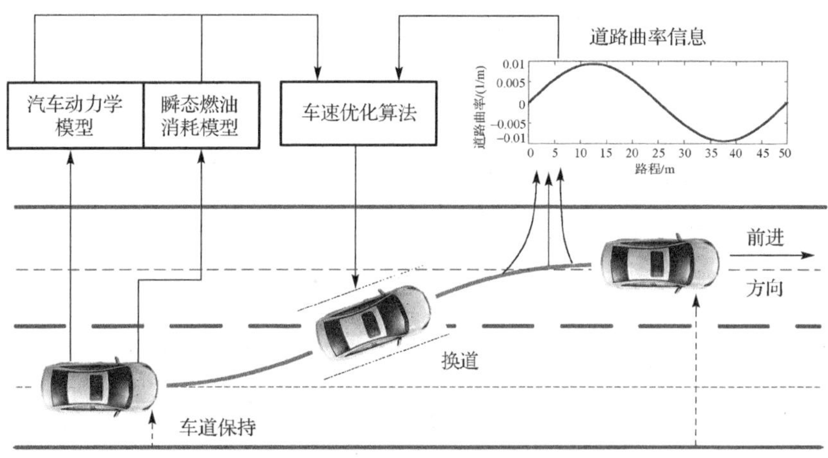

图 7.18　汽车换道经济性车速优化示意图

7.5.2　换道轨迹模型的确定

在汽车换道轨迹方面，基于国内外的研究成果，基本模型有以下四种[32]。

(1) 圆弧换道模型：换道轨迹开始和终了部分是圆弧，中间用直线过渡连接，横向加速度在合理范围内。

(2) 横向加速度换道模型：该模型换道过程中汽车的侧向加速度变化曲线由两个大小相等、方向相反的正反梯形组成，加速度具有线性变化的特点。

(3) 等速偏移换道模型：换道轨迹是一条直线，横向加速度恒为 0。

(4) 正弦函数换道模型：采用正弦函数表示，换道轨迹的平滑性好。

以上四种换道轨迹模型，在确定汽车的初始和终了位置后，就可以生成光滑的换道轨迹。

结合等速偏移换道模型和正弦函数换道模型的特点，本章采用 x-sin 函数模型，该换道轨迹函数表达式为[33]

$$y=\frac{d}{2\pi}\left\{\frac{\pi}{L_c/2}x+\sin\left[\frac{\pi}{L_c/2}\left(x-\frac{L_c}{2}\right)\right]\right\} \tag{7.35}$$

式中，x、y 为横、纵坐标，单位为 m；d 为两车道的车道中心线距离，单位为 m，按照《公路路线设计规范》(JTG D20—2017) 推荐值采用 $d=3.75\text{m}$；L_c 为换道过程中汽车纵向换道距离，单位为 m。对横坐标变量 x 进行求导，有

$$\begin{cases}\dfrac{\mathrm{d}y}{\mathrm{d}x}=\dfrac{d}{L_c}-\dfrac{d}{L_c}\cos\left(\dfrac{2\pi x}{L_c}\right)\\[2ex]\dfrac{\mathrm{d}^2y}{\mathrm{d}x^2}=\dfrac{2\pi d}{L_c^2}\sin\left(\dfrac{2\pi x}{L_c}\right)\end{cases} \tag{7.36}$$

根据曲率计算公式，该换道轨迹任一点的曲率为

$$k_c=\frac{|\ddot{y}|}{(1+\dot{y}^2)^{3/2}} \tag{7.37}$$

则当换道纵向距离长度为 $L_c=50\text{m}$ 时，换道轨迹和曲率变化如图 7.19 所示。

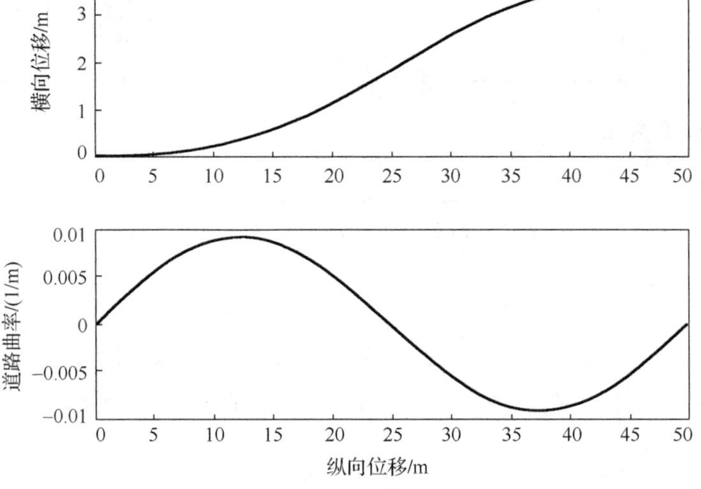

图 7.19　换道轨迹和曲率变化示意图

由图 7.19 可知，基于 x-sin 函数模型的换道轨迹不但道路曲率变化连续，曲线光滑性好，而且在换道过程开始和终了处的曲率值为 0，保证了在换道初始时刻和终了时刻的汽车前轮转角为 0，符合实际驾驶的要求，所以该模型适用于换道经济性车速的研究。

7.5.3 换道经济性车速算法的数学模型

换道经济性车速问题可视为始末状态已知的动态规划问题，求解该问题首先需要构建完备的动态规划数学模型，以 7.3.1 节构建的算法为基础，建立换道经济性车速的数学模型，如式(7.38)所示：

$$\begin{cases} \min J = L_N\left(v_N\right) + \sum_{k=0}^{N-1} \dfrac{\Delta s}{v_k} 3.6 f\left(T_{ek}, n_{ek}, v_k, a_k\right) \\ \text{s.t.} \\ v_{k+1} = \dfrac{\Delta s}{v_k} \dfrac{3.6 r_w}{I_w + I_e \eta i_k^2 + m r_w^2} [i\eta T_{ek} - r_w (F_{yfk} \sin\delta_k + C_x v_k^2 + F_{rk} - m v_{yk} \omega_{rk})] + v_k \\ v_0 = v_f = v_{eco} \\ v_k \in \left[v_{min}, v_{max}\right] \\ T_{ek} \in \left[T_{emin}, T_{emax}\right] \\ a_{tk} \in \left[a_{tmin}, a_{tmax}\right] \\ a_{nk} \leqslant a_{nmax} \end{cases} \tag{7.38}$$

该算法以减少汽车换道时的燃油消耗量为目标，以车速和挡位为状态变量，以发动机转矩为控制变量，将换道曲率视为系统扰动，在车速、汽车加速度和发动机转矩约束下，利用动态规划算法求得最优换道车速轨迹。其中，换道过程初末态车速都为直道上的稳态经济性车速 v_{eco}= 56km/h；在换道过程中通常并不考虑换挡，所以这里无须挡位约束。与表 7.4 类似，需要调整的参数是：系统允许的最小车速是 45km/h，系统允许的最大车速是 65km/h，离散后的路程间隔是 2m。

7.5.4 换道仿真试验与分析

本节将给出汽车在不同纵向换道长度下的换道经济性车速仿真结果。对照组试验选取 CarSim 中一款 D 级轿车，在 CarSim 中设置好换道轨迹路线，同样由 PI 控制器来调节汽车的加速踏板信号与制动踏板信号，以跟随巡航目标车速，始末态车速为直道上的稳态经济性车速。

在图 7.20 和图 7.21 的仿真结果中，CC(cruising control)表示的线段代表由巡航车速给出的结果，DP 表示的线段代表由动态规划算法给出的结果。

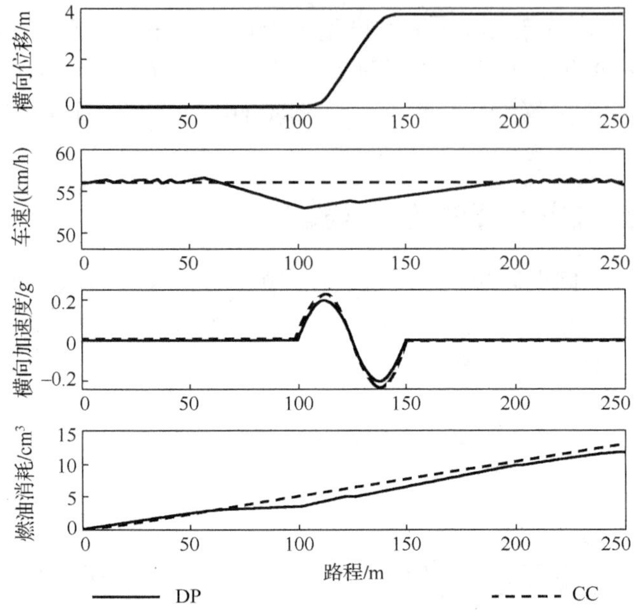

图 7.20　换道距离为 50m 的换道经济性车速曲线

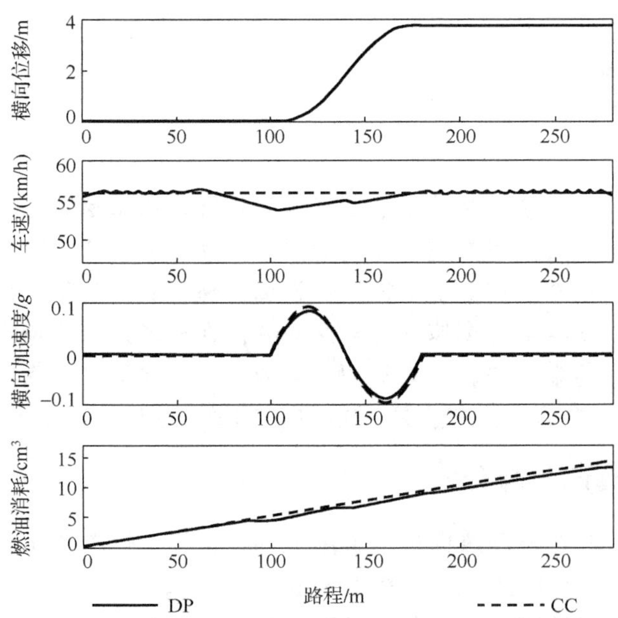

图 7.21　换道距离为 80m 的换道经济性车速曲线

本章不涉及前后汽车对本车换道的影响。但是出于安全考虑，换道纵向长度不可太短，故首先考虑换道距离 L_c 为 50m 的仿真结果，如图 7.20 所示。当换道距离 L_c 为 50m 时，动态规划算法消耗燃油 11.83cm^3，对照组采用定速巡航消耗燃油

12.77cm^3，可见采用动态规划算法可节油 7.36%。同时，从车速变化上可以看出，动态规划算法给出的车速在换道前有一小段轻微的加速过程，而后在进入弯道前有一段明显的减速过程；由于换道长度有限，汽车会在换道中开始加速，直到加速至直道上的稳态经济性车速。从横向加速度图中可以看出，其值处在正常范围内，保证汽车轮胎处在线性工作区。

换道距离 L_c 为 80m 的仿真结果如图 7.21 所示。由图可知，当换道距离 L_c 为 80m 时，采用动态规划算法消耗燃油 13.24cm^3，而定速巡航消耗燃油 14.21cm^3，相比之下动态规划算法节油 6.83%。

分析图 7.20 和图 7.21 可知，从经济性车速曲线来看，汽车在进入换道之前都会有一段车速下降的过程，而后进入换道过程时开始逐渐加速，直至直道上的稳态经济性车速。但从车速最低点上看，随着换道纵向长度逐渐增大，汽车进入换道过程下降的车速差逐渐减少。通过大量试验可以得到，当 L_c>250m 时，动态规划算法规划出的车速与定速巡航车速基本重合，这说明当换道纵向长度足够长时，汽车保持直道上的稳态经济性车速行驶即可实现该过程燃油经济性的最大化。究其原因，主要是因为随着换道纵向长度的增加，道路曲率变化绝对值越来越小，直至趋近于 0，即与直道上的经济性车速相同。从本质上来说，是因为在换道轨迹曲率值较大处由侧偏现象引起的附加滚动阻力增加明显，从而影响汽车在换道时的经济性车速。

综上所述，汽车通常在直道上行驶时只要保持直道稳态经济性车速即可，当需要执行换道操作时，根据提前规划好的换道轨迹，利用动态规划算法可以得到在局部路段执行换道任务时的经济性车速轨迹，在保证换道安全、舒适的前提下实现换道总过程燃油经济性最大化。当换道纵向长度值逐渐增大时，换道经济性车速曲线逐渐平缓，即与直道稳态经济性车速一致。该技术可以明显提高汽车在执行换道任务时的燃油经济性，也可以为无人驾驶汽车换道行驶的车速控制提供决策依据。

需要说明的是，弯道的经济性车速必须小于由之前弯道安全性研究确定的弯道安全车速。

第 8 章　弯道行驶的个性化车速研究

汽车工作在一个由驾驶员-车-行驶环境组成的闭环系统中，车辆的行驶状态是由驾驶员、车以及行驶环境共同决定的。如何使汽车的控制能适应不同风格的驾驶员，提高车辆对人的适应性，是今后汽车控制从自动化向个性化和智能化发展的必然历程。目前大多数的个性化研究主要是解决不同类型的驾驶员识别问题，针对驾驶员个性化控制策略的研究还不是很多。以前面介绍的经济性车速和稳定极限车速作为研究基础，本章主要研究如何为不同特性的驾驶员弯道行驶提供个性化的车速规划方案。

8.1　弯道行驶车速综合决策问题的提出

在地面附着系数和道路曲率一定的情况下，汽车可以相应地确定一个稳定极限车速和一个最佳经济性车速，但两者通常是不相等的。在同样的弯道行驶时，不同类型驾驶员的驾驶风格是不一样的：有的驾驶员性格比较激进，追求行驶效率，倾向于以较高车速通过弯道；有的驾驶员性格比较温和，追求燃油经济性，行驶车速相对较低；还有一般类型的驾驶员追求的驾驶体验介于二者之间。如何为不同类型的驾驶员提供不同的弯道车速，以满足其个性化需求，是本章要讨论的问题。

图 8.1 是弯道行驶车速综合决策示意图。从图 8.1 中可见，依据驾驶员特性、汽车状态和道路条件，基于经济性车速系统和稳定极限车速系统进行综合决策，为不同类型的驾驶员提供符合其预期的弯道车速，以满足个性化驾驶的需求。

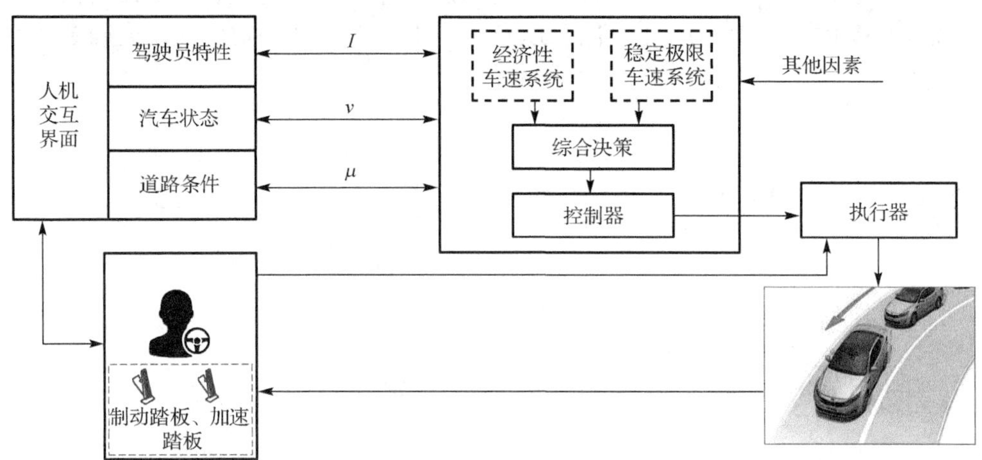

图 8.1　弯道行驶车速综合决策示意图

8.2　驾驶员的特性分类

我们一般是通过驾驶员的历史驾驶数据来进行驾驶员特性的研究。本章通过在驾驶模拟器上采集足够量的驾驶员在起步、加速及制动工况下的驾驶数据，得到一个驾驶数据库，然后基于这个驾驶数据库，分析各工况下影响驾驶员特性的主要参数，依据得到的驾驶特性参数对驾驶员特性进行聚类分析，得到驾驶员特性的分类情况，实现基于驾驶员个性的控制。

因为汽车纵向的加、减速过程，可以很大程度地体现驾驶员的特性，因此，本章对于驾驶员特性的研究主要集中于汽车的纵向行驶工况，将驾驶员的综合特性分解为起步、加速、制动三种工况进行研究，最后使用一定的数学方法将这三种工况下的驾驶员特性融合为驾驶员的综合特性，用来表征驾驶风格，并实现基于驾驶风格的个性化控制。

驾驶员特性的分析需要采集驾驶员的驾驶数据，因为实车实验往往存在一定的危险与较多的不可控因素，所以，本章的驾驶员驾驶数据主要采集于搭建好的驾驶模拟器。驾驶模拟器实物如图 8.2 所示。为了充分反映驾驶员不同的驾驶特性，在驾驶实验数据采集过程中应尽可能多地寻找实验人员，但由于条件限制，本章的驾驶实验选取了 10 名具有机动车驾驶资格的成年人作为被实验人员。

图 8.2　驾驶模拟器实物图

8.2.1　聚类特性参数选取

在对驾驶员特性进行研究过程中，主要使用的参数可以分为两类：驾驶员操作参数和汽车状态参数。驾驶员操作参数主要有加速踏板位置、加速踏板位置变化率、制动踏板位置、制动踏板位置变化率、方向盘转角、方向盘转角变化率等；汽车状态参数主要有汽车纵向速度、纵向加速度、汽车横向速度、横向加速度、汽车横摆角速度等。

在对驾驶员特性的聚类研究中，如果只考虑驾驶员操作参数难以对驾驶员特性进行较为详尽的描述，为此可以用驾驶员操作参数与汽车状态参数联合的方法描述驾驶员特性。在前人对驾驶员特性的研究中，也有利用这些参数的统计学特性（一段时间内的最大值、最小值、平均值、方差等）对驾驶员特性进行描述，这样就有较多的参数可以对驾驶员特性进行描述。选择较多参数固然会提高对驾驶员特性描述的精确程度，但这也会增加驾驶员特性识别过程的计算量，因此需要对这些参数进行分析，寻找出这些参数中最能反映驾驶员特性的参数，以少量的参数对驾驶员特性进行描述。

主成分分析（principal component analysis，PCA）法是一种用于降维的数学方法，一般用来将原始的特征参数通过线性组合成少量新的特征参数（主成分），其主成分可以较大程度地解释原始的特征。主成分分析法中主成分的表达式如下：

$$\begin{cases} \boldsymbol{Y}_1 = \boldsymbol{u}_{11}\boldsymbol{X}_1 + \boldsymbol{u}_{12}\boldsymbol{X}_2 + \cdots + \boldsymbol{u}_{1p}\boldsymbol{X}_p \\ \boldsymbol{Y}_2 = \boldsymbol{u}_{21}\boldsymbol{X}_1 + \boldsymbol{u}_{22}\boldsymbol{X}_2 + \cdots + \boldsymbol{u}_{2p}\boldsymbol{X}_p \\ \qquad\qquad \vdots \\ \boldsymbol{Y}_n = \boldsymbol{u}_{n1}\boldsymbol{X}_1 + \boldsymbol{u}_{n2}\boldsymbol{X}_2 + \cdots + \boldsymbol{u}_{np}\boldsymbol{X}_p \end{cases} \tag{8.1}$$

式中，$\boldsymbol{Y}_i$ 是第 i 个主成分；$\boldsymbol{X}$ 是原特征数据矩阵，$\boldsymbol{X}$ 是一个 $p \times n$ 的矩阵，p 是样本数，n 是原特征参数数量；$\boldsymbol{u}_{ij}$ 是第 i 个原特征数据转化为第 j 个主成分的转化系数。

进行主成分分析的目的是减少变量个数，因此一般需满足 $n < p$，通常要求所取的 n 个主成分的累计贡献率要超过 85%，累计贡献率代表的是对原始特征信息的反映程度，累计贡献率 ∂ 如式(8.2)所示：

$$\partial = \frac{\sum_{i=1}^{n} \lambda_i}{\sum_{i=1}^{p} \lambda_i} \tag{8.2}$$

式中，λ_i 是第 i 个主成分对应的特征根。

为了对主成分进行解释，引入因子负荷量[34]，它是某一主成分与某一原始参数的相关系数，若原始数据进行了标准化，因子负荷量的计算可简化为

$$\rho(\boldsymbol{Y}_i, \boldsymbol{x}_j) = \boldsymbol{u}_{ij}\sqrt{\lambda_i} \tag{8.3}$$

由于因子负荷量和系数向量 $\boldsymbol{u}_{ij}$ 成正比，所以在每个主成分中每个维度变量前系数的绝对值可以反映该成分对主成分的影响。

对采集的 234 组数据进行主成分分析，可获得每个成分对应的特征值及方差贡

献率和累计贡献率，计算结果如表 8.1 所示。由表 8.1 可知，提取四个主成分时的累计贡献率已达到了 91.435%，可以代表该工况下的绝大部分信息。

表 8.1 每个成分对应的特征值及方差贡献率和累计贡献率

主成分编号	特征值	单个成分贡献率/%	累计贡献率/%
1	5.688	63.202	63.202
2	1.034	11.488	74.690
3	0.925	10.274	84.964
4	0.582	6.471	91.435
5	0.346	3.848	95.283
6	0.297	3.302	98.585
7	0.090	0.994	99.579
8	0.026	0.290	99.869
9	0.012	0.131	100.000

对于任一主成分 $\boldsymbol{Y}_i$，都满足 $\boldsymbol{Y}_i=\sum_{i=1}^{p}(\boldsymbol{u}_{ij}\cdot\boldsymbol{x}_j)$，因此可以通过 SPSS 软件求解出所有的系数 $\boldsymbol{u}_{ij}$，前四个主成分对应的系数如表 8.2 所示。

表 8.2 前四个主成分对应的系数计算结果

对应项目	主成分编号			
	1	2	3	4
最大车速 x_1	0.123	−0.162	−0.368	0.890
车速标准差 x_2	0.098	−0.627	0.387	−0.479
平均车速 x_3	−0.088	0.204	0.828	0.454
最大加速度 x_4	0.149	−0.225	0.098	0.296
平均加速度 x_5	0.160	−0.313	0.119	0.043
加速踏板最大行程 x_6	0.162	0.344	0.092	−0.085
加速踏板行程变化率平均值 x_7	0.163	0.271	0.124	−0.201
加速踏板标准差 x_8	0.146	0.327	−0.135	−0.499
加速踏板行程变化率标准差 x_9	0.146	0.244	0.212	0.321

现在可以使用一个综合评价指标 F 来评价每个主成分 $\boldsymbol{Y}_i$ 和每个标准化后的原始数据 $\boldsymbol{x}_j$ 对原始数据的影响[35,36]，综合评价指标 F 的计算如下：

$$F=\sum_{i=1}^{n}\left(\lambda_i/\sum_{i=1}^{p}\lambda_i\right)\boldsymbol{Y}_i=\sum_{i=1}^{n}\partial_i\boldsymbol{Y}_i=\sum_{i=1}^{n}\partial_i\left(\sum_{j=1}^{p}\boldsymbol{u}_{ij}\boldsymbol{x}_j\right)=\sum_{j=1}^{p}L_j\boldsymbol{x}_j \tag{8.4}$$

由式(8.4)可知，$\boldsymbol{x}_j$ 的系数 L_j 的绝对值反映了 $\boldsymbol{x}_j$ 对综合评价指标的影响，经计算获得的 $\boldsymbol{x}_j$ 的系数 L_j 如表 8.3 所示。

表 8.3　在综合评价指标 F 中各 $\boldsymbol{x}_j$ 的系数 L_j 计算结果

最大车速	车速标准差	平均车速	最大加速度	平均加速度	加速踏板最大行程	加速踏板行程变化率平均值	加速踏板标准差	加速踏板行程变化率标准差
0.07891	0.05905	0.02189	0.09755	0.08017	0.14586	0.13388	0.08368	0.16286

通过表 8.3 显然容易得出在 F 与 $\boldsymbol{x}_j$ 关系式中系数绝对值较大的三个表征参数分别是加速踏板行程变化率标准差、加速踏板最大行程和加速踏板行程变化率平均值，因此选用这三个参数来表征起步工况下驾驶员的驾驶特性。

8.2.2　驾驶员特性参数的聚类分析

人们采用聚类分析的方法对事物进行研究已有较长的历史，聚类分析是模式识别、机器学习、大数据挖掘、图像识别等领域的主要应用技术，并且在很多其他领域也具有广泛的应用。本章采用聚类分析的方法对驾驶员特性进行分析，以期得到驾驶员的特性分类数据。下面以起步工况下驾驶员特性聚类分析为例进行说明。

起步工况是驾驶汽车过程中非常重要且常见的一种工况，此处仅研究汽车在没有其他汽车及外界干扰下的驾驶员自由起步的工况。将驾驶过程中纵向车速 0～20km/h 的阶段定义为起步工况。

1. 聚类类别数的确定

在使用高斯混合模型（Gaussian mixture model, GMM）算法来进行聚类分析时，需要提前确定聚类的数目，通常可以采用聚类计算结果的轮廓系数 Silhouette 值来进行一定的评价，Silhouette 的计算如下：

$$S_i = \frac{b_i - a_i}{\max\{a_i, b_i\}} \tag{8.5}$$

式中，a_i 是簇内不相似度；b_i 是簇间不相似度。

当 S_i 越大且越接近 1 时分类效果越好，经过计算后的平均 S_i 值如表 8.4 所示。

表 8.4　聚类中心数的平均 S_i 值

聚类中心数	平均 S_i 值
2	0.75909
3	0.65613
4	061306
5	0.62716

由表 8.4 可知，当聚类中心数为 2 时平均 S_i 值最高，聚类中心数为 3 时的平均 S_i 值次之。考虑平均 S_i 值与 Silhouette 图，同时考虑到不使分类过于简单，由此可以确定将驾驶员在起步阶段的聚类数确定为 3 是比较合适的。考虑本章研究的具体

问题，将驾驶员特性分为保守型、一般型和激进型三种类型。

2. GMM 算法聚类分析

在对原始数据的多个表征参数进行主成分分析后，用所得出的三个表征参数就可以较为准确地进行聚类分析，本章选用 GMM 算法来进行聚类分析，GMM 由多个高斯分布线性组合而成，理论上可以近似模拟出任意的概率分布。

GMM 算法是给出每个样本的类别隶属概率而不是直接给出类别隶属的判定结果，这种聚类模型更适用于驾驶员特性这类界限不是十分明确的软聚类问题，精度也更高。GMM 的概率密度函数如式(8.6)所示：

$$p(x)=\sum_{k=1}^{K}p(k)p(x\,|\,k)=\sum_{k=1}^{K}\pi_k N(x\,|\,\mu_k,\sum k) \tag{8.6}$$

式中，$p(k)$ 是第 k 个成分所占权重；π_k 是第 k 个成分的混合系数；μ_k 是第 k 个成分的均值；$\sum k$ 是第 k 个成分的协方差。

GMM 算法中的 $p(k)$、μ_k 和 $\sum k$ 等参数通常未知，因此使用基于隐变量学习的期望极大值(expectation maximizition, EM)迭代算法来求解 GMM。

图 8.3 是将采集到的 234 组数据使用 EM 迭代算法求解 GMM 的结果。从图 8.3 中可以看出，样本数据基本被分成了三类且每一类中都存在聚类中心，其详细聚类情况如表 8.5 所示。

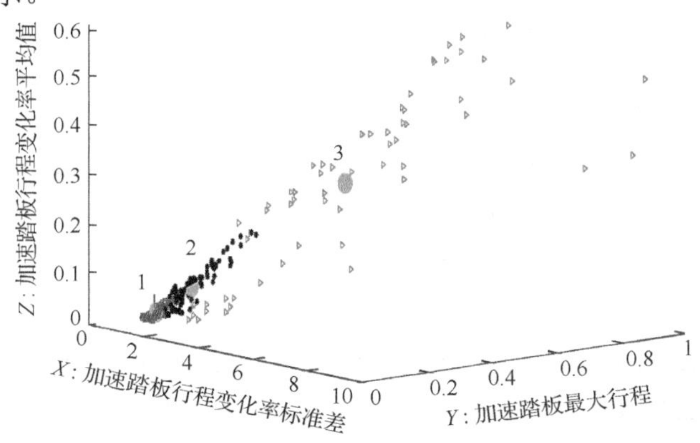

图 8.3　GMM 算法聚类结果

由表 8.5 可知，共得到了三个群组，第一个群组包含了 95 个样本点，第二个群组包含了 78 个样本点，第三个群组包含了 61 个样本点。从第一个群组到第三个群组，聚类中心的三个参数都在增大，考虑三个参数的实际物理意义，即代表驾驶员在驾驶时加速踏板的平均行程和最大行程都在增加，加速踏板行程的波动也在增加，这说明驾驶员对动力性的需求在增加。因此，可以将第一个群组数据所代表的驾驶员驾驶特性确定为保守型，第二个群组数据所代表的驾驶员驾驶特性为一般型，第三个群组数据所代表的驾驶员驾驶特性为激进型，三种驾驶风格类型的驾驶员所占的比例分别是 40.60%、33.33%和 26.07%，使用 GMM 算法获得的聚类中心和聚类范围是用于起步阶段驾驶员特性识别的基础。

表 8.5　GMM 算法聚类中心及聚类范围

聚类编号	聚类中心(X,Y,Z)	聚类范围(X,Y,Z)	
1	(0.5815,0.1571,0.0167)	X	(0.34236～0.83718)
		Y	(0.13485～0.19440)
		Z	(0.00255～0.04109)
2	(0.9667,0.2338,0.0643)	X	(0.48511～1.72670)
		Y	(0.17455～0.37690)
		Z	(0.00976～0.17207)
3	(2.7282,0.5629,0.2622)	X	(1.10960～8.63030)
		Y	(0.17455～0.98640)
		Z	(0.00034～0.55021)

8.2.3　基于 Fisher 判别的起步过程驾驶特性识别

1. Fisher 判别的原理

驾驶员的特性识别其实就是驾驶员特性的分类问题，属于模式判别。在前面分析中已经将驾驶员起步工况的驾驶特性进行了分类，一般常用的模式判别方法有以自组织映射(self-organizing maps, SOM)网络、GMM 算法等为代表的无监督学习方法和以 Fisher 判别、支持向量机等为代表的有监督学习方法。无监督学习方法对原始数据要求较低，可以直接识别未经训练的样本，但通常运算量都较大，实时性不够好。本章选择 Fisher 判别器，该判别器是一种高效简便易用的降维判别器，对总体分布没有特定要求，广泛应用于人脸识别、医学图像分类、语音识别等研究领域，相比于 GMM 算法具有更好的实时运算性能，更加适合驾驶风格识别的需求。

2. 经典 Fisher 判别

经典 Fisher 判别是基于 Bayes 判别发展而来的，是将多维空间中的数据点在低维空间上投影，即将 k 组 p 维的数据变量向某个方向投影，以使得投影后不同类数据之间尽可能远离分开，即使得不同类间离差度 A 尽量大，同时使得同类数据之间尽可能接近，即使得类内离差度 E 尽量小[37]，类间离差度 A 和类内离差度 E 的计算公式如式(8.7)和式(8.8)所示：

$$\boldsymbol{A}=\sum_{i=1}^{k} n_i(\overline{\boldsymbol{x}}^{(i)}-\overline{\boldsymbol{x}})(\overline{\boldsymbol{x}}^{(i)}-\overline{\boldsymbol{x}})' \tag{8.7}$$

$$\boldsymbol{E}=\sum_{i=1}^{k} q_i \boldsymbol{s}^{(i)} \tag{8.8}$$

式中，n_i 是每个总体中的样本数；$\bar{\boldsymbol{x}}^{(i)}$ 是每个总体类的样本均值向量；$\bar{\boldsymbol{x}}$ 是总的均值向量；q_i 是先验概率(通常可取 $q_i = n_i - 1$)；$\boldsymbol{s}^{(i)}$ 是每个总体类的样本协方差矩阵。

Fisher 判别器的工作原理就是寻找最佳投影方向以完成判别目标，判别目标函数 J 的表达式如下：

$$J = \frac{\boldsymbol{u}'\boldsymbol{A}\boldsymbol{u}}{\boldsymbol{u}'\boldsymbol{E}\boldsymbol{u}} \tag{8.9}$$

通过求判别目标函数 J 的最大值即可求解出最佳投影方向向量 $\boldsymbol{u}$，在求解过程中可知 J 和 $\boldsymbol{u}$ 是 A、E 的广义特征根和对应的特征向量。在求出 $\boldsymbol{u}$ 后可以构造判别函数，判别函数如下：

$$\boldsymbol{y}_l(\boldsymbol{x}) = \boldsymbol{u}^{(l)}\boldsymbol{x} \tag{8.10}$$

式中，$l=1, 2, \cdots, m$。

判别分类的准则是假设把总体分成 p 类，若某一个样本要属于第 n 类，则其判别函数的得分需要满足式(8.11)所示的关系，即其判别函数得分需要与第 n 类的判别函数得分的距离最接近。

$$\left|\boldsymbol{y}_p - \overline{\boldsymbol{y}_n}\right| < \left|\boldsymbol{y}_p - \overline{\boldsymbol{y}_q}\right| \tag{8.11}$$

式中，$n, q=1, 2,\cdots, m$，且 $n \neq q$。

由于 Fisher 判别器是有监督学习算法，需要在 234 组样本数据中构造训练集和测试集，根据统计学的要求，在没有交叉检验集的情况下，一般随机选取 80%的样本数据作为训练集，20%的样本数据作为测试集，即在保守型驾驶员数据样本中选取了 19 个数据，在一般型驾驶员数据样本中选取了 16 个数据，在激进型驾驶员数据样本中选取了 12 个数据作为测试集。采用训练集数据对 Fisher 判别器进行训练学习后，将获得的结果用于对测试集的样本识别，识别结果如图 8.4 和表 8.6 所示。

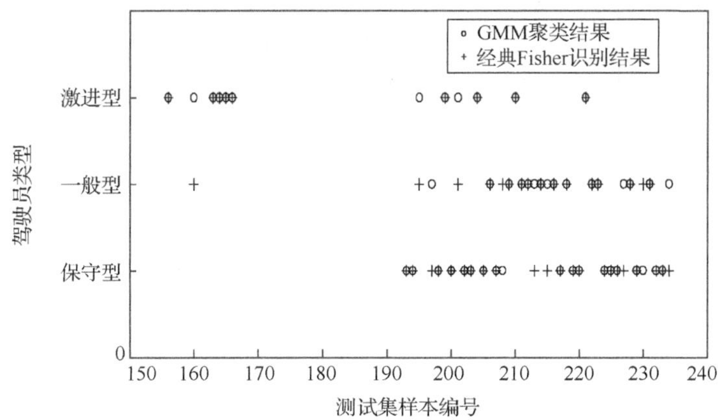

图 8.4　经典 Fisher 判别器判别

表 8.6　经典 Fisher 测试集识别结果

驾驶员类型	总样本数	测试集抽样样本数	正确识别样本数
保守型	95	19	18
一般型	78	16	11
激进型	61	12	9

由图 8.4 和表 8.6 可知，以 GMM 聚类分析获得的结果作为参考结果，经典 Fisher 判别器在三种驾驶员类型的测试集中正确识别了 38 个样本，错误识别了 9 个样本，识别的总体正确率达到了 80.85%，说明经典 Fisher 判别的有效性，但这个正确率还可以进一步提高。

3. 改进的 Fisher 判别

考虑通过改进 Fisher 判别器来进一步提高判别这些数据样本的正确率。改进的判别器基于原判别函数，但引入了一个权重因子 p，该因子用于衡量个体在总体中所占的比例，权重因子 p 定义在 0～1，能够通过调整 p 方便地产生多种互异的结果，将目标函数从分式型变成了差式型[38]，通过求判别目标函数，从而求得最佳投影的方向向量 $\boldsymbol{u}$，其计算公式如下：

$$J_2 = p\boldsymbol{u}'\boldsymbol{A}\boldsymbol{u} - (1-p)\boldsymbol{u}'\boldsymbol{E}\boldsymbol{u} = \boldsymbol{u}'[p(\boldsymbol{A}+\boldsymbol{E}) - \boldsymbol{E}]\boldsymbol{u} \tag{8.12}$$

由前面分析可知，$\boldsymbol{u}$ 的解就是矩阵 $p(\boldsymbol{A}+\boldsymbol{E})-\boldsymbol{E}$ 的最大特征根所对应的特征向量。为了获得性能最佳的 Fisher 判别器，通过调节 p 的取值可以获得多个判别函数，最终 p 的合理取值范围是通过测试集的判别正确率来确定的。

在 0.1～0.9 范围内选取权重因子 p 的值，步长为 0.1，将得到的不同判别函数回代用测试集进行检验，获得了权重因子 p 取值与测试集的判别正确率的关系，如图 8.5 所示。

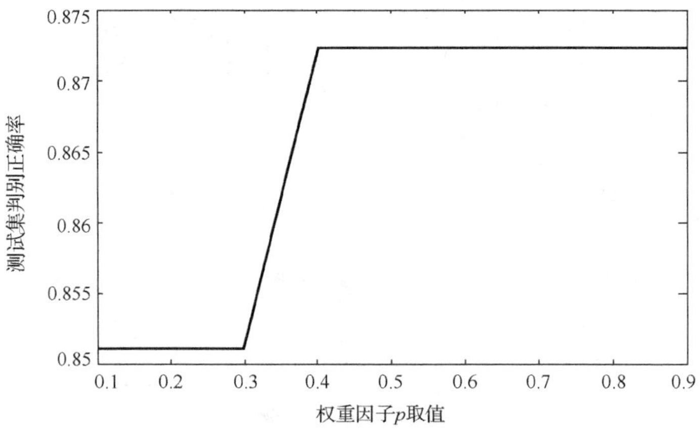

图 8.5　权重因子 p 取值与测试集的判别正确率关系图

由图 8.5 可以发现，当权重因子 p 的取值范围在[0.4,0.9]时，测试集判别正确率可较为稳定地达到了 87.23%，具有比较优良的测试集判别正确率。其具体判别结果如图 8.6 和表 8.7 所示。

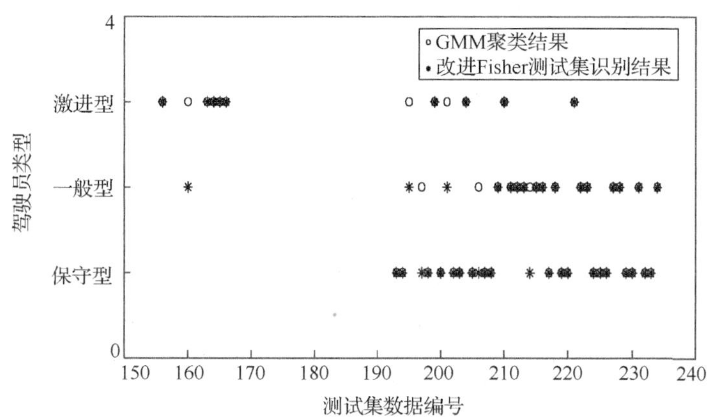

图 8.6　改进 Fisher 判别器判别

表 8.7　改进 Fisher 测试集识别结果

驾驶员类型	总样本数	测试集抽样样本数	正确识别样本数
保守型	95	19	19
一般型	78	16	13
激进型	61	12	9

由图 8.6 和表 8.7 可知，使用了改进的 Fisher 判别器后，在计算量并无较大变化的前提下能对数据样本的识别率有较大的提升，尤其是对保守型和一般型的判断效果提升比较显著。

综上所述，Fisher 判别方法在处理该问题时总体上来说是有效的，对于本章所研究的工况，即便使用经典 Fisher 判别也可以获得 80%以上的测试集识别正确率，在引入权重因子并进行合适的选择后，改进 Fisher 判别的识别正确率得到了进一步的提升，可认为改进的 Fisher 判别对于起步工况的驾驶特性识别具有较好的效果。

8.2.4　驾驶员的综合特性

8.2.1 节～8.2.3 节将驾驶员典型驾驶过程分解为起步、加速和制动三种工况，并对每个工况的驾驶员特性进行了研究，即驾驶员特性的识别需要先对各个工况下的特性进行识别。在对各个工况下的驾驶员特性进行识别之前需要识别出驾驶员驾驶数据中的驾驶工况，在识别出各个工况后，利用各个工况的驾驶数据计算各个工况下的代表性特性参数(如起步工况的加速踏板行程变化率标准差、加速踏板行程变化率平均值和加速踏板最大行程）。需要说明的是，在驾驶员一次驾驶过程中每个工况可能出现多次，为了充分利用驾驶数据体现驾驶员的特性，每个识别到的工况数据段都需要计算相应的特性参数，然后对驾驶员该工况驾驶特性识别的参数采用取算术平均值的方法，具体如下：

$$P_{mi} = \frac{\sum_{k=1}^{n} p_{mi}^{k}}{n} \tag{8.13}$$

式中，p_{mi}^{k} 为某 m 工况下第 k 个工况段的第 i 个特性参数；P_{mi} 为某 m 工况下总的第 i 个特性参数值。

在计算得到三个工况下相应的特性参数 P_{mi} 后，利用 Fisher 判别方法就可以根据相应的特性参数得到相应工况下的驾驶员特性，为了将驾驶员特性用于汽车控制系统，本章将驾驶员特性进行量化，驾驶员特性指数量化公式如下：

$$i_m = \begin{cases} 0, & \text{驾驶员特性为保守型} \\ 1.5, & \text{驾驶员特性为一般型} \\ 3, & \text{驾驶员特性为激进型} \end{cases} \tag{8.14}$$

式中，i_m 为某 m 工况下驾驶员特性指数。

在识别出起步、加速和制动三种工况下的驾驶员特性后，为了综合评价驾驶员特性，总的驾驶员特性由这三个工况下的驾驶员特性指数求算术平均值所得，即

$$I = \frac{\sum_{m=1}^{3} P_{m}}{3} \tag{8.15}$$

式中，I 为总的驾驶员特性指数，由 i_m 的取值可知 I 的取值范围为{0,0.5,1,1.5,2,2.5,3}，其中，0 表示最为保守型，1.5 表示一般型，3 表示最为激进型，0.5 和 1 表示偏保守型，2 和 2.5 表示偏激进型。

8.3　不同驾驶风格的弯道车速分析

8.3.1　驾驶风格分类模型的建立

从驾驶员特性化需求来说，每个驾驶员在弯道行驶过程中都有自己的驾驶倾向。例如，在保证弯道行驶安全的前提下，有的驾驶员倾向于快速地驶入和驶出弯道，实现最佳行车效率；有的驾驶员倾向于以合适的车速驶入和驶出弯道，以实现最佳燃油经济性。

如何让“车适应人”以满足不同驾驶员的驾驶需求，首先需要对驾驶员的特性进行量化分析。本节主要基于 8.2 节量化出来的驾驶员特性去设计个性化的弯道行驶车速方案。基于 8.2 节的研究，首先将驾驶员驾驶特性进行量化，驾驶员的特性指数的量化模型如式(8.15)所示。

在本节车速规划研究中，基于驾驶员特性的车速设计有如下规律：当驾驶员特性指数为 0 时，设计的是经济性车速轨迹；当驾驶员特性指数为 3 时，设计的是最佳行车时间车速轨迹；当驾驶员特性指数为 0～3 时，是基于经济性指标和行车效率指标综合决策下的车速设计。

8.3.2　单一曲率下不同驾驶特性的弯道个性化车速

根据前面研究可知，对于某一地面附着系数和单一曲率下的弯道，会存在特定的经济性车速和稳定极限车速，而这两个值通常是不相等的。本章研究中，只考虑在地面附着系数足够的条件下，进行汽车弯道行驶的个性化车速研究。假设在沥青路面上，不同道路弯曲度下稳定极限车速和经济性车速的关系如图 8.7 所示。

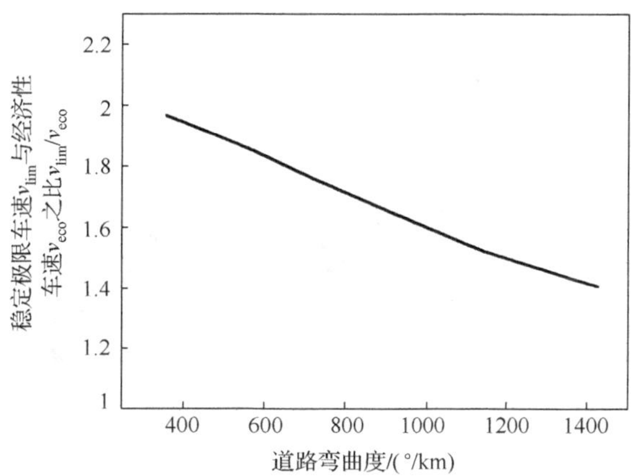

图 8.7　v_{lim}/v_{eco} 与道路弯曲度的关系

考虑到不同驾驶员在同一弯道上的不同车速需求，因此，在单一曲率道路下，不同驾驶员也对应不同的个性化车速。基于驾驶员特性的自适应弯道个性化车速可以根据驾驶员特性指数 I 进行确定，即

$$v_p = \begin{cases} v_{eco}, & I = 0 \\ v_{eco} + \dfrac{I}{I_{max}}(v_{lim} - v_{eco}), & I \in (0,3) \\ v_{lim}, & I = 3 \end{cases} \tag{8.16}$$

式中，v_p 表示单一曲率道路下的个性化车速，单位为 km/h；v_{eco} 表示单一曲率道路

下的经济性车速，单位为 km/h；$v_{\lim}$ 表示单一曲率道路下的稳定极限车速，单位为 km/h。

当 I=0 时，表明该驾驶员以经济性系统为导向，期望以经济性车速行驶，减少燃油消耗；当 I=3 时，表明该驾驶员以稳定极限车速行驶，减少行车时间；当驾驶员特性指数在 0～3 时，说明该驾驶员的驾驶需求介于二者之间，此时个性化车速主要根据驾驶员特性指数计算得到。

根据式(8.16)可以得到在不同单一曲率道路下，不同驾驶员所需求的弯道个性化车速，如图 8.8 所示。不难看出，在不同道路弯曲度下不同特性驾驶员所需求的弯道行驶个性化车速是不同的。在同一道路弯曲度下，随着驾驶员特性指数的增大，其个性化车速也在相应提高，符合驾驶员对减小时间的需求。而在同一驾驶员特性指数的情况下，随着道路弯曲度的提高，个性化车速在不断减小，这是因为在小半径弯道上所允许的稳定极限车速明显降低。

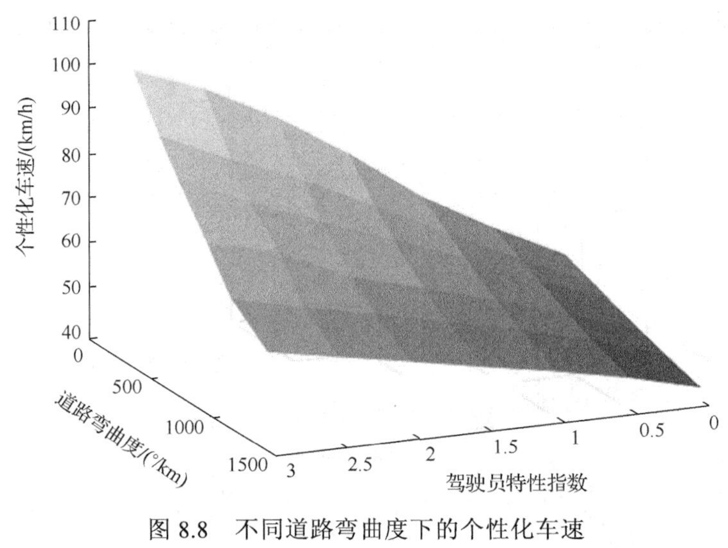

图 8.8　不同道路弯曲度下的个性化车速

8.4　基于驾驶员特性指数的综合车速设计

8.4.1　综合车速方案设计和算法建立

通过前面分析可知，不同特性驾驶员在单一曲率道路下所希望的个性化车速是不同的。当驾驶员特性指数和道路弯曲度已知时，便可以得到该驾驶员期望的弯道个性化车速。当汽车由直道驶入弯道或者从弯道驶离进入直道时，由于汽车在直道上的车速通常大于弯道上的行驶车速，所以汽车驶入、驶离弯道时车速会有变化。

如何在汽车入弯和出弯时实现满足不同特性驾驶员要求的对燃油经济性和行车效率的综合最优决策，是接下来需要研究的问题。

在考虑汽车驶入和驶离弯道时的个性化车速研究中，主要是基于弯道行驶时的经济性车速系统和稳定极限车速系统进行车速综合决策，本节是根据驾驶员特性指数去加权经济性指标和行车效率指标，利用动态规划算法得到个性化车速轨迹。综合车速决策设计方案如图 8.9 所示。

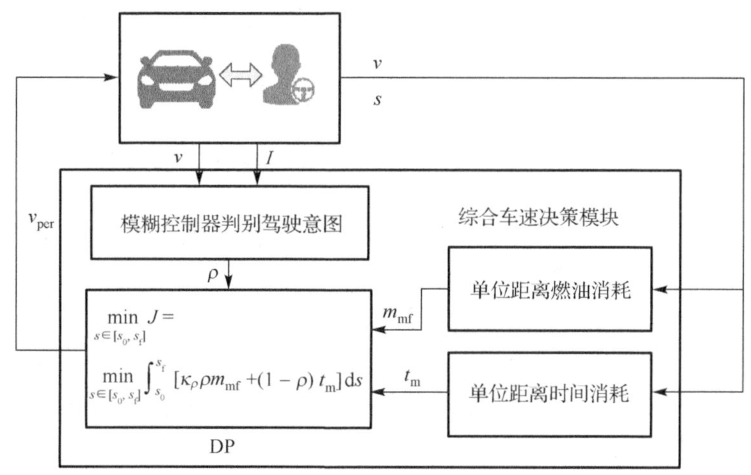

图 8.9　综合车速决策设计方案

如图 8.9 所示，当不同特性驾驶员驶入或者驶离弯道时，综合车速决策模块首先选择单位距离燃油消耗和单位距离时间消耗作为代价函数指标，再结合模糊控制器判别驾驶员驾驶意图，给予经济性指标和行车效率指标不同的权重系数，利用动态规划算法计算总过程的代价函数最优来求得不同特性驾驶员所需求的最优车速轨迹。

该模块关键是代价函数的建立，该代价函数既要考虑汽车的燃油经济性也要考虑行车效率。在本章研究中，选择单位距离燃油消耗作为经济性指标，单位距离时间消耗作为行车效率指标。

单位距离燃油消耗可表示为

$$m_{mf}=\int_{t_0}^{t_f}\dot{m}_f dt=\int_{s_0}^{s_{end}}\dot{m}_f\frac{3.6ds}{v} \tag{8.17}$$

式中，$\dot{m}_f$ 是汽车瞬态燃油消耗率，单位为 cm^3/s；m_{mf} 是单位距离燃油消耗，单位为 cm^3/m；ds 表示单位距离路程，单位为 m。

单位距离时间消耗可表示为

$$t_{\mathrm{m}}=\frac{7.2\mathrm{d}s}{v_k+v_{k+1}} \tag{8.18}$$

式中，v_k和v_{k+1}分别是第k阶段和$k+1$阶段的车速，单位为 km/h；t_{m}为单位距离时间消耗，单位为 s。

同时，考虑到不同驾驶员对经济性指标和行车效率指标需求的不同，设经济性指标的权重系数为ρ，则行车效率指标的权重系数为$1-\rho$。为保证两指标数值在同一数量级，经济性指标的归一化加权因子为κ_ρ，则系统的代价函数为

$$\min_{s\in[s_0,s_{\mathrm{f}}]} J=\min_{s\in[s_0,s_{\mathrm{f}}]}\int_{s_0}^{s_{\mathrm{f}}}\left[\kappa_\rho\rho m_{\mathrm{mf}}+(1-\rho)t_{\mathrm{m}}\right]\mathrm{d}s \tag{8.19}$$

此外，将汽车行驶方程式按空间离散，得到系统状态方程为

$$\begin{gathered}v_{k+1}=\frac{\Delta s}{v_k}\frac{3.6r_{\mathrm{w}}}{I_{\mathrm{w}}+I_{\mathrm{e}}\eta i_k^2+mr_{\mathrm{w}}^2}[i\eta T_{\mathrm{e}k}-r_{\mathrm{w}}(F_{\mathrm{yf}k}\sin\delta_k+C_xv_k^2+F_{\mathrm{r}k}-mv_{yk}\omega_{\mathrm{r}k})]+v_k\\ k=0,1,\cdots,N-1\end{gathered} \tag{8.20}$$

对于汽车驶入弯道而言，初始状态车速为直道上的个性化车速$v_0=v_{\tan}$，末状态为弯道个性化车速$v_{\mathrm{f}}=v_{\mathrm{per}}$；对于汽车驶离弯道而言，初始状态车速为弯道个性化车速$v_0=v_{\mathrm{per}}$，末状态为直道上的个性化车速$v_{\mathrm{f}}=v_{\tan}$。

8.4.2 驾驶员综合决策意图识别

当汽车驶入和驶离弯道时，需要根据驾驶员特性对燃油经济性和行车效率的偏好对车速进行规划，以满足个性化驾驶需求。本节采用模糊控制逻辑对驾驶员综合决策意图进行识别，以驾驶员特性指数和当前车速作为模糊系统输入，输出值为分配给经济性指标和行车效率指标的权重系数。

在汽车驶入和驶离弯道时，需要选取合适的参数来判别驾驶员当前对燃油经济性和行车效率的需求。驾驶员特性指数是一个基于历史驾驶数据得到的比较稳定的参数来反映该驾驶员驾驶倾向，但同时保守型驾驶员有时也会有较快驶入和驶离弯道的需求或者激进型驾驶员也会有短时经济性需求，所以为了准确识别当前驾驶员的驾驶需求，汽车当前车速也作为识别驾驶员驾驶意图的另一个参数。据此，综合决策意图识别模糊推理器的设计如图 8.10 所示。

该控制器为二输入单输出形式，即车速和驾驶员特性指数作为系统输入，权重系数为系统输出。模糊化可以把输入量转换成模糊集合并建立隶属度函数；推理机使用知识库中的规则和数据产生模糊结论，其基本任务包括两部分，一是匹配当前输入与哪些规则和数据有关，二是利用当前的输入和推理导出结论。反模糊化可以把模糊结论解释为实际物理量输出，以便被执行机构所实现。

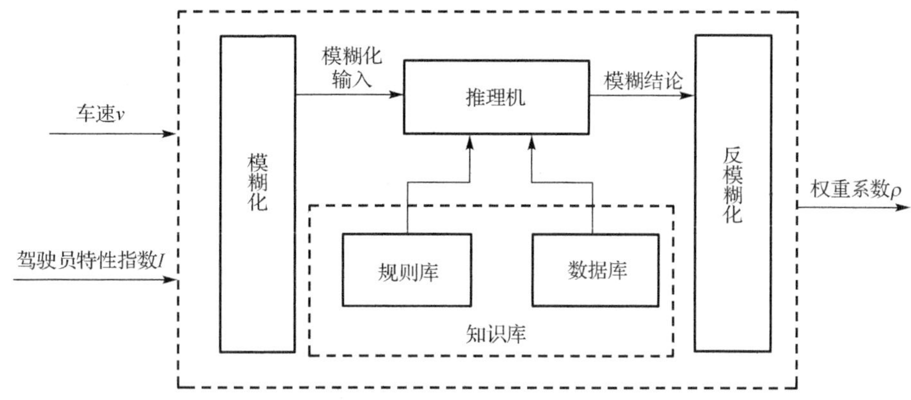

图 8.10　综合决策意图识别模糊推理器设计

在模糊推理过程中，规定隶属度函数采用“取小”原则，反模糊化采用重心法，二维模糊推理器控制面如图 8.11 所示。

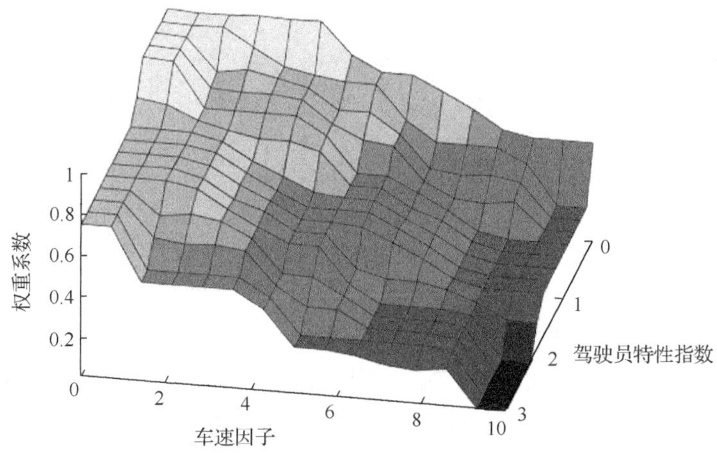

图 8.11　二维模糊推理器控制面

如图 8.11 所示，随着车速因子和驾驶员特性指数的增大，系统输出的权重系数不断减小，这说明在高速和激进型驾驶特性情况下，在代价函数中经济性车速系统所占比重不断减小，稳定极限车速系统所占比重不断增大，此时驾驶员更倾向于追求最佳行车效率；相反，在车速因子和驾驶员特性指数较小时，系统输出的权重系数较大，说明经济性车速系统所占比重较大，表明车速较低时一般型驾驶员和保守型驾驶员更多追求燃油经济性，这也与实际情况相符合。

当权重系数为 1 时，说明驾驶员选择的是最佳燃油经济性驾驶模式；当权重系数为 0 时，说明驾驶员选择的是最佳行车效率驾驶模式。以减速过程为例，相应的车速变化示意图如图 8.12 所示，$V_{\tan}$ 为直道上行驶车速，V_{per} 为弯道行驶个性化车速。

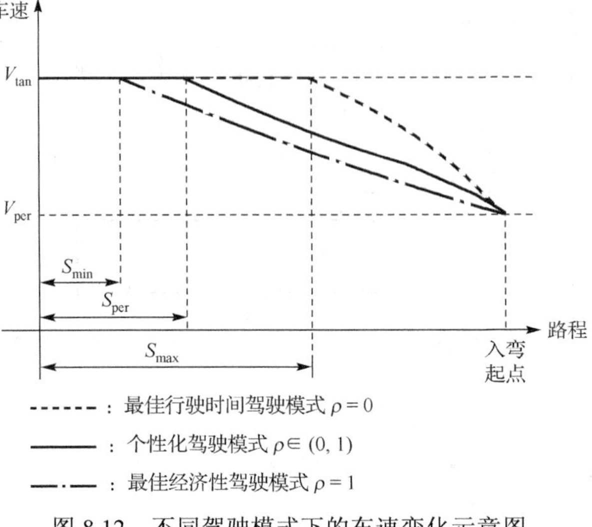

图 8.12　不同驾驶模式下的车速变化示意图

8.5　不同驾驶特性的弯道行驶车速个性化规划技术

本节是对前面弯道安全性和经济性车速的集成。

利用动态规划算法，结合汽车当前车速和驾驶员特性指数得到的经济性车速系统和稳定极限车速系统的权重系数，可以实现不同特性驾驶员驶入和驶离弯道过程车速的个性化需求。

首先，以汽车驶入弯道为例进行分析。当汽车在弯道行驶时的前轮转角为 3°，驾驶员特性指数为 1 时，可以得到期望的稳态弯道车速为 55km/h。假设已知汽车当前在直道上的车速为 70km/h，在不同权重系数下，汽车进入弯道个性化车速的各项结果如表 8.8 所示。

表 8.8　个性化车速下汽车进入弯道相关结果

权重系数	行驶时间/s	行驶距离/m	燃油消耗/cm^3	燃油效率/(cm^3/m)
0	10.53	200	12.10	0.061
0.2	10.73	200	6.08	0.030
0.4	10.90	200	4.51	0.023
0.6	11.22	200	2.82	0.014
0.8	11.42	200	2.23	0.011
1	11.54	200	2.12	0.010

由表 8.8 可知，在权重系数由 0(最佳行车时间) 到 1(最佳燃油经济性) 的变化过程中，行驶时间在不断增大，但燃油消耗在明显减少，说明不同特性驾驶员对行车

效率和燃油消耗的“偏重”程度是不一样的，符合不同驾驶员对二者不同决策的要求。如果根据当前车速和驾驶员特性指数，通过综合决策意图识别模糊推理器得到的系统输出的权重系数为 0.38，则驾驶员期望的驶入弯道前的车速变化如图 8.13 所示。

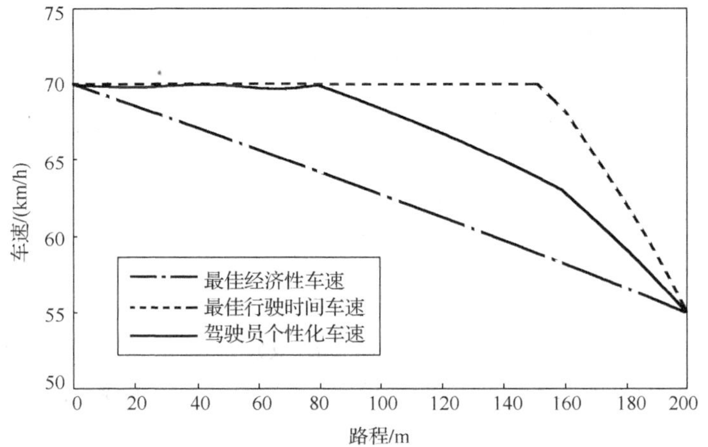

图 8.13　个性化驾驶模式下的减速入弯示意图(v_{tan}=70km/h，I=1)

由图 8.13 可知，当汽车在直道上的车速为 70km/h，驾驶员特性指数为 1 时，驾驶员个性化车速变化如实线所示。可以发现，通过紧急制动可以减少行驶时间，汽车滑行可以减少燃油消耗；当加权经济性系统和稳定性系统得到个性化车速时，汽车会先保持匀速行驶而后会适时减速至弯道目标个性化车速。

同理，当弯道行驶时汽车前轮转角为 3.8°，驾驶员特性指数为 1.5, 在入弯前直道上的车速为 65km/h 时，该驾驶员期望的弯道个性化车速为 53km/h，模糊推理器系统输出的权重系数为 0.43，相应的个性化入弯车速变化如图 8.14 所示。

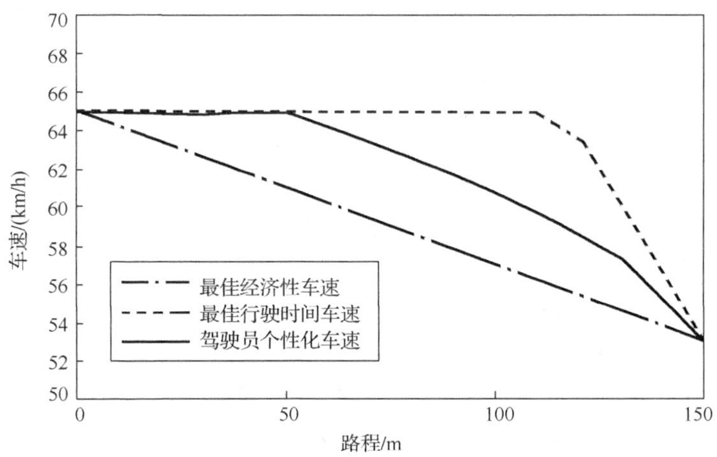

图 8.14　个性化驾驶模式下的减速入弯示意图(v_{tan}=65km/h，I=1.5)

类似地，当汽车驶离弯道时，需要恢复到直道上较高的速度。当弯道行驶时的前轮转角为 3°，驾驶员弯道个性化车速为 55km/h，汽车在直道上的车速为 70km/h 时，在不同权重系数下，汽车驶离弯道时个性化车速各项结果如表 8.9 所示。

表 8.9　个性化车速下汽车驶离弯道相关结果

权重系数	行驶时间/s	行驶距离/m	燃油消耗/cm^3	燃油效率/(cm^3/m)
0	10.62	200	25.12	0.127
0.2	10.80	200	23.10	0.116
0.4	10.87	200	21.49	0.107
0.6	10.95	200	20.52	0.103
0.8	11.09	200	20.13	0.101
1	11.46	200	19.84	0.099

当该驾驶员特性指数为 1 时，通过综合决策意图识别模糊推理器可以得到系统输出的权重系数为 0.38，则驾驶员期望的驶离弯道前的车速变化如图 8.15 所示。

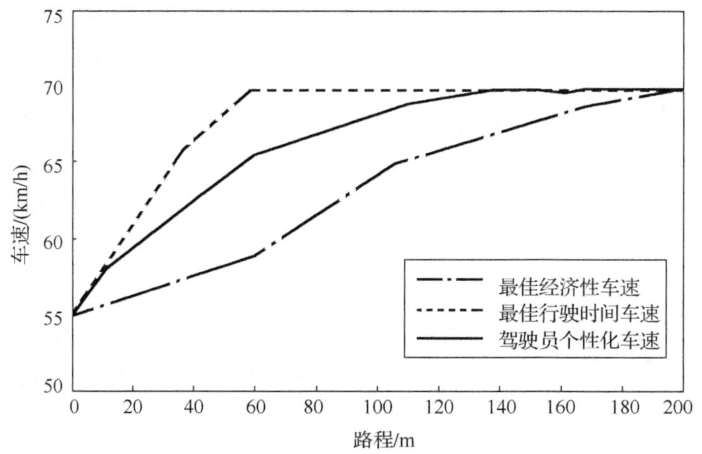

图 8.15　个性化驾驶模式下的加速出弯示意图(v_{tan}=70km/h，I=1)

由图 8.15 可知，以最佳行驶时间车速驶离弯道时，汽车是以最大加速度加速至直道上的车速，而后保持匀速行驶，可以减少行驶时间；以最佳经济性车速驶离弯道时，汽车是以合适的加速度逐渐加速至直道上的目标车速，可以减少燃油消耗；而当需要满足驾驶员个性化驾驶需求时，会综合燃油经济性和行车效率进行车速规划，符合该驾驶员的个性化车速轨迹处在上述两条车速轨迹之间，即需要适时加速直至直道上的目标车速。

同理，当弯道行驶时汽车前轮转角为 3.8°，驾驶员特性指数为 1.5，弯道个性化车速为 53km/h 时，该驾驶员直道上个性化车速为 65km/h，模糊推理器系统输出的权重系数为 0.43，那么相应的个性化驶离弯道车速变化如图 8.16 所示。

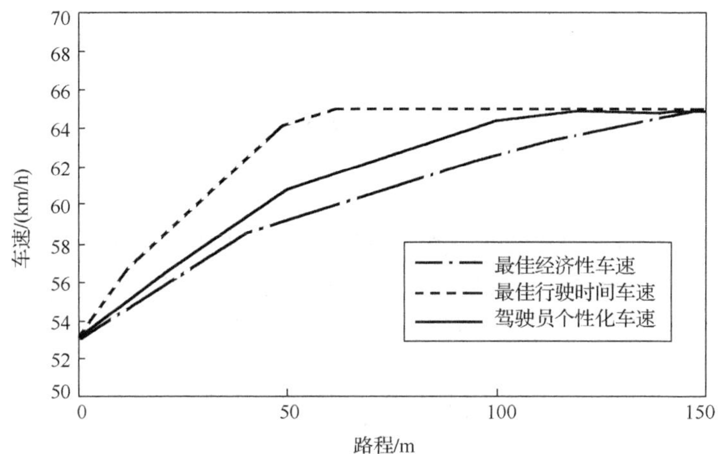

图 8.16　个性化驾驶模式下的加速出弯示意图(v_{tan}=65km/h，I=1.5)

由以上分析可见，不同特性驾驶员对汽车进出弯道时的燃油经济性和行车效率的需求是不同的，个性化驾驶员弯道车速轨迹是根据汽车经济性系统和稳定系统综合决策的结果。该技术可应用在人机共驾智能汽车中，满足不同特性驾驶员对智能汽车的个性化控制要求，实现智能汽车的个性化控制。

当然，本章只是个性化控制的初步研究。这方面的研究我已经获得了国家自然科学基金面上项目“人机共驾智能车辆的个性化控制研究(2019～2022)”的资助，今后我们将在这一领域进行更为深广的研究。

第 9 章　新的研究进展

本章主要介绍改进的瞬态燃油消耗模型和基于迭代动态规划算法的坡道行驶燃油经济性寻优策略。前者可以在第 3 章介绍的瞬态燃油消耗模型的计算精度和计算速度之间得到更好的平衡，后者可以提高动态规划算法的实时性。

9.1　改进的瞬态燃油消耗模型

9.1.1　原来瞬态燃油消耗模型的特点分析

第 3 章介绍了采用基本结构为稳态初估+瞬态修正的 BIT-TFCM-1 和 BIT-TFCM-2 瞬态燃油消耗模型，其采集的数据包括 Steady-state 循环、UDDS 循环、Highway 循环以及 US06 循环等四种工作循环。下面详细介绍这两个模型的特点。

1. BIT-TFCM-1 瞬态燃油消耗模型

BIT-TFCM-1 模型的稳态模块是以 Steady-state 循环匀速数据为基础建立的一个发动机稳态燃油消耗 Map 图，输入为发动机的转速和转矩，利用二维插值的方法可以获得汽车的稳态燃油消耗率。瞬态修正模块的输入为汽车的瞬时速度和加速度，并基于 VSP 分区对燃油消耗差值分别进行修正。其修正结构如下：

$$\dot{m}_c = \begin{cases} (\gamma_1+\gamma_2 v+\gamma_3 v^3)+(\gamma_4+\gamma_5 v+\gamma_6 v^3)a+(\gamma_7+\gamma_8 v+\gamma_9 v^3)a^2, & \text{VSP} \geqslant 0\text{kW/t} \\ -0.3984, & \text{VSP} < 0\text{kW/t}; v \geqslant 50\text{km/h} \\ -0.0038, & \text{VSP} < 0\text{kW/t}; v < 50\text{km/h} \end{cases} \tag{9.1}$$

式中，$\dot{m}_c$ 为瞬态修正燃油消耗率，单位为 cm^3/s；$\gamma_1 \sim \gamma_9$ 为模型系数；v 和 a 分别为汽车的速度(km/h)和加速度(m/s^2)。

2. BIT-TFCM-2 瞬态燃油消耗模型

BIT-TFCM-2 模型的稳态模块仍然采用 Steady-state 循环数据，输入为发动机的转速和转矩，利用多项式来拟合稳态燃油消耗；瞬态模块的建模数据为 UDDS&US06 循环的 D 组数据。其结构如下：

$$\begin{cases} m_{\mathrm{s}} = \gamma_0 + \gamma_1 T_{\mathrm{e}} + \gamma_2 n_{\mathrm{e}} + \gamma_3 T_{\mathrm{e}}^2 + \gamma_4 n_{\mathrm{e}} T_{\mathrm{e}} + \gamma_5 T_{\mathrm{e}}^3 + \gamma_6 n_{\mathrm{e}} T_{\mathrm{e}}^2 \\ m_{\mathrm{c}} = \sum_{i=1}^{3}\sum_{j=0}^{1} \beta_{i,j} a^i v^j \\ \dot{m}_{\mathrm{f}} = \mathrm{e}^{(m_{\mathrm{s}} + m_{\mathrm{c}})} \end{cases} \tag{9.2}$$

式中，m_{s} 为对数稳态燃油消耗率，单位为 $\mathrm{cm^3/s}$；m_{c} 为对数燃油消耗倍数比；$\dot{m}_{\mathrm{f}}$ 为汽车瞬态燃油消耗率，单位为 $\mathrm{cm^3/s}$。

3. 原来模型的不足

对以上两个瞬态燃油消耗模型进行了多种工况下的验证，发现两个模型在大部分时间内都能较好地预估出真实的燃油消耗，但是分别有以下特点。

(1) BIT-TFCM-1 模型对实测燃油消耗拟合得更好，更能精确地反映瞬态燃油消耗，但由于是采用插值的方法获得的稳态燃油消耗，计算速度较慢。

(2) BIT-TFCM-2 模型采用多项式拟合的方法获得稳态燃油消耗，因此运算速度快，但是在速度和加速度较大的区间内预测的准确性差一些。

9.1.2 原来模型的优化

1. 计算速度优化

BIT-TFCM-1 模型的稳态模块所采用的插值原始数据较多，进行全区域插值时会使计算量增大，导致计算时间过长，因此采用分块插值的算法，将插值区域缩小，减少插值原始数据，以缩短运算时间。

插值算法采用散乱数据插值，该插值算法首先对空间中的散乱点进行 Delaunay 三角剖分，然后对所要执行插值的数据点，根据其落在的某个 Delaunay 三角形而形成的表面进行插值，也就是说插值总是由其所在的 Delaunay 三角形来定义的。图 9.1 是对原始数据进行 Delaunay 三角剖分的示意图。

由图 9.1 可知，由于散乱点的分布非常不均匀，周围的三角形跨度非常大，这也增加了计算的误差，而分块之后可以很好地避免这个问题，以减小插值误差。

经过试验得知，当区域划分不重合的时候，插值运算会出现较大的误差，其原因是相邻子区域不连续的边界导致了算法的失真。因此，尝试对插值区域进行重叠的区域划分，以保证边界的连续性。根据原始数据的分布发现，发动机转速的分布比较分散，因此以转速为基础进行区域划分。

首先，确定子区间最短长度 $l_{\min}$ 以及相邻子区间的重叠度 q，重叠度的概念是相邻子区间所共同包含的区间长度占总长度的比率，即区间的重叠程度，因此 $0 \leqslant q \leqslant 1$；然后对全区域采用二叉树递归的方法进行分块，第一层的长度为 l_1，点集为 P_1，总区域为 Ω_1，于是该区域被分为两个互相重叠的子区域 $\Omega_{2,1}$ 和 $\Omega_{2,2}$，其重

叠长度为 ql_1；再对子区域进行依次分块，于是第 i 层的某个节点子树长度为 l_i，点集为 $P_{i,1}$ 和 $P_{i,2}$，对应区域为 $\Omega_{i,1}$ 和 $\Omega_{i,2}$，重叠长度为 ql_{i-1}；当 $l_i < l_{\min}$ 时停止分块，并输出最底层子树的区间范围。本章选取 $l_{\min} = 500$，$q = 0.3$，并根据试验结果进行微调。

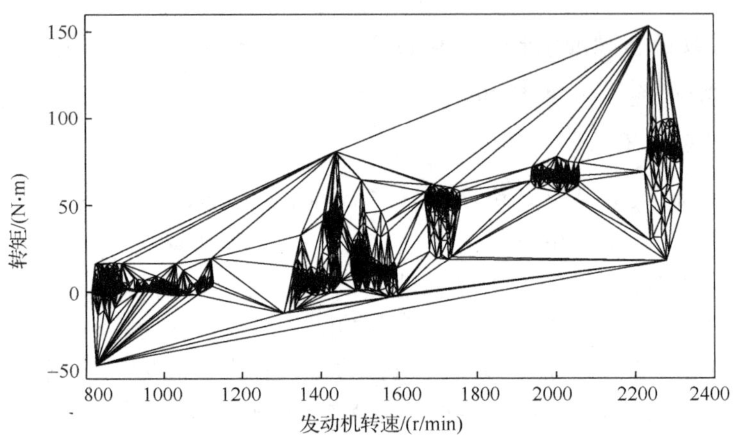

图 9.1　原始数据进行 Delaunay 三角剖分示意图

2. 计算精度优化

在以上两种模型中，稳态模块的输入采用的是汽车匀速行驶时发动机的转速和转矩，而为了使模型能够准确预测包括汽车加减速在内的所有工况，引入了以瞬时速度和加速度为瞬态输入参数的瞬态修正模块。可以说，瞬态修正模块的精准度直接决定了模型的精确性，因此，通过分析汽车的速度和加速度对模型误差的影响，以达到改进模型的目的。图 9.2 为 BIT-TFCM-2 模型预测燃油消耗时速度与加速度的关系，以及不同数据点的误差分布情况。

由图 9.2 可以看出，采用 BIT-TFCM-2 模型预测燃油消耗时，误差较大的数据点出现于图像的右上方，即速度、加速度相对较大的区域。由数据分析可知大误差数据点出现于 $v \geqslant 45$km/h 的区域。为了确定大误差数据点的边界条件，将其按区间长度为 5km/h 平均分为[45, 50], [50, 55],…, [125, 130]km/h 的若干子区间，并分别确定每个子区间内加速度的最小值 $a_{\min}$ 以及其对应的速度值 $v_{\min}$，构成有序数对 $[v_{\min}, a_{\min}]$。最后，通过数据拟合将有序数对的加速度确定为速度的函数，如图 9.2 中包络线所示，其表达式为

$$a_{\min} = 0.0003063v_{\min}^2 - 0.06206v_{\min} + 3.44 \tag{9.3}$$

线上的每个点代表了大误差数据点的加速度最小值，当输入的加速度大于其所定义的边界值时，用优化后的 BIT-TFCM-1 模型的预测燃油消耗代替 BIT-TFCM-2

模型的预测燃油消耗，该区域为

$$\begin{cases} v \geqslant 45 \\ a \geqslant 0.0003063v^2 - 0.06206v + 3.44 \end{cases} \tag{9.4}$$

因而 BIT-TFCM-3 模型就完全确定了。

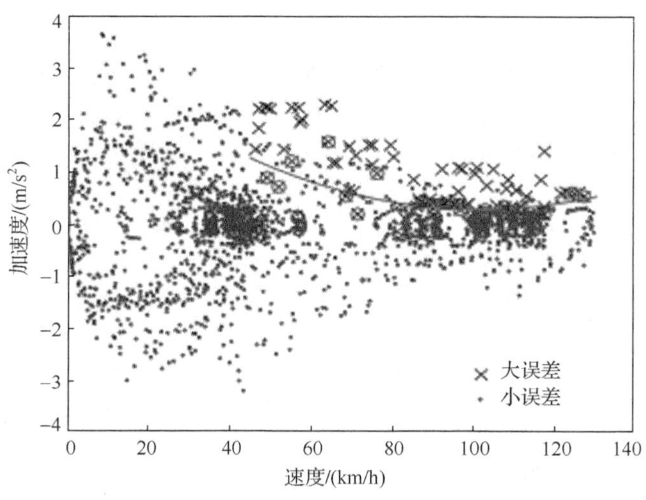

图 9.2　速度、加速度及误差分布图

9.1.3 BIT-TFCM-3 模型验证

1. 计算速度验证

在 US06 循环和 Highway 循环的环境下，通过多次运行求平均值的方法得到了仿真过程所需要的时间，如表 9.1 所示。由表 9.1 可以看出，相比于 BIT-TFCM-1 模型，BIT-TFCM-3 模型的运算时间在 US06 循环下缩短了 96.61%，在 Highway 循环下缩短了 97.49%，虽然稍慢于 BIT-TFCM-2 模型，但是已经可以满足运算要求。

表 9.1　US06 循环和 Highway 循环仿真耗时

循环工况	BIT-TFCM-1 模型	BIT-TFCM-2 模型	BIT-TFCM-3 模型
US06 循环	36.4319s	0.3913s	1.2348s
Highway 循环	43.6222s	0.3867s	1.0965s

2. 计算精度验证

图 9.3 为三个模型在 UDDS&US06 循环 V 组数据和 Highway 循环数据下实测燃油消耗率和预测燃油消耗率的对比结果，实线为两者的拟合关系。由图 9.3 可以看出，在 UDDS&US06 循环 V 组数据下，BIT-TFCM-3 模型的斜率 0.9892 比

BIT-TFCM-1 模型的 0.9706 和 BIT-TFCM-2 模型的 0.9111 更接近于 1；在 Highway 循环数据下 BIT-TFCM-3 模型的斜率 1.011 比 BIT-TFCM-1 模型的 0.9292 和 BIT-TFCM-2 模型的 1.087 更接近于 1。

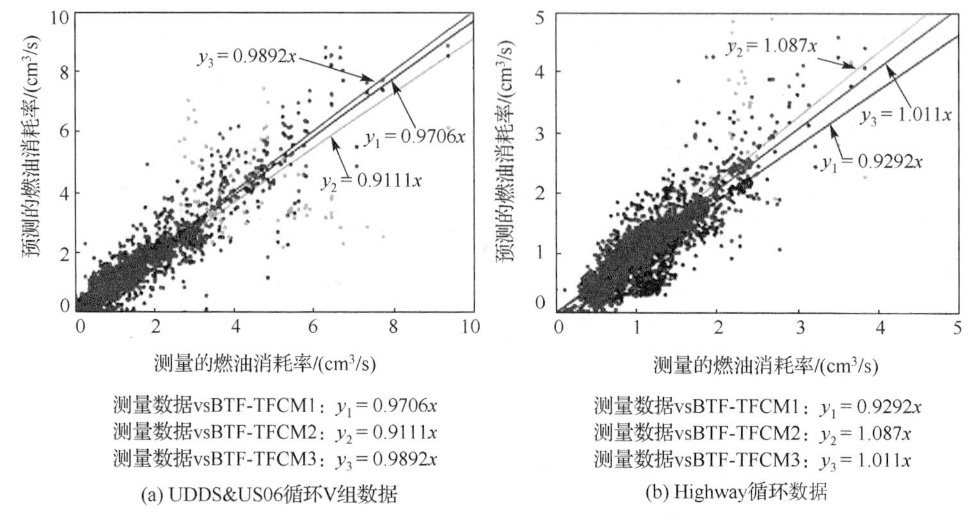

(a) UDDS&US06循环V组数据　　(b) Highway循环数据

图 9.3　实测、预测燃油消耗率数据对比

为了更加精确地评估模型的性能，与第 3 章相同，用 MAPE 和 RMSE 进行评价，这两个指标的定义见式(3.14)和式(3.15)。

表 9.2 为三个模型在 UDDS&US06 循环 V 组数据和 Highway 循环数据下的定量验证结果。由表 9.2 可以看出，在 UDDS&US06 循环 V 组数据下，BIT-TFCM-3 模型的 MAPE 值与 BIT-TFCM-1 基本持平，但明显低于 BIT-TFCM-2 模型，而且 BIT-TFCM-3 模型的 RMSE 值也是最低的；在 Highway 循环数据下，BIT-TFCM-3 模型的 MAPE 值和 RMSE 值都远低于 BIT-TFCM-1 模型和 BIT-TFCM-2 模型。

表 9.2　三个模型在各种循环下的定量验证结果

模型	UDDS&US06 循环 V 组		Highway 循环	
	MAPE/%	RMSE/(cm³/s)	MAPE/%	RMSE/(cm³/s)
BIT-TFCM-1	24.3057	0.4765	23.4557	0.3357
BIT-TFCM-2	30.0591	0.6557	25.3549	0.4513
BIT-TFCM-3	24.5770	0.4549	15.4089	0.2601

图 9.4 为 BIT-TFCM-3 模型在 Highway 循环数据下实测与预测燃油消耗率的对比图。由图 9.4 可知，BIT-TFCM-3 模型可以较好地反映汽车在 Highway 循环下的瞬态燃油消耗率变化趋势，而且大部分时间内预测误差都小于 0.5cm³/s。

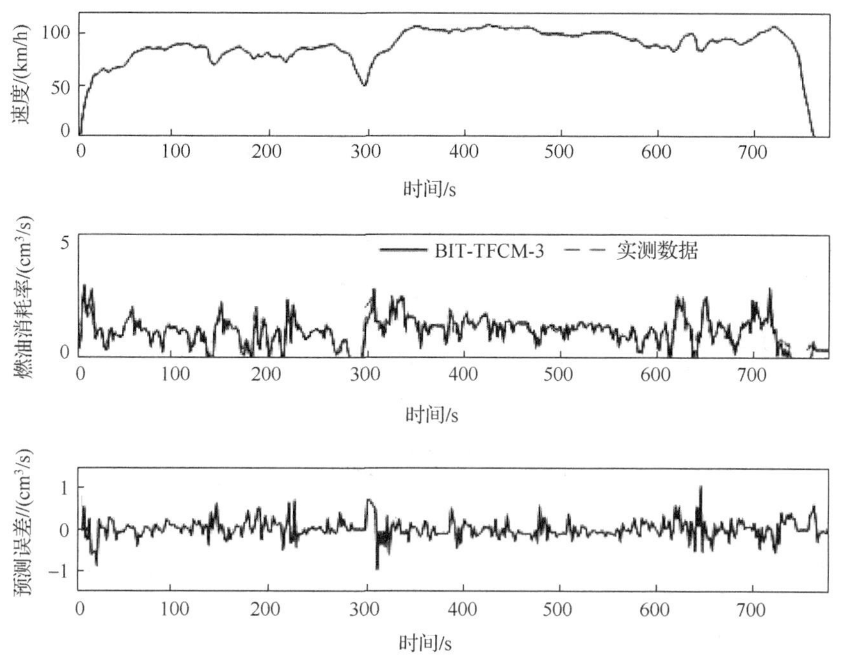

图 9.4　BIT-TFCM-3 模型在 Highway 循环数据下的对比图

9.2　基于迭代动态规划的坡道行驶燃油经济性寻优策略

9.2.1　传统动态规划的速度搜索策略

离散系统的最优控制问题是一个典型的多阶段最优决策问题。为了限制速度离散程度，将合理的速度区间 $[v_{\min}, v_{\max}]$ 离散成 M 个速度点，全程距离离散成 N 个计算点，动态规划的寻优策略就是从每个距离离散点中寻找一个最优的速度点，构成 N 个速度序列，使得全局燃油消耗最小，同时这种最优的速度序列点的搜索过程受到约束条件的限制。

显然速度离散个数 M 和距离离散个数 N 决定了动态规划的计算规模，其计算节点数大小为 $M^2G_{\text{gear}}(N-1)$，G_{gear} 为挡位数。为了节约计算成本，同时兼顾计算精度，图 9.5 绘制了 1km 路段不同的速度离散值和距离离散值对应的燃油消耗计算结果。

根据计算结果，选择 300 个速度离散个数，选择 70 个离散距离段，其坡道最优车速结果如图 9.6 所示，耗费计算时间 35.85s，燃油消耗值为 100.08cm^3。

由图 9.6 可以看出，在进入坡道前算法根据全局最优提前加速；坡道后半段，速度开始减小，汽车利用惯性顺利过渡到出坡道的经济性车速，这样可以充分地实现节油。这种最优速度轨迹序列从理论上指导了由平路进入坡道和由坡道进入平路的最优行驶策略，具体表现为以下特点。

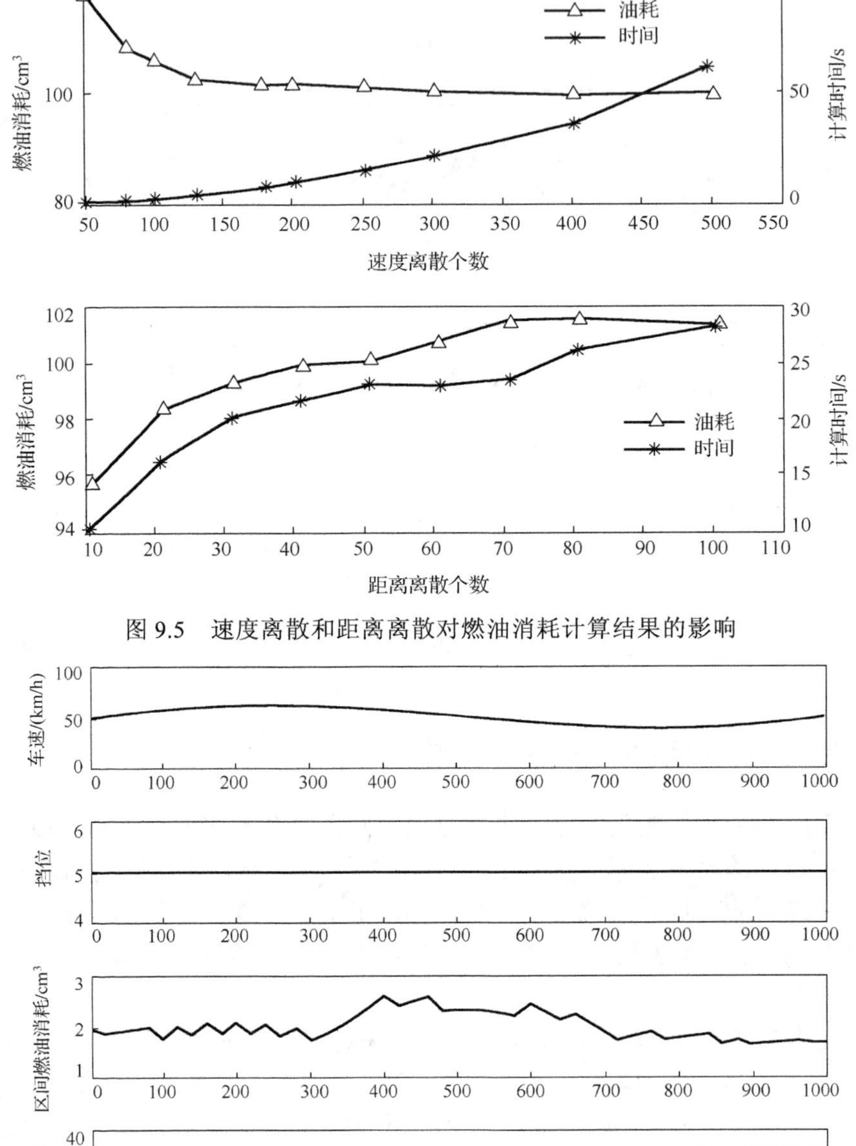

图 9.5　速度离散和距离离散对燃油消耗计算结果的影响

图 9.6　传统动态规划的坡道最优车速

(1) 缓坡通行时，避免发动机功率的急剧变化。

(2) 汽车进入坡道前以最优功率点输出时提前加速，积蓄动能。

(3) 汽车在完全进入坡道时，充分发挥最优功率和动能，此时车速呈下降态势，并低于经济性车速。

(4) 汽车驶出坡道时，仍保持最优功率点输出，速度逐渐恢复至经济性车速。

(5) 坡度较大，必要时仍需采用降挡策略，功率的波动将引起燃油消耗的增加。

9.2.2　基于迭代动态规划算法的速度轨迹寻优策略

迭代动态规划 (iterative dynamic programming，IDP) 算法由 Luus 于 1989 年将网格离散和区域缩减思想引入动态规划而提出，迭代动态规划算法无须求解哈密顿-雅可比-贝尔曼方程，而是将连续系统从时间/空间的角度离散，根据初始状态量生成一组网格，如图 9.7 所示。在每个时间/空间内应用离散的初始控制量进行迭代计算，其寻优原理仍然是贝尔曼最优原理。在第一轮迭代结束后，记录最优的状态轨迹和控制轨迹，重新生成状态网格和控制网格，并根据收缩因子缩减网格步长，再进行第二轮迭代计算，直到最优轨迹和性能指标收敛或者达到收敛精度。

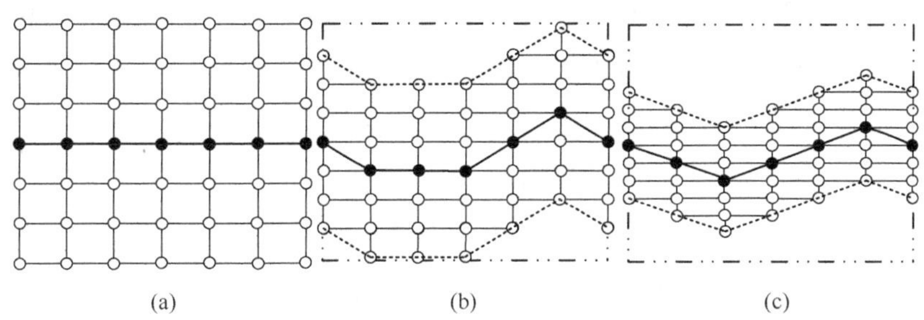

图 9.7　迭代动态规划网格生成原理

与传统的动态规划算法相比，迭代动态规划算法的优势在于初始轮迭代的网格大小可以设置得相对“粗糙”，这样得到较少的速度离散个数和控制量离散个数，网格规模的减小使得迭代动态规划单轮次的计算时间极大缩短，提高单次寻优的计算速度；并且随着迭代轮次的增加，在收缩因子的作用下速度搜索空间和控制量搜索空间逐渐收敛到最优轨迹附近，这样精度逐渐提高，可以有效地解决传统动态规划算法计算效率与计算精度之间的矛盾。

面向坡道行驶的燃油经济性最优的迭代动态规划算法步骤如下。

(1) 初始化。距离离散成 $N-1$ 段，每段长为 l_0，生成 $M \times N$ 个速度状态网格点和 $P \times (N-1)$ 个控制量网格点，各速度点初始代价均设为无穷大(为体现计算优势，M 和 P 均取较小值)。

(2) 网格生成。根据初始给定的速度序列 $v_{1\times N}^{0}$ 和控制序列 $T_{1\times N}^{0}$，分别向网格点填充，各距离段 k 摆动值生成为 $\{v_k^0 \pm[\tau/(M-1)\zeta_v], \tau=2,4,\cdots,M-1\}$， $\{T_k^0 \pm[\tau/(P-1)\zeta_T], \tau=2,4,\cdots,P-1\}$，其中， ζ_v、 ζ_T 分别为速度离散步长和控制量离散步长。

(3) 从最后一个距离离散段 N–1 开始迭代，将 $k=N$–1 的速度状态网格点和该距离段的控制网格点，以及该距离段对应的坡度值 θ_k，逐个代入状态转移方程，得到转移速度 v_N^j，找到 $k=N$ 速度序列里距离 v_N^j 最近的网格点并记录该点的控制量和性能指标值。对于每个速度网格点 v_{N-1}^i，选择使性能指标 J 最小的控制网格点，存储控制量值和性能指标 J。

(4) 退回到距离离散段 N–2，N–3,…,1，重复步骤(3)，完成一轮迭代，保存使性能指标最小的速度状态 $v_{1\times N}^{\text{opt}}$ 和控制状态 $T_{1\times N}^{\text{opt}}$。

(5) 检查是否达到收敛精度，若是，则转入步骤(7)；否则转入步骤(6)。

(6) 分别对速度离散步长 ζ_v 和控制量离散步长 ζ_T 乘以一个收缩因子 κ，$\zeta_v^{u+1}=\zeta_v^u\kappa^{u-1}$， $\zeta_T^{u+1}=\zeta_T^u\kappa^{u-1}$， u 为迭代轮次，回到步骤(2)重新生成网格。

(7) 输出最优速度序列 $v_{1\times N}^{\text{opt}}$、最优控制序列 $T_{1\times N}^{\text{opt}}$ 以及性能指标 J^{opt}，算法结束。

为了充分利用迭代动态规划算法的计算优势，本章状态量和控制量的离散个数均取较小值，其中，离散个数和收缩因子值如表 9.3 所示。本章采用的软件为 MATLAB 2017a，计算平台为 Intel i-3230M@2.60GHz，RAM 为 6GB，无并行计算。

表 9.3 迭代动态规划基本参数设置

基本参量	状态量(速度)	控制量(转矩)
初始值	$v_{1\times N}^{0}=v_{\text{eco}}$	$T_{1\times(N-1)}^{0}=100\text{N}\cdot\text{m}$
离散范围	[0, 120]km/h	[10, 200] N·m
离散个数	40	30
收缩因子	0.35	0.4

图 9.8 是迭代过程的速度变化趋势图。图 9.9 是速度状态搜索域缩减与迭代轮次的关系图。图 9.10 是迭代轮次与燃油消耗计算精度关系图。

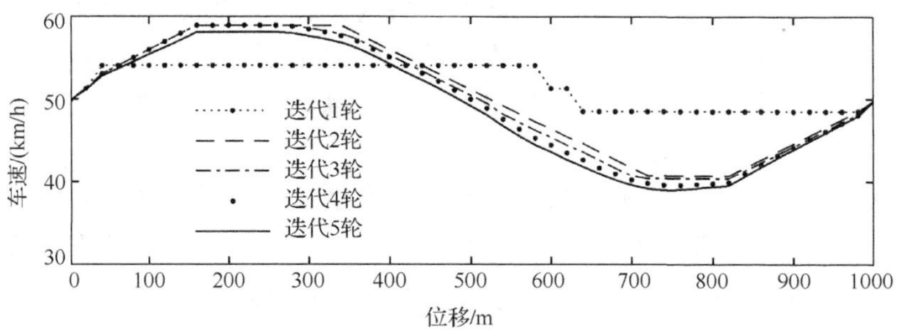

图 9.8 迭代过程的速度变化趋势

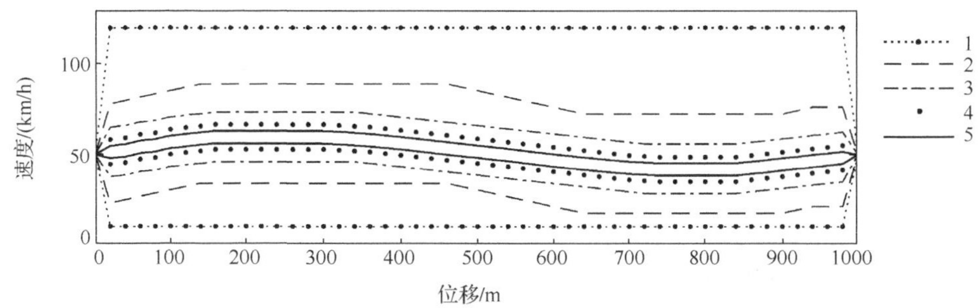

图 9.9　速度状态搜索域缩减与迭代轮次关系图

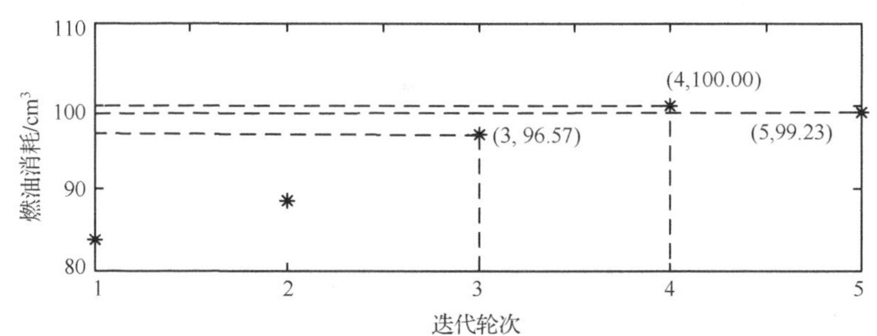

图 9.10　迭代轮次与燃油消耗计算精度关系图

由图 9.8～图 9.10 可见，经过 5 轮迭代后，状态量搜索域逐渐缩减，迭代速度序列逐渐收敛到最优序列附近，由于状态量个数和控制量个数均较少，单轮次的计算时间仅为 2.2824s，根据图 9.10 迭代轮次与燃油消耗计算精度的关系，迭代到第 3 轮，燃油消耗计算结果已经非常接近传统动态规划的计算结果。

表 9.4 是动态规划算法与迭代动态规划算法的比较。

表 9.4　动态规划算法与迭代动态规划算法的比较

指标	动态规划	迭代动态规划(3 轮)	迭代动态规划(4 轮)	迭代动态规划(5 轮)
计算规模	2.25×10^7	9×10^5	1.2×10^6	1.5×10^6
计算时间/s	35.850	单轮计算时间：2.2824		
		8.472	11.296	14.12
节省计算时间/%	—	76.37	68.49	60.61
计算燃油消耗/cm^3	100.08	96.57	100.00	99.23
相对误差/%	—	3.5	0.07	0.8

由表 9.4 可以看出，迭代 3 轮后，燃油消耗计算精度仅相差 3.5%，但计算时间仅为 8.472s，节约的时间达 76.37%，迭代动态规划这种由初始粗网格寻优，到迭代后期的网格步长缩减策略，既考虑了计算效率，也兼顾了计算精度。

图 9.11 是动态规划算法与迭代动态规划算法的计算结果比较。

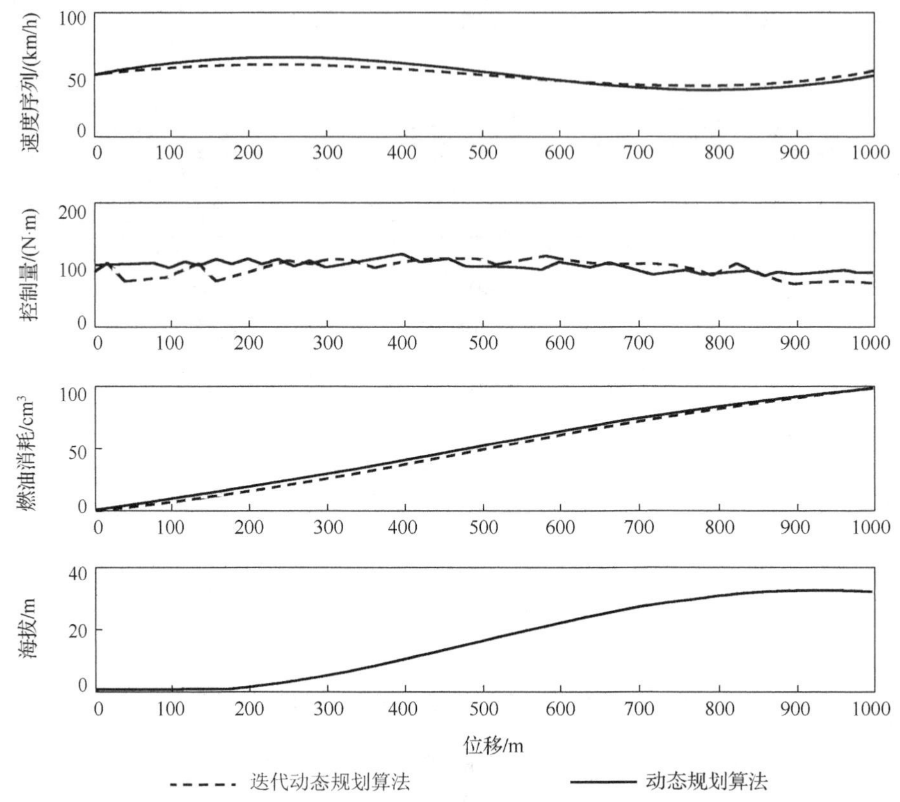

图 9.11　动态规划算法与迭代动态规划算法的计算结果比较

由图 9.11 可以看到，两种算法对于4%的坡道环境都没有做出换挡的决策。对于小坡度的行驶环境而言，经济性目的更重要。当坡度进一步增大时，研究的重点将更加侧重于汽车行驶的爬坡动力性。实际上如果更细致地改变控制步长、速度步长和迭代次数，在计算精度相近的情况下(两者速度的 MAPE<2%)，迭代动态规划的计算时间相比动态规划可以减少 90%以上。此外，采用变步长的迭代动态规划可以进一步减少计算时间。相关的研究工作我们已经完成。

参 考 文 献

[1] Crossley P R, Cook J A. A nonlinear engine model for drivetrain system development[C]// International Conference on Control, Edinburgh, 1991: 921-925.

[2] Aquino C F. Transient A/F control characteristics of the 5 liter central fuel injection engine[J]. SAE Transactions, 1981, 90:1819-1833.

[3] 余志生, 汽车理论[M]. 北京：机械工业出版社, 2009: 5.

[4] 刘保林. AMT 起步和换挡品质研究[D]. 长春：吉林大学, 2003.

[5] 温诗铸. 摩擦学原理[M]. 北京：清华大学出版社, 1990.

[6] Gim G, Nikravesh P E. A three dimensional tire model for steady-state simulations of vehicles[R]. SAE Technical Paper, 1993.

[7] Bakker E, Nyborg L, Pacejka H B. Tyre modelling for use in vehicle dynamics studies[R]. SAE Technical Paper, 1987.

[8] Argonne National Library. Transportation technology R&D center. Downloadable dynamometer database[EB/OL]. [2015-02-20]. http://www.transportation.anl.gov/D3/.

[9] Jiménez-Palacios J L. Understanding and quantifying motor vehicle emissions with vehicle specific power and TILDAS remote sensing[D]. Cambridge: Massachusetts Institute of Technology, 1998.

[10] Zhou X, Huang J, Lv W, et al. Fuel consumption estimates based on driving pattern recognition[C]//2013 IEEE International Conference on Green Computing and Communications and IEEE Internet of Things and IEEE Cyber, Physical and Social Computing, IEEE, 2013: 496-503.

[11] Akaike H. A new look at the statistical model identification[J]. IEEE Transactions on Automatic Control, 1974, 19(6): 716-723.

[12] Ahn K, Rakha H, Trani A, et al. Estimating vehicle fuel consumption and emissions based on instantaneous speed and acceleration levels[J]. Journal of Transport Engineering, 2002, 128 (2): 182-190.

[13] Bowman B L. Grade severity rating system (GSRS) -Users manual[J]. Downgrades, 1989.

[14] 中华人民共和国交通运输部. 公路工程技术标准(JTG B01—2014)[S]. 北京: 人民交通出版社, 2014.

[15] 交通运输部公路科学研究院. 公路纵坡坡度与坡长限制标准研究报告[R]. 北京: 交通运输部公路科学研究院, 2002.

[16] Chang D J, Morlok E K. Vehicle speed profiles to minimize work and fuel consumption[J]. Journal of Transportation Engineering, 2005, 131(3): 173-182.

[17] Yi K, Chung J. Nonlinear brake control for vehicle CW/CA systems[J]. IEEE/ASME Transactions on Mechatronics, 2001, 6(1): 17-25.

[18] Cycleroute[EB/OL]. [2015-07-08]. http://cycleroute.org/.

[19] Inagaki S, Kushiro I, Yamamoto M. Analysis on vehicle stability in critical cornering using phase-plane method[J]. JSAE Review, 1995, 2(16): 216.

[20] Chung T, Yi K. Design and evaluation of side slip angle-based vehicle stability control scheme on a virtual test track[J]. IEEE Transactions on Control Systems Technology, 2006, 14(2): 224-234.

[21] von Vietinghoff A, Lu H Y, Kiencke U. Detection of critical driving situations using phase plane method for vehicle lateral dynamics control by rear wheel steering[J]. IFAC Proceedings Volumes, 2008, 41(2): 5694-5699.

[22] 熊璐，曲彤，冯源，等. 极限工况下车辆行驶的稳定性判据[J]. 机械工程学报，2015，51(10): 103-111.

[23] 刘飞，熊璐，邓律华，等. 基于相平面法的车辆行驶稳定性判定方法[J]. 华南理工大学学报(自然科学版), 2014, 42(11):63-70.

[24] Hellström E, Åslund J, Nielsen L. Design of an efficient algorithm for fuel-optimal look-ahead control[J]. Control Engineering Practice, 2010, 18(11): 1318-1327.

[25] 北京市市政工程设计研究总院. 城市道路工程设计规范(CJJ 37—2012)[S]. 北京：中国建筑工业出版社, 2012.

[26] 中华人民共和国交通运输部. 2016 年交通运输行业发展统计公报[EB/OL]. [2017-05-06]. http://xxgk.mot. gov.cn/jigou/zhghs.

[27] Lyles R. Advisory and regulatory speed signs for curves: Effective or overused? [J]. ITE Journal, 1982, 52(8): 20-22.

[28] Montella A, Pariota L, Galante F, et al. Prediction of drivers' speed behavior on rural motorways based on an instrumented vehicle study[J]. Transportation Research Record: Journal of the Transportation Research Board, 2014, (2434): 52-62.

[29] Figueroa M A M, Tarko A P. Speed changes in the vicinity of horizontal curves on two-lane rural roads[J]. Journal of Transportation Engineering, 2007, 133(4): 215-222.

[30] Marchionna A, Perco P. Operating speed-profile prediction model for two-lane rural roads in the Italian context[J]. Advances in Transportation Studies, 2008, (14): 57-68.

[31] Pérez-Zuriaga A M, Camacho-Torregrosa F J, García A. Tangent-to-curve transition on two-lane rural roads based on continuous speed profiles[J]. Journal of Transportation Engineering, 2013, 139(11): 1048-1057.

[32] 杨志刚, 戚志锦, 黄燕. 智能车辆自由换道轨迹规划研究[J]. 重庆交通大学学报（自然科学版）, 2013, 32(3): 520-524.

[33] Zhang S, Liu W, Li B, et al. Trajectory planning of overtaking for intelligent vehicle based on X-Sin function[C]//2014 IEEE International Conference on Mechatronics and Automation, IEEE, 2014: 618-622.

[34] 何晓群. 多元统计分析[M]. 北京：中国人民大学出版社, 2004.

[35] 苏为华. 多指标综合评价理论与方法问题研究[D]. 厦门：厦门大学, 2000.

[36] 林海明, 杜子芳. 主成分分析综合评价应该注意的问题[J]. 统计研究, 2016, 30(8)：25-31.

[37] 杨淑莹. 模式识别与智能计算[M]. 北京：电子工业出版社, 2011.

[38] 董秋, 吴黎军. 费歇判别法的改进及其应用[J]. 统计与决策, 2006,(10): 25-27.